Le basculement du monde

DU MÊME AUTEUR

Le Commerce extérieur du Maroc, Éd. Médicis, 1960.
La Croissance économique de l'Allemagne de l'Ouest, Cujas, 1966.
Une multinationale française : Pechiney Ugine Kuhlmann, en collaboration avec P. DANJOU et J. DAVID, Seuil, 1975. Traduit en grec.
Lire le capitalisme. Sur le capitalisme mondial et sa crise, en collaboration avec B. BELLON et P. FRANÇOIS, Anthropos, 1976.
Dictionnaire des groupes industriels et financiers en France, en collaboration avec P. ALLARD, B. BELLON, A.-M. LÉVY, S. LIÉNART, Seuil, 1978.
La France et le tiers monde, textes d'un colloque tenu à l'université Paris-VIII, édités avec G. de BERNIS et Jean MASINI, PUG, 1979.
Histoire du capitalisme, Seuil, 1981 ; nouvelles éditions Point-Seuil, 1984, 1987, 1990 et 2000. Traduit en anglais (Monthly Review Press, 1983 et MacMillan, 1984) ; en espagnol (Ariel, 1984) ; en italien (Éd. Del Lavoro, 1984) ; en chinois (Institut des langues étrangères de Pékin n° 2, 1986) ; en grec (Malliaris, 1987) ; en brésilien (Ed. Brasiliense, 1987) ; en coréen (Changbi publ., 1987) ; en portugais (Teorema, 1992). Traduit, avec un nouveau chapitre 7, en hollandais (Aula, 1994) et en japonais (Fujiwara Schotten, 1996). Traduction en cours en turc.
Le Socialisme à l'épreuve de l'histoire, Seuil, 1982 ; nouvelle édition 1985. Traduit en grec (Malliaris, 1985) et en anglais (Humanities Press, 1993).
La Politique économique de la gauche, tome 1, *Le Mirage de la croissance*, Syros, 1983 ; tome 2, *Le Grand Écart*, Syros, 1985.
Au cœur du IXe plan, l'emploi, rapport de l'intergroupe Emploi de la Commission nationale de Planification, *in Annexes au rapport de la Commission nationale de Planification*, La Documentation française, 1983.
L'Art de la thèse (Comment rédiger une thèse de doctorat... ou tout autre travail universitaire), La Découverte, 1985 ; nouvelles éditions 1988, 1990, 1991, 1993 et, dans la collection « Guides-Repères » 1994, 1997, 1999. Édition augmentée, avec Daniel LATOUCHE (Éd. Boréal, Montréal, 1988). Traduit en portugais (Bertrand Brasil, 1996). Édition adaptée pour l'Algérie par Mustapha MADI (Éd. Casbah, Alger, 1999).
Le Système national/mondial hiérarchisé (Une nouvelle lecture du capitalisme mondial), La Découverte, 1987. Traduction en cours en hollandais.
L'Économie mondiale dans les années 1980, La Découverte, 1989.
Old and New Trends in Francophone Development Research, dir. avec E. LE ROY et Michel VERNIÈRES, numéro de l'*European Journal of Development Research*, Frank Cass, Londres, vol. III, n° 2, 1991.
L'État de l'environnement dans le monde, dir. avec C. BEAUD et L. BOUGUERRA, La Découverte, 1993. Traduit en portugais (Instituto Piaget, 1995).
La Pensée économique depuis Keynes. Historique et dictionnaire des principaux auteurs, avec G. DOSTALER, Seuil, 1993 ; édition abrégée, Points-Seuil, 1996. Traduit en anglais (Edward Elgar, 1995 et, en édition « Paperback », Routledge, 1997). Traduction de l'édition abrégée en arabe (El Aalma el Taleth, Égypte, 1997). Traductions en cours en portugais, en italien et en roumain.
Mondialisation. Les mots et les choses, dir. avec O. DOLLFUS et *al.*, Karthala, 1999.

Michel Beaud

Le basculement du monde

De la Terre, des hommes et du capitalisme

Postface inédite de l'auteur

La Découverte / Poche

Catalogage Électre-Bibliographie

BEAUD Michel
Le basculement du monde. – Paris : La Découverte, 1997. (Cahiers libres. Essais)
ISBN 2-7071-3203-9
Rameau : société post-industrielle
mondialisation (économie politique)
Dewey : 337.1 : Économie internationale. Généralités.
Public concerné : Tout public

Si vous désirez être tenu régulièrement au courant de nos parutions, il vous suffit d'envoyer vos nom et adresse aux Éditions La Découverte, 9 *bis*, rue Abel-Hovelacque, 75013 Paris. Vous recevrez gratuitement notre bulletin trimestriel **À La Découverte**.

Sommaire

REMERCIEMENTS

Tout ouvrage se mûrit à la fois dans la réflexion et dans la discussion.

Plusieurs thèmes de ce livre sont esquissés dans *L'Économie mondiale dans les années quatre-vingt*, de 1989. Je les ai exposés de manière plus construite à partir de 1994, notamment dans l'entretien avec Michel Boyer, « Remettons l'économie à sa place de servante des sociétés », publié dans *Le Monde* du 6 septembre 1994 et dans l'article « Le basculement du monde », publié dans *Le Monde diplomatique* d'octobre 1994, ainsi que dans le nouveau chapitre 7 écrit pour les traductions hollandaise et japonaise de l'*Histoire du capitalisme.*

J'ai aussi eu l'occasion d'exposer et d'entendre discuter les thèses de ce livre, d'abord lors de mes enseignements et de diverses réunions de recherche, mais aussi en présentant des contributions dans différents séminaires et conférences : « Why our societies are more and more dependent on economy » (4th Euro-Japanese Conference beyond Economic Growth, Nagai, Japon, mars 1995) ; « Généralisation du capitalisme et emprise du discours économique » (LEREP, Laboratoire d'études et de recherches en économie de la production, Toulouse, avril 1995) ; « La mondialisation de l'économie » (CCFD, Comité catholique contre la faim et pour le développement, juin 1995) ; « Nations, mondialisation et capitalisme » (séminaire interdisciplinaire de l'ISIS, Interdépendance des sociétés, interaction des sciences, « Régions, nations, mondialisation », Luxembourg, septembre 1995) ; « Économie et environnement. Quelques réflexions dans une perspective historique » (Assises régionales du développement durable d'Ile-de-France, juillet 1996) ; « Dynamiques économiques mondiales : Quelles marges de manœuvre pour l'environnement ? » (colloque international « Quel environnement pour le XXIe siècle ? Environnement, maîtrise du long terme et démocratie », abbaye de Fontevraud, septembre 1996) ; « Sur l'émergence d'un capitalisme post-industriel » (séminaire du GRETSE, Montréal, octobre 1996) ; « Soumission croissante des sociétés à l'économie, « fatalité économique et responsabilité humaine » (colloque de l'Association d'économie politique : « Au-delà du libéralisme. Quel rôle pour les mouvements sociaux », Montréal, octobre 1996) ; « Sur les faces cachées de la croissance » (colloque de l'Association internationale des économistes de langue française « Croissance économique et répartition des revenus et des patrimoines », Porto et Evora, mai 1997). Que les initiateurs et organisateurs de ces réunions en soient remerciés.

Mes très vifs remerciements vont aux premiers lecteurs de ce texte, qui ont accepté d'en prendre connaissance à un stade ou à un autre de son élaboration et m'ont fait part de leurs réactions et suggestions : Calliope Beaud, qui m'a soutenu tout au long de la préparation du livre, Robert Bonnaud, Marielle Cauchy, Gilles Dostaler, François Fourquet, Bernadette Régnier, Alain de Tolédo et Marie-Thérèse Vernet-Straggiotti.

Que soit aussi remercié François Gèze, non seulement pour avoir accepté de publier ce texte, mais pour m'avoir aidé à lui donner sa forme définitive.

Michel Beaud
21 juin 1997

Ouverture

Ce livre vise à attirer l'attention sur un ensemble de maux, de périls et de risques qui s'accumulent dans la période actuelle. Son ambition est donc de contribuer à une prise de conscience qui permette de trouver à temps les réponses aux dangers qui menacent.

A un premier niveau, il contribue à apporter des réponses à des questions que beaucoup se posent :

— Pourquoi, dans ce monde d'opulence, tant de pauvreté et de misère ?

— Si l'économie vise la satisfaction des besoins, comment les puissantes économies modernes laissent-elles tant de besoins insatisfaits ?

— Est-ce la fin du travail ?

— Le monde est-il réellement devenu un village ?

— Sommes-nous entrés dans l'ère de l'immatériel, du virtuel ?

— Comment allons-nous sortir de la déprime dont souffrent nos économies et nos sociétés depuis un quart de siècle ?

— Peut-on attendre de la croissance économique et des progrès scientifiques et techniques la solution de tous nos problèmes ?

— Quelle Terre laisserons-nous aux générations futures ?

Toutes ces questions sont liées. Y répondre avec cohérence implique une réflexion sur les rapports entre l'économie et la société, entre la Terre et les hommes, entre ceux-ci, leurs œuvres et leurs déprédations. Or tous ces rapports se sont profondément transformés en quelques générations, et tout particulièrement dans les dernières décennies.

C'est pourquoi, à un deuxième niveau, ce livre présente une réflexion sur les mutations de notre temps et l'accélération de ces mutations. Sans doute n'explique-t-il pas tout. Mais il tente de dégager les forces majeures à l'œuvre dans les dynamiques du monde : ce qui permet d'éclairer bien au-delà des domaines qu'il couvre. Ce n'est ni un bloc de certitudes, ni un clip jouant d'idées dans le vent, de quelques paradoxes et de provocations, ni un tissu d'obscurités pour initiés. Ce livre est nourri d'espérances et d'inquiétudes, à la fois profondément miennes et partagées avec tant d'autres. Il est essentiellement suscité par la crainte de dangers vers lesquels nous entraîne un flot d'évolutions sur lesquelles les hommes de pouvoir paraissent avoir renoncé à agir.

C'est pourquoi, à un troisième niveau, ce livre s'exprime dans plusieurs champs de la conscience humaine : celui de la compréhension des phénomènes et de leurs enchaînements, celui de l'indignation face à l'intolérable, celui de l'éthique et des repères qu'elle offre, celui des perspectives et des propositions d'actions.

Écrit de l'été 1996 au printemps 1997, il est un moment d'une réflexion conduite depuis plus de trente ans et d'une prise de conscience de plus en plus aiguë de la gravité des enjeux, de l'urgence et de l'irréversibilité.

1

Signes de la fin d'un monde

Fin de quoi ?

Nombreux sont ceux qui ont le sentiment qu'une période s'achève ; mais, ce sentiment, ne l'a-t-on pas à chaque génération depuis de nombreux siècles ? Et, s'il sera beaucoup question, dans les années qui viennent, de fin de siècle, de fin de millénaire, est-il besoin de rappeler que l'an 2000 du calendrier de l'Occident chrétien correspond à l'an 1420 du calendrier musulman, à l'an 2544 du calendrier bouddhiste et à l'an 5757 du calendrier juif ?

En fait, depuis quelques décennies, nous vivons plusieurs fins. Pour l'Occident capitaliste, la fin de l'âge d'or des politiques économiques et de l'exceptionnelle période de prospérité de l'après-guerre, avec l'ébranlement de l'État-providence. Pour le monde soviétique, la fin du stalinisme, puis de la domination de l'URSS, et l'effondrement du système de parti unique et d'étatisme généralisé. Pour l'ensemble hétérogène qu'a formé le tiers monde depuis les années cinquante, la fin de bien des illusions sur l'indépendance et le développement, et la double fin du tiers-mondisme et de la réalité même du tiers monde. Tous ces changements auront profondément marqué le XXe siècle ainsi que les deux générations de la seconde moitié de ce siècle. Mais il y a plus, et plus profond.

S'est fermée une parenthèse de quelques siècles, où l'Europe a conquis, colonisé, dominé de larges parties du monde. Et commence à se fermer la parenthèse pendant laquelle l'Occident — l'Europe sans rivages de François

Perroux — aura imposé sa prééminence scientifique, technique, économique, financière, militaire, mais aussi idéologique et culturelle.

Et, tandis que, sur les décombres du soviétisme et du développementalisme, les pays les plus peuplés du monde mobilisent toutes les ressources de la société, de l'État et du capital pour construire leur modernité urbaine et industrielle, les pays industrialisés riches commencent à sortir de l'ère industrielle pour entrer dans une ère nouvelle (informationnelle, immatérielle disent certains) caractérisée par le recours intensif à des savoirs scientifiques mis au service de la production, à la technoscience.

Cette désindustrialisation relative de l'Occident capitaliste s'accompagne du déclin de la culture et des organisations de la classe ouvrière, d'un affaiblissement des traditions de solidarité et d'une éclipse presque totale de l'espérance socialiste. S'achève donc le face-à-face des capitalismes réellement existants et des projets de sociétés socialistes à construire, comme s'est achevé le face-à-face du camp qui se réclamait de la démocratie (rarement du capitalisme) et du camp qui se réclamait du socialisme (jamais de l'étatisme).

C'est aussi la fin des grandes croyances laïques : le sens de l'Histoire, l'avènement inéluctable d'une société supérieure, le Progrès, la Raison. Fin aussi d'une certaine conception de l'État, de la Nation et donc de la démocratie et de la souveraineté nationale. Entre les épreuves du réel et la remontée des intégrismes et des idéologies réactionnaires, un immense travail d'évaluation et de proposition serait à faire sur tous ces champs. Travail titanesque, rendu particulièrement difficile par quelques grands mouvements de fond en cours : la mondialisation, le puissant regain du capitalisme, l'empire toujours renforcé de la marchandise, de l'argent, de l'économie.

Beaucoup de temps et de périodes s'achèvent simultanément. De profonds et rapides changements sont à l'œuvre, et déjà de nouveaux s'engagent dans une accélération qui nous emporte. Ce foisonnement de mutations, souvent liées, signifie le passage rapide du monde d'un état à un autre, que l'on nommera « basculement » du monde.

S'en dégage assez clairement, pour qui prend en compte les pesanteurs historiques, l'esquisse de ce que va être la carte du monde dans quelques décennies. S'en dégage également un foisonnement de richesses, de bienfaits, de promesses, mais aussi de maux, de risques et de menaces dont nous souhaitons aider à prendre conscience et à mener l'analyse, voies obligées si l'on veut les éviter, les neutraliser ou les combattre.

L'esquisse d'un nouvel équilibre géopolitique

Anciennes cartes du monde...

Le tournant des années quatre-vingt et quatre-vingt-dix a vu la fin de la tripartition du monde qui s'était mise en place au lendemain de la Seconde Guerre mondiale. La conférence de Yalta (février 1945) avait, avec la division de l'Europe, consacré la constitution dans le monde de deux camps : l'un autour des États-Unis, l'autre autour de l'URSS. La conférence de Bandoeng (avril 1955) avait amorcé le regroupement du très large ensemble des autres pays, anciennement colonisés ou non, qui *grosso modo* avaient la double caractéristique d'être moins développés (sous-développés disait-on alors) et de maintenir ouverte la quête d'une voie autre que le capitalisme et le communisme soviétique — la Chine se réclamant parfois plutôt de son appartenance au camp socialiste, d'autres fois plutôt de son appartenance au tiers monde, et l'Inde jouant longtemps et de ses relations étroites avec l'URSS et de sa place dans le tiers monde.

Gagnant en masse, le tiers monde a assez vite perdu en cohésion, pour des raisons tant politiques qu'économiques ; dès les années quatre-vingt, il fallait parler « des tiers mondes [1] » ou de l'ex-tiers monde. La décomposition de l'ensemble soviétique et l'éclatement de l'ancienne URSS (1989-1991) ont profondément transformé la carte du monde. Dès lors que la Chine laissait foisonner, autour du

1. BEAUD 1989, p. 235 *sq.*

môle étatiste, différentes formes de marchés et de capitalismes, qu'elle ne se posait pas en pôle principal face aux États-Unis et qu'elle choisissait d'être ce qu'elle est : la Chine, s'estompait la structuration en deux mondes ; ce qui ne laisse guère de sens à la notion de troisième monde.

Dans la dernière décennie du XXe siècle se dégage peu à peu l'esquisse d'une nouvelle carte du monde. Mais, pour la saisir, il faut faire un double effort : se départir des visions européo- et occidentalocentristes et prendre du recul.

L'européocentrisme a marqué les enseignements qu'ont reçus des générations de lycéens, et pas seulement en Europe, jusqu'au dernier après-guerre. L'illustrent les deux cartes du monde sur lesquelles s'ouvre le manuel d'histoire de Charles Morazé et Philippe Wolff de 1952[2] : la carte de 1848 fait ressortir en noir les pays de l'Europe continentale où ont eu lieu les mouvements révolutionnaires qui avaient alors « attiré l'attention du monde » ; celle de 1948 fait ressortir en noir les « Trois Grands », répartis « en deux blocs : à l'Ouest, le bloc des pays atlantiques, groupant les États-Unis, l'Angleterre et les Dominions ; à l'Est, le bloc composé par l'Union des Républiques socialistes soviétiques » ; les auteurs soulignent : « N'est-il pas frappant de remarquer que précisément la carte des pays secoués en 1848 figure comme le négatif de la carte des Trois Grands en 1948. » Deux cartes du monde : mais, sur la première comme sur son « négatif », Asie, Afrique, Amériques centrale et du Sud figurent dans un anonyme grisé.

Il est une autre carte que tous les écoliers d'Europe, et beaucoup ailleurs, ont étudiée entre la fin du XIXe siècle et la seconde moitié du XXe : la carte des puissances coloniales et de leurs empires, protectorats et autres zones d'influences — chaque puissance se reconnaissant dans le monde à la couleur qui lui était affectée. Une carte du monde en dix à douze couleurs, correspondant à dix ou douze métropoles, principalement européennes. Il est vrai que l'Europe a joué un rôle majeur dans le monde dans les cinq derniers siècles ; que les puissances européennes, à

2. MORAZÉ et WOLFF 1952, p. 3.

travers conquêtes, commerce, vagues de colonisation, guerres et négociations ont pratiquement été présentes partout dans le monde, plus souvent dominatrices que partenaires ; même si, depuis la révolution américaine et la guerre d'Indépendance, plusieurs vagues de décolonisation ont eu lieu, avec pour point d'orgue celle des années quarante-soixante.

Dans l'histoire longue des sociétés et des civilisations, des empires, des pays et des États, cette prédominance européenne apparaîtra un jour avoir été une parenthèse : fascinante, admirable, détestable, destructrice selon les regards, mais certainement exceptionnelle.

Une parenthèse qui se ferme

Critique de l'occidentalocentrisme, l'historien Robert Bonnaud met en lumière « l'évidence » : « L'Occident, pendant les siècles modernes, a bel et bien été au centre de tout, au centre de tout le progrès humain, au centre de l'invention, et même de l'innovation, et même de l'expansion[3]. » Et encore : « De la fin du XVe siècle au début du XXe, c'est l'Occident qui fait l'histoire. Le reste des hommes, le plus souvent, suit ou subit[4]. » Cette période « représente une merveilleuse et effroyable concentration du progrès, une hypertrophie régionale qui est une atrophie mondiale, un flamboiement localisé qui est un obscurcissement généralisé, une réduction de l'histoire de la scène humaine qui est une élévation de la scène et de l'histoire. [...] L'éclat [des changements positifs occidentaux] aveuglera l'historien, créera l'illusion de leur unicité, effacera les synchronismes. [...] A un progrès de la raison occidentale correspondra un recul de la morale non occidentale, à un progrès de la liberté occidentale un recul de

---

3. BONNAUD 1995, p. 37. Invention, innovation et expansion sont trois « sphères » sur lesquelles travaille Bonnaud ; ici son vocabulaire est « quasiment schumpétérien » (1992 [*Les Tournants...*], p. 10), mais, à l'instar de Fourier, c'est souvent avec des termes créés par lui qu'il rend compte des éléments, ordres, niveaux, scènes et périodes...

4. BONNAUD 1992 (*Y a-t-il...*), p. 24.

l'égalité non occidentale, etc. » explique l'auteur, qui aussitôt ajoute : « Bien entendu, nous exagérons » (p. 83).

Exagère-t-il ? Regardons le monde avant 1500 : quelle diversité ! Pierre Chaunu distingue au XIIIe siècle dix-huit grandes régions susceptibles d'être caractérisées par une dominante religieuse, culturelle, géoclimatique et/ou politique ; à quoi s'ajoutent des dizaines d'aires qui constituent autant de « mondes cloisonnés ». Après l'effacement des grandes civilisations du carrefour des trois continents — à la charnière de la Méditerranée orientale et du Sud-Ouest de l'Asie — se dégagent quelques ensembles[5] : deux s'enracinent dans une longue durée plurimillénaire, le monde chinois et l'ensemble indien ; deux structurent l'Europe en la divisant : la chrétienté latine et la chrétienté orientale ; et issu du monde arabo-égyptien, jardin d'arts et de savoirs, espace de commerces, bras armé de l'islam, le monde musulman s'étend jusqu'au sud-est comme au sud-ouest de l'Europe, à l'est de l'Afrique et dans le centre et le sud de l'Asie[6].

Après 1500, il y aura ce que l'histoire écrite en Europe présentera, jusqu'à une date récente, comme les « grandes découvertes » : début d'une conquête trop souvent sanguinaire et dévastatrice de larges parties du monde, par les puissances catholiques et protestantes de l'Ouest de l'Europe. Il y aura les développements capitalistes européens et, lors de la première « grande dépression » capitaliste, à la fin du XIXe siècle, le « partage du monde » entre les grandes puissances européennes. Il y aura la Première Guerre mondiale, la révolution soviétique, de nouveaux développements capitalistes en Europe et hors d'Europe et, lors de la grande crise des années trente, le morcellement du monde par grands ensembles impériaux ou coloniaux. Il y aura aussi la montée du national-socialisme, la Seconde Guerre mondiale, plusieurs vagues de décolonisation, l'extension de l'ensemble soviétique, la révolution chinoise, l'affirmation d'un troisième monde et, encore, de nouveaux développements capitalistes.

---

5. Voir carte 1.1.
6. BRAUDEL 1987, 1993, p. 73 *sq.*

CARTE 1.1. – LE MONDE VERS LE MILIEU DU XIIIe SIÈCLE

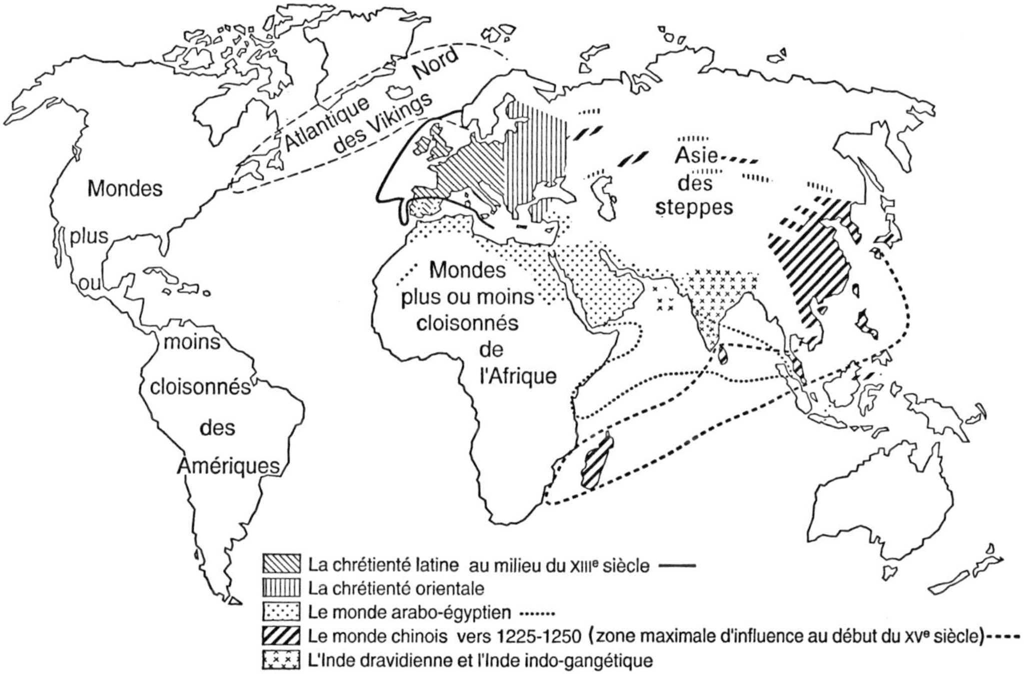

D'après Pierre Chaunu, L'Expansion européenne du XIIe et XVIe siècle, Paris, P.U.F., 1969.

Moments majeurs, qui ne doivent pas empêcher de voir des évolutions longues, profondes, complexes, que nous ne ferons ici que signaler grâce à quelques chiffres.

Considérons d'abord la Chine et l'Europe[7]. D'après les évaluations dont on dispose, les productions par tête de la Chine et de l'Europe occidentale étaient, en 1400, à des niveaux comparables, la Chine étant alors probablement un peu plus riche (et 1,7 fois plus peuplée que l'Europe). C'est que, du XIe au début du XVe siècle, la Chine avait beaucoup accompli : une administration puissante avec une bureaucratie instruite, une agriculture prospère (grâce au travail de paysans souvent misérables), une irrigation et un système de canaux bien entretenus, un artisanat actif, une importante production de fer, une pratique précoce de l'imprimerie, de grandes bibliothèques, l'essor du commerce, l'usage du papier monnaie, d'importantes avancées techniques (de la poudre au compas magnétique), un double système de commerce (par caravanes et par mer)[8].

TABLEAU 1.1. CHINE, EUROPE OCCIDENTALE ET « EUROPE SANS RIVAGES » (1400-1989)

	Produit domestique brut par tête (en dollars aux prix de 1985)		*Population (en millions)*	
	Europe occidentale, États-Unis, Canada, Australie	*Chine*	*Europe occidentale, États-Unis, Canada, Australie*	*Chine*
1400	430	500	43	74
1820	1 034	500	122	342
1950	4 902	454	412	547
1989	14 413	2 361	587	1 120

Source : Maddison 1991, p. 10.

De 1400 à 1989, la population est multipliée par 15,1 pour la Chine et par 13,6 pour l'« Europe sans rivage » par rapport à l'Europe d'avant les temps où elle découvrit,

7. Pour l'Europe, il s'agit de l'Europe occidentale pour 1400 et d'une « Europe sans rivages » (incluant les terriroires de peuplement européen, notamment l'Amérique du Nord et l'Australie) pour les dates ultérieures.

8. KENNEDY 1988, 1991, p. 34 *sq.* ; *Histoire de l'humanité*, 1969, vol. 3, p. 237 *sq.*

conquit et peupla de « nouveaux mondes »[9]. La divergence majeure n'est donc pas dans les croissances démographiques, mais dans les croissances économiques : au cours de ces six siècles, la production par tête a été multipliée par un peu moins de cinq en Chine alors qu'elle était multipliée par plus de trente pour les Européens d'Europe et d'outre-océans[10].

Selon les évaluations disponibles, la production par tête moyenne en Chine était en 1950 du même ordre que ce qu'elle était cinq siècles et demi plus tôt, peut-être même un peu inférieure : y ont contribué les choix impériaux du XVe siècle, la pesanteur de la bureaucratie, le poids du conservatisme, puis, à partir du XIXe siècle, les agressions et la présence occidentales, les guerres et les conquêtes menées par le Japon, les déchirements, affrontements et soulèvements conduisant à la fois à une mise en coupe réglée et à une profonde désorganisation du pays[11]. Après une si longue période de retrait, après tant de reculs et d'humiliations, il n'y a rien de surprenant dans l'actuel retour de la Chine parmi les grandes puissances.

Ce retour s'inscrit d'ailleurs dans un mouvement plus large. Si l'on divise le monde en fonction des niveaux de développement dans les années soixante et soixante-dix en deux grands ensembles, les « pays industrialisés » (tant capitalistes que communistes) et les pays du tiers monde (Chine incluse), on peut faire les évaluations suivantes : les « pays industrialisés » (des années soixante et soixante-dix) n'assuraient au XVIIIe siècle que le quart de la production mondiale ; avec leur dynamique d'industrialisation et de modernisation, leur part a augmenté jusqu'à atteindre les trois quarts de la production mondiale vers 1970 ; à cette époque, une inflexion s'est produite qui marque manifestement le début d'un rééquilibrage (schéma 1.1).

---

9. Pour l'Europe occidentale saisie en ses frontières, la population a été multipliée par 7,2 (d'après MADDISON 1991, p. 9).

10. Quelle que soit la qualité des sources retenues, les évaluations économiques portant sur des périodes lointaines placent le chercheur devant des difficultés quasi insurmontables ; elles ne nous fournissent donc que des ordres de grandeur, approximatifs mais vraisemblables.

11. BRAUDEL 1987, 1993, p. 238 *sq.*

SCHÉMA 1.1. – RÉPARTITION DE LA PRODUCTION MONDIALE TOTALE (EN %) ENTRE « PAYS INDUSTRIALISÉS »* ET « PAYS DU TIERS MONDE »* (1750-1990 ET PROJECTIONS POUR 2000 ET 2010)

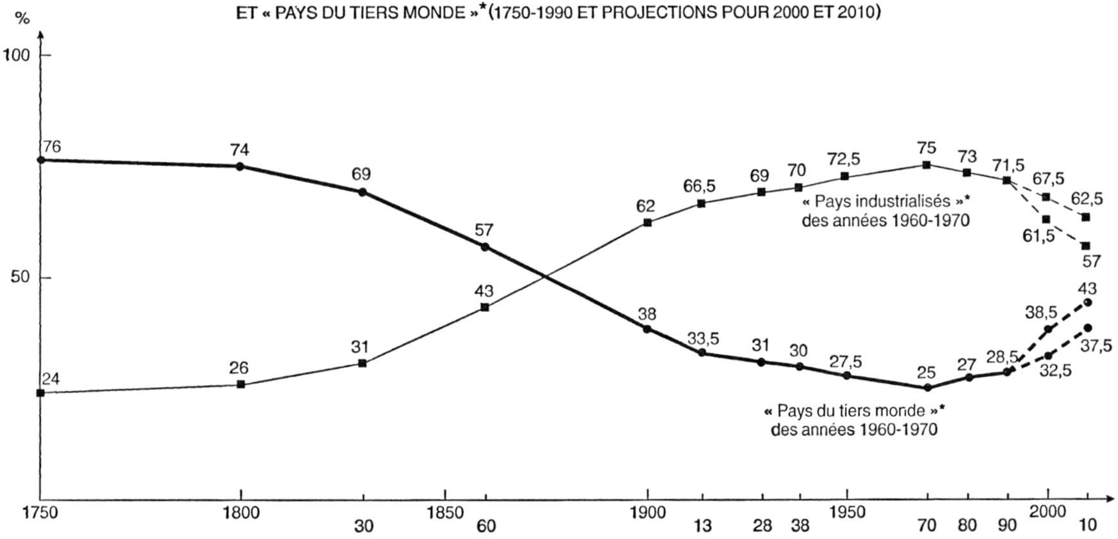

* Selon les définitions et les nomenclatures utilisées dans les années 1960-1970. Les « pays industrialisés » incluent l'Europe de l'Est et l'ensemble de l'ex-URSS. Les « pays du tiers monde » recouvrent les pays en développement de cette époque et la Chine.

Source : d'après Bairoch 1994, p. 134 ; pour 2000 et 2010, projections autour de celles des *Global Economic Prospects* de la Banque mondiale.

SCHÉMA 1.2. – RÉPARTITION DE LA PRODUCTION MANUFACTURIÈRE (EN %) ENTRE « PAYS INDUSTRIALISÉS »* ET « PAYS DU TIERS MONDE »* (1800-1993)

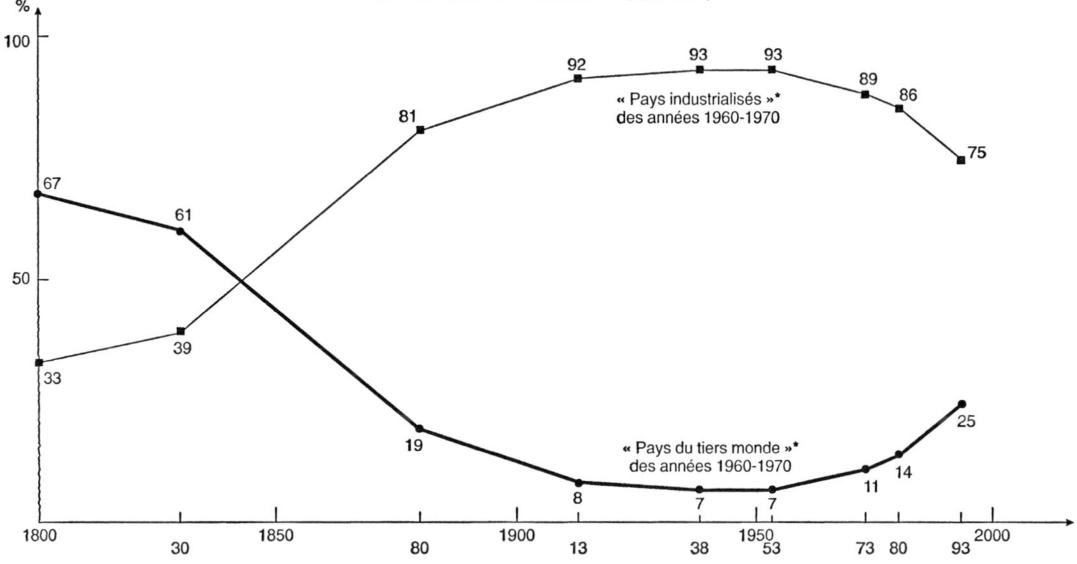

* Voir schéma précédent.

Source : « The Global Economy », *The Economist*, 1er octobre 1994, p. 4 (d'après Bairoch).

De même, les « pays industrialisés » (des années soixante et soixante-dix) assuraient le tiers de la production manufacturière mondiale en 1800 ; avec l'industrialisation, leur part est montée jusqu'à plus des neuf dixièmes de 1913 à 1953 ; depuis les années cinquante, elle a commencé à reculer : autre signe du début d'un rééquilibrage (schéma 1.2).

Une exceptionnelle parenthèse a ainsi commencé à se fermer. Au cours du XXIe siècle, par tâtonnements, affrontements, convergences et compromis, un nouvel équilibre des puissances et des continents va se mettre en place.

Une nouvelle carte du monde ?

Le projet national-socialiste a été défait. Les empires coloniaux sont démantelés. L'ensemble soviétique s'est disloqué. Les pays qui ont porté l'Europe dans le monde tentent désormais de faire l'Europe en Europe.

Les pays riches d'Amérique du Nord, d'Europe et d'Asie offrent au monde le spectacle de l'opulence marchande. Promesse pour certains : une cité-État (Singapour), une cité à statut (Hong Kong), deux petits pays d'intérêt stratégique (Corée du Sud et Taiwan) et les oligarchies (et des fractions de classes moyennes) de nombreux pays sont en train d'en cueillir les fruits. Mirage pour d'autres, dont une part de la population, plus ou moins grande, s'enlise dans la pauvreté.

Dans la zone tempérée de l'hémisphère Nord, la triade des pays riches (Amérique du Nord, Japon, Europe occidentale et scandinave) concentre aujourd'hui l'essentiel des moyens — financiers, scientifiques, de haute technologie — du monde [12], les États-Unis seuls disposant d'une capacité stratégique mondiale.

Dans le reste du monde, le phénomène le plus spectaculaire est l'émergence, par vagues successives, de pays à croissances rapides, comme, dans les années 1985-1995, en Asie de l'Est et du Sud-Est.

Mais le mouvement le plus profond, le plus décisif, c'est

---

12. Voir entre autres OHMAE 1985 ; BEAUD 1989, p. 182 *sq.* ; DOLLFUS 1990, p. 286 *sq.*

l'affirmation de l'Inde et de la Chine — pays-continents, pays-civilisations, l'un et l'autre milliardaires en hommes, porteurs de cohérence, de pluralité, de traditions et de savoirs modernes —, très probables grandes puissances du prochain siècle.

Ailleurs, bien des incertitudes : sur les perspectives de la Russie et de l'ensemble marqué au double sceau de l'orthodoxie et du communisme ; sur les cheminements des sociétés d'Afrique, sociétés pauvres d'un continent aux riches potentialités ; sur les sursauts et secousses des Amériques du Centre et du Sud, dieux noirs et diables blonds, peuples pauvres et riches oligarchies ; et sur les devenirs, multiples et contrastés, des sous-continents et archipels des mondes musulmans.

Fondée sur une cohérence essentiellement économique et financière, la Triade a peu de chances de se muer en puissance géopolitique. Nulle nouvelle union institutionnelle — ni euro-américaine, ni nippo-américaine — n'est en vue. L'Europe elle-même a bien de la peine à se constituer en puissance politique. Si elle n'y parvenait pas, ce serait la tripolarisation États-Unis-Chine-Inde qui marquerait la carte du monde dans le prochain demi-siècle.

En 1820, la Chine comme l'Inde avaient des productions qui dépassaient celles des principaux pays Européens. Avec l'industrialisation capitaliste de l'Occident, ces deux pays ont disparu de la liste des premières puissances économiques. Aujourd'hui, ils ne figurent toujours pas sur cette liste quand on évalue leurs produits en dollars sur la base du taux de change, mais ils y apparaissent si l'évaluation en dollars est faite sur la base de la parité des pouvoirs d'achat. C'est dire que, compte tenu des processus d'industrialisation et de modernisation en cours, en 2020, la Chine et l'Inde figureront, très certainement avec l'Amérique du Nord et l'Europe et très probablement avec le Japon, la Russie et le Brésil, parmi les sept principales puissances économiques du monde.

La tripolarisation États-Unis-Chine-Inde signifierait l'entrée dans une ère sans hégémonie. Les États-Unis peuvent faire régner l'ordre dans une petite île de leur hémisphère, maintenir à la limite de la misère de petits pays

TABLEAU 1.2. LES SEPT PRINCIPALES PUISSANCES ÉCONOMIQUES DU MONDE (1820-1994) (selon le critère du produit ou du revenu total du pays [a])

	Calcul fondé sur les parités de pouvoir d'achat		*Calcul fondé sur les taux de change*		
	1820 [b]	*1992* [b]	*1914* [c]	*1950* [d]	*1994* [e]
1	Chine	États-Unis	États-Unis	États-Unis	États-Unis
2	Inde	Chine	Allemagne	URSS	Japon
3	France	Japon	Roy.-Uni	Roy.-Uni	Allemagne
4	Roy.-Uni	Allemagne	Russie	France	France
5	Russie	Inde	France	RFA	Italie
6	Japon	France	Italie	Japon	Roy.-Uni
7	Autriche	Italie	Japon	Italie	Brésil

a. Ces comparaisons cumulent les approximations puisqu'elles portent sur des grandeurs économiques saisies à des périodes éloignées et pour des pays de niveaux et de modes de vie différents. On a distingué les chiffres obtenus par la prise en compte des parités de pouvoir d'achat (colonnes 1 et 2) et ceux obtenus par les taux de change (colonnes 3, 4 et 5). Au total, ces évaluations sont un peu comme des distances qu'on évaluerait dans un paysage, en utilisant, à bras tendu, le poing ou le pouce : cela peut donner une idée, mais ce n'est pas d'une grande précision. Une différence cependant : les distances dans un espace peuvent être mesurées précisément, tandis que les comparaisons que nous présentons ne peuvent être qu'approximatives.

b. D'après des estimations des produits intérieurs bruts sur la base des parités de pouvoirs d'achat (MADDISON 1995, p. 28).

c. D'après les revenus nationaux en dollars (KENNEDY 1988, 1991, p. 284). Dans sa thèse de doctorat sur *La Question du retard russe* (Paris-VIII, 1985, p. 76), Joseph BOUMENDIL arrive à un classement légèrement différent pour les rangs 2 à 5 : la France précède le Royaume-Uni, qui précède l'Allemagne, la Russie se situant dans une large fourchette qui englobe ces trois pays.

d. D'après les produits nationaux en dollars de 1964 (KENNEDY 1988, 1991, p. 416).

e. D'après *L'État du monde 1997*, p. 666 *sq.*

comme Cuba ou l'Irak ou user de la menace ou des fluctuations du dollar par rapport à leurs concurrents du Nord ; mais, face aux grands problèmes de notre monde — pauvreté, dégradations environnementales, risques d'une débâcle financière, soubresauts et chaos régionaux, expansion des trafics, des mafias et des corruptions —, ils paraissent abouliques ou désarmés, impuissants. Quant à la Chine et à l'Inde, elles vont encore pendant des décennies avoir beaucoup à faire avec leurs propres problèmes, leurs mutations et leurs voisins.

Depuis deux siècles, le monde a connu deux périodes à

domination hégémonique : le deuxième tiers du XIXe siècle, avec le Royaume-Uni, et les quelques décennies d'après la Seconde Guerre mondiale, avec la double domination adverse des États-Unis et de l'URSS. Entre ces deux périodes, deux grandes et longues crises économiques et financières, d'innombrables affrontements, deux grandes guerres, des génocides, bref, une longue période de violences et d'instabilité.

Certes, rien n'est écrit. Mais, compte tenu de la montée des périls, des difficultés et des tensions comme de la pression des urgences et des accélérations, la période qui vient risque fort, en l'absence d'hégémonie ou d'une nouvelle organisation planétaire, d'être marquée de grands fléaux, d'affrontements et de remous [13].

L'enchevêtrement de fléaux dont l'homme est la source

Plus de pauvreté dans un monde plus riche

Jamais tant de richesses. Jamais tant de pauvreté.

Jamais tant de richesses produites : en dollars de 1975, le produit mondial en 1900 a été évalué à 580 milliards (pour 1,6 milliard d'humains, soit 360 dollars par personne) ; en 1975, il atteint près de 6 000 milliards de dollars (pour près de quatre milliards d'humains, soit environ 1 500 dollars par personne). En 1994, le produit mondial atteint plus de 25 000 milliards de dollars (pour 5,6 milliards d'humains, soit environ 4 500 dollars par personne) [14]. Selon les cri-

13. On est, ici, plus près du « choc des civilisations » (HUNTINGTON 1994 et 1996) que de la « fin de l'histoire » (FUKUYAMA 1992), mais il faudra compter aussi avec la multiplication des « chaos bornés » (DOLLFUS 1995, p. 82 *sq.*) porteurs d'affrontements localisés, où prospèrent trafics et mafias (JEAN et RUFIN 1996).

14. Rappelons les difficultés et les limites des évaluations et des comparaisons sur de longues périodes de temps ou pour des sociétés profondément différentes ; mais les ordres de grandeur sont significatifs (*sources* : PERKINS 1983, p. 19-21 et BANQUE MONDIALE 1996, p. 221).

tères du « développement humain [15] », un nombre croissant d'hommes voient leurs situations s'améliorer.

Les échanges marchands, les commerces, qui avaient accompagné la longue maturation de nos sociétés, la formation et la croissance des villes et les transformations des campagnes prennent aujourd'hui le dessus et marquent de leur empreinte structures et relations sociales. Échoppes, boutiques, mini- super- et hypermarchés, magasins d'usines, grandes surfaces à prix cassés foisonnent. Le commerce mondial annuel de biens et services dépasse 6 000 milliards de dollars [16]. Après les murs, les bords de route et la presse, la publicité a envahi la radio et la télévision, couvert de badges les sportifs, sponsorisé les navigateurs au long cours, investi Internet.

Les actifs financiers mondiaux sont passés d'un peu moins de 11 000 milliards de dollars en 1980 à un peu plus de 35 000 milliards en 1991-1992. Le volume des transactions sur les marchés des changes est de l'ordre de 1 300 milliards de dollars par jour en 1995 [17].

Jamais tant de richesses, mais jamais tant de pauvreté. Si l'on prend le cinquième le plus pauvre des habitants de la Terre (plus d'un milliard d'humains), tous pays confondus, leur revenu moyen par tête était en 1988 de 163 dollars : moins d'un demi-dollar par personne et par jour [18].

En 1987, le rapport de la commission Brundtland dressait ce constat : « Il y a plus de gens souffrant aujourd'hui de la faim dans le monde qu'il n'y en a jamais eu dans l'histoire humaine, et leur nombre augmente. [...] Le nombre de personnes vivant dans des taudis et des bidonvilles ne recule pas, il s'accroît. Un nombre croissant de personnes n'ont pas accès à l'eau potable ni à des installations sanitaires et sont donc la proie des maladies qui découlent de ces manques [19]. »

En 1990-1995, dans les pays en développement, 2,5 mil-

15. Voir le rapport du PNUD, Programme des Nations unies pour le développement, annuel.

16. Banque mondiale 1996, p. 251.

17. Chesnais (dir.) 1996, p. 25 et 35.

18. PNUD 1992, p. 40.

19. World Commission on Environment and Development 1987, p. 29 ;

liards de personnes (plus de la moitié de la population) n'ont pas accès à des réseaux d'assainissement et 1,3 milliard (près d'un tiers de la population) n'a pas accès à l'eau potable[20] ; 1,3 milliard de personnes vivent dans la pauvreté ; « près de 800 millions d'êtres humains ne mangent pas à leur faim » et « plus d'un tiers des enfants des pays en développement souffrent de malnutrition et d'insuffisance pondérale » ; « chaque année, environ 17 millions de personnes meurent de maladies infectieuses et guérissables, telles que la diarrhée, le paludisme ou la tuberculose » ; 400 millions d'enfants n'ont pas accès à l'école ; 200 millions de personnes sont gravement touchées par la désertification[21].

On le sait. On a vu, en photos ou à la télévision, ces corps avec la peau sur les os ; ces regards d'outremonde ; ces êtres sans force menant des bêtes décharnées dans un paysage sans végétation. On a pu voir, en voyage, ces femmes et enfants couchés à l'aube sur des cartons au pied d'immeubles d'affaires.

Jamais tant de pauvretés, dans un monde qui atteint un degré exceptionnel de puissance et d'opulence.

Immense plaie, de gravité variable, sur les trois continents de l'ex-tiers monde ; éruption corrosive dans les pays trop brusquement passés d'un étatisme bloqué et corrodé à un libéralisme sans règles ; honteux chancre des sociétés riches : cette pauvreté massive, dans un monde d'opulence comme le nôtre, est un scandale pour la conscience, une source de fragilité pour les sociétés, une menace pour l'avenir.

Elle constitue, pour notre monde de marchandisation et de mondialisation, le premier défi majeur ; car, « là où les hommes sont condamnés à vivre dans la misère, les Droits de l'Homme sont violés. S'unir pour les faire respecter est un devoir sacré[22] ».

---

ces accroissements en nombres absolus, s'inscrivant dans l'accroissement de la population mondiale, peuvent s'accompagner d'une baisse de la part relative des populations touchées.

20. PNUD 1996, p. 168-169.

21. *Ibid.*, p. 23.

22. Inscription sur une dalle qu'a fait sceller sur le parvis du Trocadéro à

Depuis la Seconde Guerre mondiale sont reconnus et jugés les crimes contre l'Humanité. Aujourd'hui, des populations entières sont atteintes dans leur intégrité et leur dignité humaines et pour certaines condamnées à dépérir. Qui jugera-t-on, demain, pour crime de non-assistance à populations en danger ?

L'engrenage des violences

États-Unis : les arrestations de jeunes pour crimes violents majeurs sont passées de 83 000 en 1983 à près de 130 000 en 1992 ; la période de pointe pour les crimes violents commis par des jeunes de six à dix-sept ans se situe entre 3 et 6 heures de l'après-midi, entre école et télévision ; les experts craignent le pire pour la prochaine décennie[23].

Colombie : s'il tue un inconnu, un jeune reçoit vingt dollars d'une mafia locale et pourra commencer à travailler pour elle. Kenya : à Nairobi, pour entrer dans le gang Serena, il faut s'être battu avec un membre d'un gang adverse, apporter le produit d'un vol ou commettre un viol[24]. Liberia : dans la campagne ravagée par la guerre intérieure, des jeunes survivent avec leurs kalachnikovs, tuent, pillent, terrorisent.

Italie, États-Unis, Japon : comme le lierre en de vieux murs, des mafias ont pénétré, enserré de multiples réseaux la vie politique, économique et financière. De Nice à Bruxelles, de New Delhi à Tokyo, d'îles en continents, clientélisme, corruption, mises en accusation, meurtres et suicides jalonnent la zone opaque où interfèrent milieu, argent et monde politique. Dans les régions livrées aux rébellions ou guerres internes, trafics d'armes et de drogues font loi. Nées de l'ex-URSS, de puissantes et dynamiques

---

Paris le père Joseph Wresinski, fondateur du mouvement ADT Quart-Monde, le 17 octobre 1987. Le dimanche 17 octobre 1993 a été, sur décision des Nations unies, la première Journée mondiale du refus de la misère.

23. *International Herald Tribune*, 9-10 septembre 1995.

24. Deyssi ROGRIGUEZ-TORRES, « Le gang Serena : origine et production d'une contre-société de la rue à Nairobi », *Politique africaine*, n° 63, octobre 1996, p. 61-71.

mafias jouent à leur manière l'international. Et, déjà, le renouveau des triades chinoises inquiète.

Violence contre violence.

A la violence des trafics de drogue et des trafiquants, un groupe musulman, qui met en cause l'« inefficacité et la corruption » de la police d'Afrique du Sud, oppose sa propre violence : « Un dealer, une balle[25] ! » ; en août 1996, un chef de gang d'un quartier métis du Cap a été abattu et brûlé, en présence de policiers et de caméras de télévision. A Nairobi, les « enfants des rues » dénoncés, coupables ou non, par la clameur sont « pris, jetés à terre, battus à mort » ; « dans les bidonvilles, l'enfant est aussi battu, écrasé par ses aînés ou même pendu à un poteau et brûlé vif[26] ».

Autodéfense individuelle ou collective : on estime qu'il y a aux États-Unis, dans la population civile, deux cent vingt millions d'armes[27].

Affrontements nationaux, ethniques, religieux, avec parfois de brusques flambées qui peuvent dégénérer en massacres génocidaires comme en Inde (1947), en Indonésie (1965), au Bangladesh (1971), en Éthiopie (1977-1991), et, dans les années quatre-vingt-dix, dans l'ensemble Rwanda-Burundi-Est du Zaïre[28].

Et que dire des sociétés de grande pauvreté où des familles sans ressources vivent dans les décharges d'ordures de grandes agglomérations et où des enfants sont, dès le plus jeune âge, abandonnés à la rue ? Que dire des sociétés d'opulence où trop de jeunes grandissent dans la misère et la violence, parmi une surabondance de marchandises inaccessibles et avec en prime la surenchère des télévisions dans les registres du crime et de la cruauté ? Et que dire des enfants des familles atteintes par les chocs et les heurts de

25. *Le Monde*, 22-23 septembre 1996.
26. D. ROGRIGUEZ-TORRES, *loc. cit.*, p. 69.
27. Comme l'observe André BOURGUIGNON (1989, p. 266), « le nombre des meurtres par armes à feu augmente avec la fréquence de leur détention. Par exemple, en 1981, il y en a eu 8 au Royaume-Uni, 42 en RFA, 48 au Japon, 52 au Canada et… 11 500 aux États-Unis ».
28. Voir TERNON 1995.

l'économie : faillites, licenciements, chômage, engrenages de l'appauvrissement ?

L'inégalité extrême de notre monde, les profondes et croissantes disparités dans presque toutes les sociétés, les pertes de perspectives et de repères suscitent la diversification et l'aggravation des violences, des répressions, des affrontements.

Guerres et paix

De la guerre du feu au feu nucléaire, des massacres rituels à l'extermination industrielle, toutes les sociétés ont été violentes[29]. Après les conquêtes, les oppressions et les humiliations de la colonisation, les implacables totalitarismes du XXe siècle, les paroxysmes de la Seconde Guerre mondiale, des camps de la mort, des bombardements massifs et des bombes atomiques, notre époque a connu les affrontements Est-Ouest, les guerres de libération, les répressions contre les mouvements indépendantistes, les guerres locales et guérillas soutenues ou attisées par les grandes puissances, le carcan de l'apartheid, les brutalités criminelles des polices et des milices aux multiples racismes, les déracinements de la croissance, les chocs des crises, et comme une pandémie d'affrontements et de crimes.

Mais certains cultivent le penser positif : aux yeux de Minoru Makihara, président de Mitsubishi, le fait que nous ayons eu un demi-siècle sans guerre mondiale constitue le phénomène « le plus surprenant » de la période[30]. On pourrait aussi bien se réjouir qu'il n'y ait pas eu de conflit nucléaire : car, avec les stocks d'armes nucléaires, demeure la capacité de mutiler gravement ou de détruire la Terre, le vivant, l'Humanité.

---

29. « Entre les guerres, les actions policières, les affrontements et les crimes, les actes d'agression ou de défense, il y a eu depuis cent cinquante ans dans les pays de civilisation occidentale, à chaque minute du jour et de la nuit, un homme au moins tué par un autre homme. [...] Lors des cinquante dernières années, [...] l'écart entre ces meurtres est tombé à près de 20 secondes », écrivait Friedrich HACKER au début des années soixante-dix (1971, 1972, p. 23).

30. *Far Eastern Economic Review*, 3 octobre 1996, p. 36.

Mais que de guerres dans notre ère de paix ! Pour les seules années 1990-1994, plus de cinquante conflits, internes ou entre pays, dénombrés[31] : Cambodge, Afghanistan, Kurdistan, Arménie, Liban, Soudan, Mozambique, Liberia, Bosnie, Pérou, Colombie, etc. A quoi s'ajoutent les luttes sans merci entre mouvements islamistes armés et régimes en place comme en Afghanistan (1995-1996) et en Algérie (depuis 1992) et les combats de peuples minoritaires aspirant à plus d'existence : à la liberté, la reconnaissance, l'autonomie, l'indépendance.

Derrière certains de ces conflits, il y a le jeu de puissances mondiales ou régionales ; il peut aussi y avoir des enjeux économiques (ressource pétrolière ou minière, passage d'un gazoduc ou d'un oléoduc). Toujours se pose le problème des financements ; car armes et moyens techniques coûtent de plus en plus cher[32] : d'où les contributions des diasporas et les prélèvements sur les populations ou sur l'aide humanitaire ; d'où aussi les imbrications entre trafics d'armes et trafics illicites, notamment de drogues, et donc entre mouvements en lutte, organisations criminelles internationales et réseaux du terrorisme.

Individuelles ou collectives, ethniques, religieuses ou nationales, étatiques, claniques ou mafieuses, militaires, nucléaires, économiques et financières, les violences, omniprésentes, pèsent sur notre temps. Il y a tant de situations, de formes, d'engrenages qu'il serait absurde de vouloir les ramener tous à une cause unique. Pourtant quelques traits se dégagent.

D'abord, l'impact des violences est démultiplié par la puissance technique. Un enfant est évidemment plus dangereux avec un fusil d'assaut qu'avec un couteau ou des pierres. Une organisation criminelle change de registre quand elle détient sous-marins, missiles et armes de destruction massive. Ensuite, les violences ne peuvent prendre une forme organisée stable ou déboucher sur des conflits s'inscrivant dans la durée que si elles bénéficient de finan-

31. KIDRON et SEGAL 1996, p. 100-101.
32. Voir JEAN et RUFIN (dir.) 1996.

cements qui, pour l'essentiel, passent par les faces cachées des mondes du pouvoir et de l'argent.

Enfin, individuelles ou collectives, la plupart de ces violences se nourrissent des processus diversifiés et mondiaux de déstructuration et de délitement des sociétés — accentuation des inégalités et des distorsions, affaiblissement des règles, recul du droit, progression de l'arbitraire, dilution des obligations, perte de sens. Manifestations polymorphes des ruptures sociales, des pertes de repères et de l'érosion des valeurs, elles constituent aussi des symptômes du basculement du monde.

Le mépris de la Terre et de la vie

Mépris de soi-même et des autres, indifférence au lieu où l'on passe comme au temps qui vient, l'homme de notre temps répand dans le monde détritus et déjections : des papiers gras, gaz d'échappements et déchets ménagers aux polluants chimiques, métaux lourds et déchets radioactifs.

Par les fenêtres des voitures et des trains, sur des sites charmants ou sublimes, jusqu'aux cœurs des déserts et aux sommets de l'Himalaya, il jette sacs en plastique, boîtes et bouteilles, emballages, récipients et matériaux divers. Il entasse près de ses agglomérations des amoncellements de détritus. Dans les mers et les océans, il jette objets de travail, de consommation ou de loisir et d'incroyables tonnages de métaux lourds, de résidus pétroliers ou de produits chimiques ; sûr de sa capacité technique, il accumule armes bactériologiques ou chimiques et matériaux radioactifs, en oubliant que toute machinerie sociale peut un jour se déglinguer. Il bétonne les plus beaux paysages jusqu'à en insulter le souvenir, gangrène les sols, souille la terre, l'eau, l'air. Il réussit même à encombrer de débris dangereux les orbites de l'espace les plus utiles.

Assèchement de la mer d'Aral, appauvrissement des terres d'Ukraine, décharge nucléaire de Tcheliabinsk : désastres sans bornes de l'étatisme totalitaire. Forêts rasées à mort, eau rendue impropre à l'irrigation, fleuves transformés en égouts chimiques par les frénésies de l'industrialisation. Dégazage des navires en pleine mer, destruction des paysages par des implantations de grandes surfaces, gonflement des emballages, récipients et produits à jeter : dégâts collectifs pour profits privés. Ravages dus à l'insatiable voracité de l'homme moderne, qui envahit, s'approprie, prend, pille, gaspille, transforme la planète en poubelle et détruit pour longtemps des sources qu'on croyait inépuisables.

Bénéficiant de millénaires d'adaptation et d'apprentissage réciproques des sociétés et de leur environnement, et de savoirs, et de beautés, la société qui est en train d'émerger à l'échelle mondiale est avide, destructrice, sans conscience. Ressources gaspillées, sols dégradés, déserts élargis, eaux raréfiées et souillées, mers et océans transformés en ultimes décharges aux multiples périls, sites contaminés de nos cathédrales industrielles et nucléaires, dépôts de nos déchets radioactifs : les générations futures devront faire avec !

En 1972, le rapport du Club de Rome, *Halte à la croissance ?*, s'ouvrait sur l'apologue des nénuphars : leur doublement périodique finit par étouffer la mare où ils prospèrent ; il s'inquiétait de la croissance démographique, des phénomènes de saturation, de l'épuisement des ressources non renouvelables (énergie et matières premières) et de la prolifération des déchets. Rien alors sur les atteintes à la couche d'ozone et le changement climatique ! Et ni les déchets et risques nucléaires, ni les pollutions chimiques, ni les pénuries d'eau pour des grandes régions n'étaient présentés comme des risques majeurs.

Il ne s'agit pas là d'un reproche, mais d'un constat. En matière d'atteintes à la planète, les choses vont très vite. Nous nous préoccupons des risques constatés : plus ou moins vite des efforts sont mis en œuvre, le plus souvent insuffisants, compte tenu des dynamiques mondiales. Et de nouvelles atteintes se révèlent, que trop d'acteurs s'efforcent, autant que possible, de nier ou de minimiser.

Président autoritaire, tyran oppresseur ou gouvernant d'une démocratie, Créon, fatigué, célèbre l'arbre et laisse raser les forêts. Les suzerains des temps modernes, grandes firmes et groupes multinationaux, ont appris à parler « environnement » ; la communication ronronne ; lointaines sous-filiales, sous-traitants, entreprises du Sud et réseaux mafieux se chargent des sales besognes.

Sous les pluies saturées de l'industrie triomphante et les vents de Bhopal ou de Tchernobyl, Antigone se terre au pied de l'autel où la Pythie remue les cendres. Les dieux se sont tus. Pan se meurt.

La montée des périls

A Minamata, petit port du Japon, une maladie frappe, dans les années cinquante et soixante, les chats, puis les pêcheurs et leurs familles et d'autres habitants ; elle attaque les centres nerveux, conduit à la perte de contrôle de soi, puis à la mort ; plus tard naissent des enfants-larves : l'entreprise chimique Chisso, qui depuis 1932 avait déversé près de 100 tonnes de mercure dans la baie, refuse pendant plus de vingt ans d'admettre sa responsabilité. Mille deux cents morts, dix mille personnes atteintes dans leur santé : c'est seulement en 1996 qu'arrivera à son terme une longue bataille juridico-administrative pour l'indemnisation des victimes[33].

3 décembre 1984, une fuite de quarante tonnes du gaz methylisocyanate de l'usine de pesticide d'Union Carbide à Bhopal fait deux à trois mille morts en un jour et de nombreuses victimes, dont des milliers condamnés à une mort plus ou moins lente ; l'entreprise plaide devant les tribunaux américains puis indiens, pour finalement négocier avec le gouvernement de Delhi, en 1989, un accord « pour solde de tout compte » sur des indemnités se montant au sixième des sommes demandées à l'origine[34].

26 avril 1986, le réacteur n° 4 de la centrale électronucléaire de Tchernobyl explose ; les premières victimes sont des techniciens de la centrale ; il faut plusieurs jours pour que les autorités soviétiques soient informées et admettent l'information, pour que les populations soient évacuées et que l'armée commence à ensevelir le réacteur sous

33. BEAUD et *al.* (dir.) 1993, p. 115 et 188 ; *Le Monde*, 3 mai 1996.

34. *Le Monde*, 4-5 décembre 1994 ; *International Herald Tribune*, 3-4 décembre 1994.

du sable. Les autorités suédoises, qui ont été averties d'une élévation de la radioactivité le 27, diffusent l'information le 28. En France, le directeur du Service central de protection contre les rayonnements ionisants ne reconnaîtra que le 10 mai que le nuage radioactif a survolé le territoire. A ainsi commencé une longue saga où l'on apprend combien il est difficile aussi bien de confiner le cœur en fusion d'un réacteur accidenté que de limiter la diffusion (par poussières, eaux, plantes et animaux) de la radioactivité dispersée[35].

Minamata, Bhopal, Tchernobyl : ces accidents phares de la modernité industrielle devraient inciter à réfléchir à deux siècles de maladies du travail, d'accidents du travail, de catastrophes industrielles et minières, de pollutions continues, périodiques, accidentelles ou catastrophiques. Car, en Europe occidentale et en Amérique du Nord depuis le XIXe siècle, dans l'ensemble soviétique et dans les nouveaux pays industriels depuis la dernière guerre, dans les pays pauvres et émergents depuis quelques lustres, dans toutes les parties du monde, des entreprises portent atteinte à la santé de leurs travailleurs, à l'eau, à l'air, aux sols environnants et donc à la vie des populations. Pour quelques-unes qui se sont comportées de manière responsable, trop ont fait passer l'impératif industriel et la recherche du moindre coût avant le respect des hommes et de la vie.

Mais déjà surgissent de nouveaux risques : les « inoffensifs » chlorofluorocarbones se sont révélés à l'origine de l'altération de la couche d'ozone ; l'amiante, dont on connaissait les dangers pour les ouvriers qui travaillaient à sa production, se révèle dangereux dans les bâtiments pour l'isolation desquels il a été utilisé.

Et puis de nouveaux « nouveaux risques » : ceux de contamination par le sang traité dans un processus productif techno-industriel ; ceux de la résistance aux antibiotiques diffusée par l'administration systématique d'antibiotiques dans l'élevage animal intensif ; ceux des maladies à prions propagées par des animaux industriellement nourris

35. Voir Monique SENÉ, *in* Beaud et *al.* (dir.) 1993, p. 121.

de farines contaminées ; et, demain, ceux résultant de nouvelles biotechnologies, notamment des manipulations génétiques. Sans parler des incertitudes quant aux effets de la large gamme des ondes et radiations dont nous accroissons sans cesse l'émission, des inquiétudes concernant l'eau traitée et distribuée industriellement et des préoccupations que suscitent les effets de la destruction des paysages et des entassements dans d'inhumaines mégapoles.

Est-il permis de parler de cela sans se faire accuser d'antiscientisme rétrograde ? Est-il possible de réfléchir sur ces périls et ces risques, pour tenter de les endiguer avant qu'ils ne provoquent de puissants et dangereux déferlements d'angoisse collective ?

Jour de colère

Toute espèce animale protège ses jeunes : de plus en plus, l'homme moderne les abandonne, par millions ou dizaines de millions, dans de terrifiantes proliférations urbaines.

Toutes les sociétés humaines ont marqué leur souci du futur, en exprimant par la sagesse ou la morale quelques règles de précaution : c'est une planète de vie qu'elles nous ont laissée en héritage. Certaines ont été sévèrement jugées pour avoir adopté comme devise « Après nous, le déluge ». Mais celle qui est en train d'émerger ne se pose pas la question de l'« après-nous ».

S'entremêlent les logiques absurdes d'obstinées rationalités à courte vue et l'inextricable écheveau des irresponsabilités ; avec les jeux complices du pouvoir et de l'argent ; avec aussi les certitudes tranquilles des barbares modernes pour qui est légitime tout ce qui est techniquement possible ; avec, en fond de tableau, les insouciances et les égoïsmes individuels ; et, à tous les niveaux, l'accumulation des petites lâchetés d'où naissent les grandes catastrophes. Car, si pendant des milliers de générations c'est principalement des fureurs de la Terre (et de la colère des dieux) que naissaient les principaux fléaux, aujourd'hui c'est essentiellement des activités humaines (et du principe d'irresponsabilité).

Gouvernants et hommes politiques, dirigeants de grandes firmes nationales ou multinationales, directeurs et technocrates d'administrations nationales et internationales ? Ni responsables, ni coupables. Oligarchies, élites, corps scientifique, ingénieurs des pays riches et des pays pauvres ? Ni responsables, ni coupables. Pollueurs, gaspilleurs, profiteurs, consommateurs ? Ni responsables, ni coupables. Irresponsable homme de notre temps : aussi meurtrier que suicidaire. Mais cette irresponsabilité va revenir en terribles boomerangs.

Boomerang des nouvelles générations des pays pauvres qui ne vont pas rester inertes dans des situations de moins en moins supportables, et qui auront tous les comptes à régler : avec l'histoire, avec les riches, avec les institutions, avec l'Occident.

Boomerang du mal-vivre qui s'installe, ronge nos sociétés, corrode les consciences : dans nos agglomérations désagrégées par la solitude, le délaissement, la rancœur et l'angoisse, qui pourra maîtriser le brutal déferlement de la peur panique aiguisée par la haine ?

Boomerangs des tribunaux, judiciaires ou populaires, qui jugeront un jour entreprises, États, organismes internationaux et leurs dirigeants, pour ce qui se révélera avoir été des crimes : contre les déshérités, l'humanité à venir, la planète et la vie.

Et finalement, ce simple boomerang : le regard et la voix de cet adolescent, qui, en 2015, dira à ses parents ou à ses grands-parents : « Mais comment avez-vous pu laisser faire ça ? »

Aveuglement

Maladies inconnues ; les hommes meurent en masse ; femmes, bêtes, terres demeurent stériles. Comment conjurer la malédiction qui frappe le pays thébain ? Le meurtre de son roi, Laïos, est à l'origine de tout.

Comme le peuple de Thèbes, Œdipe souhaite découvrir

la vérité ; il a, par avance, voué le meurtrier à l'exil et à l'errance ; il a fait venir un devin, l'aveugle Tirésias ; et quand celui-ci se présente, inquiet, hésitant, résistant aux questions, il le presse, le menace, pour entendre enfin : « Sache-le, c'est toi, c'est toi, le criminel qui souille ce pays[36] ! »

De tout son être, Œdipe rejette ce propos. Tirésias doit répéter : « C'est toi l'assassin recherché » (p. 264). Œdipe récuse le devin, imagine un complot, suspecte Créon. Mais Tirésias sait : « Tu me reproches d'être aveugle, mais toi, toi qui vois, comment ne vois-tu pas à quel point de misère tu te trouves à cette heure ? et sous quel toit tu vis, en compagnie de qui ? [...] Tu n'entrevois pas davantage le flot de désastres nouveaux qui vont te ravaler au rang de tes enfants ! » (p. 267).

Il est des vérités impossibles à entendre.

Nos sociétés ne sont pas prêtes, nous ne sommes pas prêts à entendre que notre manière de vivre engendre de graves menaces pour la Terre, le vivant, les hommes et l'Humanité ; et que l'idéologie du progrès, qui fonde encore largement les sociétés modernes, nous mène, dans le labyrinthe des devenirs historiques, d'impasse en impasse.

À de tels propos, beaucoup réagissent comme Œdipe : « Peut-on tolérer d'entendre parler de la sorte ? » Faut-il écouter « pareilles sottises » ? (p. 267).

Et pourtant : depuis quelques lustres se manifestent des maladies, des fléaux, des périls engendrés par nos imprévoyances ou nos présomptions ; nous rendons stériles d'immenses espaces, dévastons le vivant, portons atteinte aux conditions mêmes de la vie ; dans certains pays, pendant de longues années, a même été étouffé le souffle fragile de l'humain.

Mais, comme Œdipe, nous ne supportons pas l'accusation : « Sache-le, c'est toi, c'est toi, le criminel qui souille cette Terre ! »

Comme Œdipe, nous refusons d'entrevoir « le flot de désastres nouveaux » qui s'annonce.

---

36. SOPHOCLE, *Œdipe roi*, in *Tragédies*, trad. fr., de Paul Mazon, Société des Belles Lettres/Club du Livre, Paris, 1969, p. 263.

2

Détour pour penser le basculement du monde

Un « basculement du monde » : la formule vise à exprimer tout à la fois l'ampleur exceptionnelle des mutations en cours et la gravité des enjeux. Elle vise à alerter : attention ! nous ne sommes pas dans une simple période de changement, comme il y en a tant eu, depuis quelques siècles ; et, si nous n'en prenons pas conscience à temps, nous risquons de nous trouver confrontés à d'immenses périls que nous aurons nous-mêmes suscités.

Basculement : « action de basculer », nous dit le supplément de 1970 du *Dictionnaire Robert* en six volumes (1953-1964) ; et ce même supplément nous propose pour « basculer » un sens figuré : « Passer brusquement (dans une situation nouvelle, à une autre position). » Ainsi, le basculement du monde pourrait être le mouvement, le moment, par lequel le monde passe brusquement d'un état à un autre.

Le monde ? Mais qu'est-ce que le monde au juste, et comment le penser ?

Des difficultés de penser notre monde

Tout repenser ?

« L'homme sait enfin qu'il est seul dans l'immensité indifférente de l'Univers d'où il a émergé par hasard. Non plus que son destin, son devoir n'est écrit nulle part. A lui de choisir entre le Royaume et les ténèbres [1] », écrit Jacques Monod au terme de sa réflexion sur le vivant, la connaissance, la science, le hasard et la nécessité.

Pour certains, tout a basculé à Auschwitz ; pour d'autres, avec le Goulag ; pour d'autres, à Hiroshima ; pour d'autres, à Minamata, Bhopal, Three Mile Island ou Tchernobyl ; et pour d'autres encore, avec l'arrivée de l'homme blanc, les humiliations et les massacres, la traite et l'esclavage. Tels incriminent la volonté de puissance, tels autres la technique ; d'autres le colonialisme, le capitalisme, l'impérialisme, le racisme, le sexisme, ou tout simplement le fondamental égoïsme des hommes. Trop de dangers suprêmes ont été identifiés.

Pendant la dernière guerre, Horkheimer et Adorno se donnent comme tâche « de comprendre pourquoi l'humanité, au lieu de s'engager dans des conditions vraiment humaines, sombrait dans une nouvelle forme de barbarie [2] ». Après l'explosion de Hiroshima, Albert Einstein avait dit : « La bombe atomique a tout changé, sauf l'esprit humain » ; et en 1955 : « Une nouvelle façon de penser est essentielle si l'humanité doit survivre. » Et André Breton, en 1948 : « La transformation du monde, à coup sûr plus nécessaire et incomparablement plus urgente [...] en raison de la menace commune qui pèse sur tous les hommes, demanderait à être repensée de fond en comble [3]. » Mais aujourd'hui, constate le philosophe Dominique Lecourt, les « penseurs modernes » reculent devant l'exigence de notre temps : tout repenser [4] ».

Un monde de contrastes

Tout repenser ? Mais jamais le monde n'a été aussi multiple, diversifié, hétérogène, difforme, contradictoire. Assu-

1. MONOD 1970, p. 195.
2. HORKHEIMER et ADORNO 1944, 1996, p. 13. « Mais, remarquent-ils, plus nous approfondissions notre travail, plus nous comprenions combien notre tâche était disproportionnée à nos forces » (p. 13).
3. André BRETON, *La Lampe dans l'horloge*, Robert Marin, Paris, 1948, cité par Annie LE BRUN, préface à « Unabomber » 1996, p. vii-viii.
4. LECOURT 1990, p. 145.

rément. Sauf qu'en même temps jamais il n'y a eu autant, au niveau mondial, de standardisation, de communication, d'échange et d'interdépendance. Jamais il n'y a eu sur Terre autant d'hommes et de femmes vivant dans l'aisance et l'opulence ; et jamais autant d'hommes et de femmes vivant dans le dénuement et la misère. Jamais autant d'humains n'ont eu accès à une eau potable saine et sûre ; et jamais autant d'humains n'ont été en manque de ce bien essentiel.

Assainissement, soins, éducation, culture, environnement, recherche : longue peut être la litanie de tels contrastes paradoxaux. Pour l'essentiel, ils tiennent au jeu lié de la croissance des populations et du double mouvement d'enrichissement et d'appauvrissement. Également immenses sont les potentialités et les menaces dont est porteuse la révolution scientifique et technique en cours. Le potentiel (industriel, technique, scientifique, économique, financier...) est colossal, mais manquent le sens et les priorités. En même temps, l'Humanité, est au seuil d'une nouvelle avancée d'une qualité insoupçonnable et aux bords d'abîmes tragiques.

C'est tout cela qu'il faut, d'urgence, apprendre à penser : à penser ensemble. Et si, dans les pages qui suivent, nous insistons sur les aspects inquiétants, ce n'est nullement par goût de la noirceur : c'est simplement pour inviter à contenir ou éviter les périls.

Savoirs et volonté

Apprendre à tout penser : c'est d'abord apprendre à penser ensemble toutes les dimensions du monde, d'un monde en mutation rapide.

Ce ne sont pas les savoirs qui manquent. Ils sont produits en volumes sans cesse croissants par des chercheurs, des scientifiques aux spécialisations de plus en plus pointues. Mais, penser le monde ne peut se réduire à la collecte d'une infinité de connaissances ponctuelles ou cloisonnées et d'éclairages partiels.

Des recompositions du savoir sont nécessaires. On a appris à les réaliser pour de grands programmes techno-industriels. On a commencé à le faire pour de grands problèmes contemporains : ainsi, pour l'analyse du risque de changement climatique, d'abord par la mobilisation coordonnée des différentes disciplines « dures » concernées, puis par la prise en compte des apports des sciences sociales et humaines. Il faudra bien s'engager dans cette voie pour la compréhension du monde, cet ensemble d'une très grande complexité, fait de la Terre, des sociétés humaines et de leurs activités.

Apprendre à tout penser, c'est donc faire travailler ensemble, dans une quête commune, des praticiens et chercheurs appartenant à différentes parties et cultures du monde et ayant l'intelligence des principales dimensions du changement en cours.

Rien là d'impossible. Manque simplement la volonté. Ni les États, ni les organisations internationales, ni les firmes n'ont besoin que l'on pense le monde : n'y a-t-il pas déjà suffisamment de contraintes, d'obstacles, d'urgences et de résistances ? Les Églises, elles, situent leurs réponses dans un autre monde, non dans la connaissance du nôtre. Les sectes, les charlatans de l'incertitude et de l'angoisse cultivent la confusion, non la clarification. Les communautés scientifiques travaillent sur des tranches, des sphères ou des éclats de monde. Quant à l'homme de bonne volonté, il est étourdi de trop de signaux, d'informations, d'affirmations et de discours contradictoires.

Restent donc les philosophes, dont bien peu semblent prêts, aujourd'hui, à assumer avec la simplicité nécessaire cette charge — si ce n'est peut-être dans des cafés, des rencontres informelles ou d'imprévisibles discussions avec des étudiants.

Évoquant une séquence du film de Jean-Luc Godard *Vivre sa vie*, Alain Finkielkraut note que Brice Parrain, « qui joue le rôle du philosophe, oppose la vie quotidienne à *la vie avec la pensée*, qu'il nomme aussi vie supérieure[5] » ; mais aujourd'hui, déplore Finkielkraut, « la vie avec la pensée cède doucement la place au face-à-face terrible et déri-

5. FINKIELKRAUT 1987, 1993, p. 11.

soire du fanatique et du zombie[6] ». Y contribuent aussi bien les universitaires enfermés dans leurs spécialisations et leurs chapelles, que les médias zigzaguant d'un sujet à l'autre dans l'incessante quête du neuf et les politiques aux discours cahotant entre les avant-élections et les après-sondages.

Ce livre plaide pour la vie avec pensée : une pensée qui ose se confronter aux problèmes de notre temps ; qui ose non seulement tenter de « comprendre », ensemble, l'opulence et la pauvreté, la dégradation de l'environnement, les évolutions technologiques et sociales, les enjeux des mutations actuelles..., mais aussi dénoncer l'inacceptable et esquisser des réponses.

Penser la complexité

Démesure

Penser le monde. Chacun en sent la nécessité. Mais par quel bout le prendre ?

Les êtres vivants, les objets se comptent par milliards de milliards. D'innombrables familles, espèces, classes ou catégories. Des relations démultipliées entre ces êtres, objets, familles, espèces, classes et catégories. Tant de systèmes et de sous-systèmes. Tant de lieux et tant d'histoires. Et tant d'espaces, et tant de temps.

Disciplines scientifiques, champs d'étude, objets de recherche, angles d'attaque, points de vue... Le monde existe-t-il ? Ou n'y a-t-il que des regards, des constructions, des discours, des illusions ?

La systémique, avec l'assistance de l'ordinateur, avait tenté de nous tirer d'affaire. Mais ce n'est pas en densifiant les entrelacs de lignes, de flèches et de boucles, en démultipliant actions, interactions et rétroactions, que l'on pensera le réel. Ceux qui, à partir de différentes disciplines, ont fait l'effort de penser la complexité, ont mis en lumière que

6. *Ibid.*, p. 183.

la prise en compte de l'auto-organisation, de l'autoreproduction offre une clé essentielle.

Mais la clé n'est pas la connaissance. Encore faut-il choisir le point nodal, et la grille de lecture pour le décrypter. Et toute grille de lecture ne peut jamais donner qu'une lecture ou un certain type de lectures de la réalité ; lecture(s) qu'il faut en permanence enrichir, reconstruire compte tenu des faits nouveaux et des avancées de la connaissance, et réaffirmer dans le brouhaha des autres discours.

Combat inégal, effort jamais achevé. Car, comme l'a dit Edgar Morin, « le réel est énorme, hors normes par rapport à notre intelligence. C'est dans le dialogue avec l'incroyable et l'indicible, dans le jeu entre le clair et l'obscur qu'il y a pensée : la pensée — comme la vie — ne peut vivre qu'à la température de sa propre destruction. Elle meurt dès qu'elle s'enferme dans le système qu'elle construit, dans l'idée non biodégradable[7]... ».

Ambition

L'ambition est de penser cet ensemble hypercomplexe, le monde : la Terre (dans son extrême disparité) occupée par une Humanité de plus en plus nombreuse et aux activités foisonnantes — Humanité formée de sociétés hétérogènes, inégales et engagées dans de profondes mutations. Bref, penser une totalité à la fois une et multiple, cohérente et disparate, en incessante restructuration et recréation.

Ce que la plupart des travaux disponibles nous offrent, ce sont des points de vue (à partir d'une discipline, ou d'une question) sur des objets ou des champs peu ou non hiérarchisés. Comme une liasse de vieilles photos trouvées dans une maison inconnue, ces regards multiples, fragmentaires, sont à la fois éclairants et difficiles à recomposer dans une vision d'ensemble. Mais Ilya Prigogine, Henri Atlan, Edgar Morin, Yves Barel..., ont ouvert la voie : penser — la matière, l'univers, le vivant, l'homme, le social — implique de penser la complexité.

Fondamentalement, la pensée complexe permet de rom-

7. MORIN 1982, p. 300

pre avec les pensées atomistique et rationaliste qui considèrent la totalité comme somme d'éléments, comme composé de faits simples. « Elle doit, nous dit Edgar Morin, non plus désintégrer le monde des phénomènes, mais tenter d'en rendre compte en le mutilant le moins possible[8] » ; ainsi, explique-t-il, « le cosmos est, non une machine parfaite, mais un processus en voie de désintégration et d'organisation à la fois [...] ; la vie est, non pas une substance, mais un phénomène d'auto-éco-organisation extraordinairement complexe qui produit de l'autonomie. Dès lors, il est évident que les phénomènes anthroposociaux ne sauraient obéir à des principes d'intelligibilité moins complexes que ceux désormais requis pour les phénomènes naturels. Il nous faut affronter la complexité anthropo-sociale, et non plus la dissoudre ou l'occulter[9] ».

Pour jalonner le chemin à parcourir, recourons à la paraphrase. Comme la vie, le social est un phénomène d'auto-éco-organisation extraordinairement complexe qui produit de l'autonomie — où l'on retrouve le « phénomène social total » de Marcel Mauss. Comme le cosmos, le capitalisme est, non une machine parfaite, mais un processus en voie de désintégration et d'organisation à la fois — où l'on rejoint la destruction créatrice analysée par Schumpeter.

En outre, c'est dans la très longue durée des premiers temps qu'il faut imaginer l'émergence des premiers hommes et des premiers groupes humains ; c'est dans l'histoire qu'il faut saisir la longue évolution du couple Terre-Humanité et la relation mouvementée du trio société-État-capitalisme.

Penser le monde implique donc de penser à la fois la complexité et l'histoire. Avec cette contrainte supplémentaire que, pour rendre compte de cet écheveau de complexités, à la fois un et disparate, multiple, interactif, continu dans le temps et en incessant renouvellement, nous ne disposons que du fil linéaire d'un discours qu'il faut exposer en phrases et phases successives. Ce qui implique, si l'on veut rendre compte de la réalité non dans une super-

8. *Ibid.*, p. 305-306.
9. MORIN 1990, p. 22.

ficialité convenue mais dans son épaisseur, de repasser plusieurs fois le fil du discours en quelques points essentiels, au risque de redites qui peuvent lasser.

Modestie

« Connaître ou penser, souligne Edgar Morin, ne consiste pas à construire des systèmes sur des bases certaines ; c'est dialoguer avec l'incertitude [...] : il faut fonder sa pensée dans l'absence de fondement[10]. » Les difficultés sont immenses ; sans doute sont-elles mieux maîtrisables dans le champ de la pensée que dans celui de la connaissance.

D'abord, la pensée est mieux partagée que la connaissance : « La pensée, dans son sens non cognitif, non spécialisé [...] n'est pas la prérogative de certains mais une faculté présente chez tout le monde[11]. » Ensuite la pensée est plus modeste que la science : tout particulièrement dans une période où connaissances et savoirs sont démesurément forcés (comme on « force » des plantes), au détriment de la pensée.

Chaque discipline scientifique a connu des phases de suffisance, avec la certitude que, désormais, tout était connu et qu'aucun progrès majeur n'était plus possible. Ilya Prigogine et Isabelle Stengers le rappellent en commentant le « mot de Laplace, lors du triomphe de la mécanique : il n'y aura pas deux Newton car il n'y avait qu'un monde à découvrir. A la fin du XIXe siècle, notent-ils, la conviction régnait à nouveau selon laquelle la physique a atteint ses limites. Et aujourd'hui encore, S. Hawking, l'un des grands de l'astrophysique, annonce "la fin de la physique théorique"[12] ». En économie, les mêmes certitudes ont été énoncées, au milieu du XIXe siècle par Stuart Mill, et au milieu du XXe par Paul Samuelson. D'honnête homme, de

10. *Le Magazine littéraire*, juillet-août 1993, p. 18 ; cité par NOUSS 1995, p. 76.

11. ARENDT 1971, 1996, p. 70. Inversement, poursuit-elle, l'incapacité de penser « est cette possibilité toujours présente qui guette chacun — les scientifiques, les érudits et autres spécialistes de l'équipée mentale — et empêche le rapport à soi-même, dont la possibilité et l'importance furent découvertes par Socrate ».

12. PRIGOGINE et STENGERS 1979 ; préface à la 2e éd. de 1986, 1990, p. 7.

philosophe ou de savant, la pensée ne devrait jamais verser dans ces enflures.

Finalement, la pensée est plus souple, plus fluide ; déchargée des lourds *impedimenta* de la science tout en étant en mesure d'en considérer les apports, elle est mieux à même d'aller à l'essentiel, de le cerner.

Monde et complexité

Ciel étoilé et loi morale

« Deux choses remplissent le cœur (*Gemüth*) d'une admiration et d'une vénération toujours nouvelles et toujours croissantes, à mesure que la réflexion s'y attache et s'y applique : “le ciel étoilé au-dessus de moi et la loi morale en moi” », écrit Kant au début de la conclusion de la *Critique de la raison pratique*[13].

Entre « le ciel étoilé au dessus de moi et la loi morale en moi », tel est à peu près l'espace où se situe cet essai. Plus précisément, cette réflexion se situe dans un tétraèdre : à une pointe, le sublime de notre Terre (cieux étoilés, montagnes enneigées, océans, la course d'une biche ou la fragilité d'une violette émergeant dans la rosée au talus d'un chemin...) ; à une autre pointe, l'humanité des humains (dans un regard, un geste quotidien, un sourire, un poème, une statue, les sagesses des humanismes...) ; à une autre pointe, la loi morale telle que je l'ai intégrée et intériorisée (esprit de responsabilité, conscience de la coupure entre acceptable et intolérable, entre mieux et pire, et des choix à faire...) ; enfin, à la quatrième pointe, la vision d'un monde qui, emporté dans des accélérations trop brutales, dévaste, dérape, bascule, risquant de compromettre, durablement ou définitivement, l'à-venir de l'aventure humaine.

Des « deux choses » évoquées par lui, Kant disait : « Je n'ai pas besoin (*darf*) de les chercher [...] ; je les vois devant moi, et je les rattache immédiatement à la

13. Kant 1788, 1949, p. 173.

conscience de mon existence[14]. » De même pour les quatre pointes qui structurent l'espace de ma réflexion.

Quel monde ?

Sans doute est-il temps de préciser ce que recouvre ce mot : le monde. Dire qu'il s'agit, ici, d'une réalité moins vaste que l'univers est peu dire : une épingle dans une meule de foin est géante par rapport à ce qu'est notre Terre dans l'univers. En première approximation, on peut dire que le monde est le couple Terre-Humanité.

La Terre est entendue non pas comme une réalité seulement physico-chimique, mais aussi comme porteuse du vivant terrestre (ou, plus exactement, de différentes formes de vivant), comme espace (et espaces), comme temporalité (et temporalités). Ces différentes dimensions étant désormais toutes, à des degrés plus ou moins élevés, marquées par la connaissance et l'activité humaines.

L'Humanité est nécessairement prise dans son devenir historique, dans son interaction avec les éléments, la nature, les ressources, l'environnement, bref avec la Terre. L'Humanité doit être saisie aussi dans ses espaces, ses temporalités, la diversité des sociétés qui la constituent, avec leurs savoirs, leurs capacités techniques, leurs attitudes coopératives, dominatrices ou prédatrices, leurs interactions, leurs relations de domination ou de coopération.

Entre Terre et Humanité les rapports ont radicalement changé au cours des cent mille dernières années, avec à la fois la forte croissance du nombre des humains, de leurs besoins et de leurs activités et une maîtrise croissante par les hommes de l'usage des ressources de la Terre.

Le monde, c'est donc, désormais, le couple Terre-Humanité porté, à travers l'évolution humaine, à un très haut degré de complexité : avec le rôle croissant qu'y jouent le savoir, la technique, l'industrie à haute utilisation d'énergie, les États, les grandes firmes, les marchés, les organismes internationaux, la technoscience, les projets et les

14. *Ibid.*, p. 173.

stratégies d'innombrables acteurs, leurs actions, réactions, concours et conflits.

Autoreproduction

En dégageant l'importance clé de l'auto-organisation[15] et de l'autoreproduction, la pensée complexe nous aide à aborder cette réalité. « L'auto-organisation de la matière en formes diverses et toujours plus complexes s'est faite par oscillations aléatoires, essais et erreurs, tâtonnements et échecs, autour d'un axe orienté dans le temps, dont les deux extrémités sont représentées par une entité unique : à l'origine l'espèce chimique la plus simple, l'atome d'hydrogène ; au temps présent l'espèce animale la plus complexe, l'Homme[16]. » De l'atome d'hydrogène à l'homme : ce raccourci d'André Bourguignon est une manière de planter le décor.

Du *big bang* à... la mondialisation de la planète Terre, en serait une autre. Toutes deux biaisées par notre anthropocentrisme : ce n'est qu'à nos pensées d'hommes que s'impose de rabattre sur l'homme notre réflexion sur l'évolution du monde ; le faire implique pour beaucoup, mais n'implique pas nécessairement, que l'homme est l'oméga, la finalité, l'œuvre suprême des dix à vingt milliards d'années de cette inconcevable aventure de l'autocréation.

Lao-tseu avait peut-être entrevu l'essentiel :

« Il y avait quelque chose d'indéterminé
avant la naissance de l'univers.
Ce quelque chose est muet et vide.
Il est indépendant et inaltérable.
Il circule partout sans se lasser jamais.
Il doit être la mère de l'Univers.

---

15. De l'idée d'auto-organisation, Henri Atlan dit : « Elle correspond en très gros à l'hypothèse d'un programme qui se programmerait lui-même. [...] La notion d'auto-organisation possède aujourd'hui des sens assez différents. Mais l'essentiel, pour simplifier, est finalement qu'un réseau d'unités relativement simples peut présenter dans son fonctionnement d'ensemble des propriétés qui intègrent éventuellement une histoire avec ses aléas et ainsi ne sont pas totalement programmées », « Entretien », *Le Monde*, 19 novembre 1991.

16. BOURGUIGNON 1989, p. 299.

Ne connaissant pas son nom,
je le dénomme “Tao”[17]. »

L'explication de la création du monde en sept jours, par un Dieu bénévolent et terrible, avait quelque chose de rassurant. Comme, à leur manière, la plupart des récits de création du monde que les hommes ont pu se raconter.

Celui qui a cours, aujourd'hui, dans la communauté scientifique a quelque chose de terrifiant et d'incroyable. Tout ce qu'on peut identifier comme forces, espaces et matières de l'Univers était unifié en un microscopique point ; en une infinitésimale fraction de seconde, c'est l'explosion libérant toute l'énergie du monde, et suscitant une grosse boule d'une soupe chaude de quarks, manière de nommer la toute première forme de la matière ; de ce jaillissement premier vont sortir les particules et plus tard les atomes, et cet ensemble de forces, énergies, rayonnements qui font notre univers. Beaucoup, beaucoup plus tard, certains parlent de huit à dix milliards d'années, les principales galaxies sont formées ; y compris la Voie lactée, peut-on préciser pour satisfaire notre égocentrisme. Mais, quitte à peiner notre ego, elle n'est pas le centre du monde. Quelques milliards d'années encore, et se forment le soleil (« notre » soleil) et ses planètes[18].

Si l'on accepte cette histoire, il faut bien, rétrospectivement, reconnaître une cohérence fondamentale à l'œuvre, cohérence à l'œuvre que l'on peut nommer « capacité d'auto-organisation ».

Comptons maintenant à rebours par rapport à nous : notre système solaire s'est formé il y a environ cinq milliards d'années. L'âge des plus anciennes roches de la Terre a été estimé à 4,5 milliards d'années. Les premières formes de vie — des bactéries à l'entour de sources chaudes ou d'étangs salés — seraient apparues il y a environ 3,5 milliards d'années. Il y a 600 millions d'années apparaissent des organismes à corps plat, les premières algues et les premières mousses ; quelques dizaines de millions d'années

---

17. LAO-TSEU 1995, XXV, p. 59.

18. COUTEAU 1993, 1995, p. 257 *sq.* ; voir aussi les articles publiés dans *Le Monde* du 30 septembre 1994 et du 15 septembre 1995.

plus tard a lieu une sorte d'« explosion biologique », avec une grande variété d'animaux articulés ayant pu avoir quelques ressemblances avec des araignées, des scorpions ou des crustacés ; la difficile et périlleuse sortie de l'eau s'étant probablement située, il y a quelque 400 millions d'années.

Entre 300 et 146 millions d'années avant nous a lieu une accélération dans l'évolution des végétaux : « Par mutations successives, les plantes améliorent leurs stratégies de reproduction (spores, puis graines disséminées dans le vent). Elles s'adaptent à des climats plus secs (les tissus de surface réduisent leurs pertes en eau) et se défendent mieux contre les pestes et les herbivores[19]. » Plantes à feuilles, insectes, reptiles, dinosaures et oiseaux apparaissent il y a environ 200 millions d'années ; les mammifères, avec parmi eux les primates, il y a environ 50 millions d'années ; et les premiers humanoïdes il y a quelques millions d'années.

Là encore, prodiges de l'auto-organisation, de l'adaptation et finalement de ce que l'on peut nommer l'autoreproduction. En effet, pour André Lwoff, « tous les systèmes complexes connus qui contiennent des macromolécules et sont capables de se reproduire appartiennent au monde vivant. La reproduction d'un système complexe contenant des macromolécules est par conséquent caractéristique de la vie[20] ». Cette reproduction s'inscrit dans le temps : « Aucun animal, aucune plante, aucun microbe qui ne soit un simple maillon dans une chaîne de formes changeantes, écrivait François Jacob. A tout être vivant aboutit inévitablement une histoire qui ne représente pas seulement la suite des événements auxquels ont été mêlés ses ancêtres, mais aussi la succession des transformations par quoi s'est progressivement élaboré cet organisme. A l'idée de temps sont indissolublement liées celles d'origine, de continuité, d'instabilité et de contingence[21]. »

---

19. Vincent TARDIEU, « Les végétaux ont mis 3,5 milliards d'années pour coloniser la planète », *Le Monde*, 13 juillet 1995 ; voir aussi les articles publiés dans *Le Monde* du 5 janvier 1996 et du 5 octobre 1996, et dans *Time* du 4 décembre 1995.

20. LWOFF 1962, 1969, p. 13.

21. JACOB 1970, p. 146.

L'auto-organisation et l'autoreproduction ont été cruciales pour les évolutions du vivant, des sociétés humaines et de l'Humanité ; la prise en compte de l'auto-organisation et de l'autoreproduction est donc la clé de la connaissance de ces réalités. A la fois, ces affirmations sont centrales *et* elles ont une dimension tautologique ; cela révèle la nature même de la connaissance : l'observation, le calcul, l'analyse nous permettent de saisir ce qui est essentiel (clé) dans un phénomène ; nous le nommons et l'ayant nommé, nous utilisons le terme (concept) pour l'élucidation, l'explication du phénomène ou de la famille de phénomènes auquel il appartient. Nous parlons de ce que nous traitons avec les mots que nous avons choisis ou créés pour le nommer.

Cependant, autoreproduction ne signifie ni reproduction en totale autarcie, ni reproduction à l'identique. Pour Yves Barel, un des rares avec Morin à avoir affronté la « complexité anthropo-sociale », « pour savoir si un assemblage, un ensemble, une entité complexe et différenciée est ou non un système [je préfère : une totalité, MB], il faut se poser la question : cet ensemble est-il capable d'autoreproduction ? Si oui, on a affaire à un système [une totalité, MB]. L'autoreproduction est la propriété d'un système [d'une totalité, MB], non pas d'assurer seul sa reproduction, mais de participer activement à sa propre reproduction[22] ».

Préférant réserver le mot « système » à des constructions idéelles et conceptuelles, nous appelerons ici « totalité » une réalité, une entité qui a une forte capacité d'autoreproduction, c'est-à-dire une forte capacité à « participer activement » à sa propre reproduction. Pour la connaissance de tout champ ou objet d'étude, cette question dès lors est essentielle : quelle(s) totalité(s) y est (y sont) à l'œuvre ?

22. Barel 1979, p. 218.

Les trois reproductions : la Terre, l'Humanité, le capitalisme

Bien des individus, des groupes, des assemblages, des entités ont une capacité d'autoreproduction : il n'est guère concevable d'en établir la liste. S'agissant de l'objet de notre réflexion, le monde, deux totalités sont nécessairement en présence : la Terre et l'Humanité. Toutes deux ont indubitablement la capacité de « participer activement » à leurs propres reproductions.

Et puis, alors que de tout temps la production et les échanges sont pour l'essentiel demeurés soumis à la reproduction des sociétés qui les mettaient en œuvre, s'est formée et affirmée depuis quelques siècles une « entité socio-économique » caractérisée par la rationalité du profit et la triple dynamique d'innovation, d'accumulation et de marchandisation ; cette entité socio-économique, très fréquemment nommée capitalisme (même si certains rejettent cette appellation), a de plus en plus nettement fait preuve de sa capacité de « participer activement » à sa propre reproduction, allant jusqu'à manifester une certaine capacité d'autonomie par rapport aux sociétés dans lesquelles elle s'enracine.

Trois reproductions majeures doivent donc être prises en compte : de la Terre, de l'Humanité, du capitalisme, dont chacune s'opère à travers un ensemble complexe et diversifié de reproductions. On peut sembler bien loin du « basculement du monde » ; on touche pourtant au cœur de la question : la reproduction de l'Humanité n'a-t-elle pas commencé à perturber, peut-être à déstabiliser, la reproduction de la Terre ? Et la capacité d'autonomie, d'autoreproduction du capitalisme n'est-elle pas à la source de nombre de difficultés, de distorsions que subissent les sociétés d'aujourd'hui ?

La Terre

Avant que s'y niche le vivant, la reproduction de la Terre était essentiellement physico-chimique. L'apparition du vivant, puis son foisonnement s'inscrivent dans ce milieu physico-chimique : l'eau et le rayonnement solaire, les sols et les airs ; pour une très large gamme de plantes et d'animaux, ont aussi joué un rôle majeur la protection assurée par la couche d'ozone contre les rayons ultraviolets et les climats et températures qu'assure l'effet de serre naturel.

En se développant, le vivant est devenu un acteur de la reproduction de son milieu, comme en témoignent les cycles de l'eau, du carbone et de l'azote. Des biotopes les mieux circonscrits à la globalité planétaire, d'innombrables interdépendances lient les processus physiques, chimiques et biologiques dans des mouvements d'auto-éco-organisation qui produisent de la cohérence et de l'autonomie. Ainsi, désormais, le vivant, issu de la Terre, marque-t-il profondément la reproduction de la planète et en est-il une dimension omniprésente : on peut réellement parler de l'autoreproduction de la planète, et cette autoreproduction est physico-chimico-biologique. Mais si, par malheur ou par mégarde, la vie devait disparaître, la reproduction de la Terre redeviendrait simple processus physico-chimique.

L'Humanité

La reproduction de la Terre a toujours été multidimensionnelle : à la fois locale, régionale, mondiale ; qu'elle ait été issue d'une ou de plusieurs sources, l'Humanité s'est pendant un très long temps reproduite dans des sociétés distinctes liées à des aires territorialisées. Beaucoup d'espèces animales vivent et se reproduisent en « sociétés », sociétés dont les tailles, les territoires, les principes de cohérence, les modes de fonctionnement diffèrent profondément : des criquets aux abeilles et aux fourmis, des loups aux bisons, sans parler de la très grande diversité des mondes des poissons et des oiseaux[23].

En un sens, les reproductions des sociétés ont connu des formes variées à l'extrême, dans l'espace comme dans le temps ; mais on peut remarquer que, des modes de reproduction de toutes ces sociétés, peuvent être dégagées un

23. Voir CHAUVIN 1982 et 1984 ; voir aussi MORIN 1980, p. 237-238.

petit nombre de logiques sociales, c'est-à-dire d'enchaînements cohérents et réguliers de comportements liés à un petit nombre de motivations et de finalités et structurant les processus de la reproduction sociale[24].

Jusqu'au capitalisme, les logiques sociales n'eurent pas de capacité forte d'autoreproduction ; elles étaient indissociables des sociétés dont elles portaient la reproduction ; ainsi en a-t-il été pour les logiques domestique, communautaire, tributaire, marchande simple et même étatique. Cela n'implique pas qu'il y aurait toujours eu harmonie ou équilibre : les logiques tributaires et étatiques peuvent susciter de très fortes distorsions entre les exigences et finalités des groupes et castes dominants et les besoins et aspirations du peuple producteur ; mais à la limite, quelque chose craque et un nouvel équilibre (ou une nouvelle logique) doit être trouvé.

Tout au long de l'ère paléolithique, les humanoïdes, puis les premiers hommes se sont reproduits à travers bandes, familles, groupes, troupes, communautés de chasseurs-cueilleurs. La maîtrise du feu, l'invention du langage articulé, le développement de la conscience réfléchie ont marqué l'évolution de ces premières sociétés. Puis ce sera la révolution néolithique, qui ouvrira la voie aux premières grandes civilisations. Depuis, la puissance technique, la capacité transformatrice des hommes se sont considérablement accentuées : à travers les lentes avancées d'une dizaine de millénaires, puis dans la brusque accélération des derniers siècles.

Aujourd'hui, l'Humanité interfère de plus en plus avec

---

24. On s'inspire ici de ce sens du mot « logique » : « enchaînement cohérent d'idées » et, plus largement, « suite cohérente et nécessaire d'événements et de choses » (*Dictionnaire Robert*, t. IV, p. 297). Une « logique sociale » présente un double caractère : de stabilité dans le temps, pour chaque société concernée, et de généralité, puisque sa manifestation peut être observée dans des sociétés différentes, dans le temps comme dans l'espace. Une même « logique sociale » peut se manifester sous des formes diverses et susceptibles d'évoluer. Presque par construction du concept, l'identification d'une « logique sociale » implique qu'il y a reproduction, puisqu'on peut repérer dans le temps un enchaînement cohérent et régulier de comportements liés à un petit nombre de motivations et de finalités et caractérisant la manière dont s'opère la reproduction sociale dans diverses sociétés.

les reproductions du vivant et de la Terre : l'autoreproduction de la Terre est désormais un processus anthropo-bio-physico-chimique. Rien n'est encore inéluctable. Mais si advenait l'irrémédiable, la reproduction de la Terre pourrait redevenir un simple processus bio-physico-chimique, avec des formes élémentaires ou particulièrement résistantes de vie, ou simplement physico-chimique.

Le capitalisme

Avec le capitalisme, l'économie se distingue fortement des autres dimensions des sociétés ; les motivations liées à la recherche du profit et les dynamiques d'accumulation, d'innovation, et d'élargissement de l'aire de la marchandise[25] lui confèrent non seulement une capacité forte d'autoreproduction, mais encore une capacité de reproduction élargie qui l'amène à déborder bien au-delà des sociétés où il avait pris racine.

Certes, l'histoire montre que, lorsque le capitalisme prend racine dans un pays, il est fragile ; il a besoin de l'État et de couches actives et entreprenantes de la société. Chaque capitalisme est donc marqué par la société où il s'est développé. Mais, au fur et à mesure qu'il prend force et ampleur, il fait preuve d'autonomie ; il s'intéresse à d'autres marchés, recherche d'autres alliances, parfois d'autres soutiens ; sa reproduction tend à s'autonomiser par rapport à celle de la société où il s'est formé.

Aujourd'hui, le capitalisme n'est plus enfermé dans les deux dimensions de ses premiers temps : le national et l'international ; il est de plus en plus multinational et mondial[26]. C'est dans ces quatre dimensions qu'il impulse ses puissantes dynamiques : énorme capacité de créer des richesses, des marchandises pour les détenteurs de pouvoir d'achat, et de mobiliser à cette fin de puissants moyens techniques, intellectuels, matériels et financiers ; mais aussi énorme capacité de détruire des ressources et des aménités,

25. Pour l'essentiel, renvoyons à Marx, Weber et Schumpeter.
26. Voir BEAUD 1987.

d'ignorer la pauvreté et la misère, de bouleverser paysages, sociétés, règles et valeurs.

Il contribue avec une très grande efficacité à la reproduction des sociétés riches et aux dynamiques de sociétés engagées dans des processus de modernisation et d'industrialisation ; mais il provoque de graves atteintes à l'environnement. Axé sur la seule réponse aux besoins solvables (pour lesquels existe un pouvoir d'achat), non seulement il ignore les besoins non solvables, fussent-ils essentiels, mais encore il contribue au gonflement de nouveaux besoins dans des couches et classes sans pouvoir d'achat, donc dans l'incapacité de les satisfaire.

Cette immense puissance à l'œuvre entraîne l'ensemble du monde dans un flot impétueux mêlant nouvelles richesses et nouvelles pauvretés ; elle bouleverse les conditions de reproduction des sociétés, en produisant de puissants remous de marginalisation et d'exclusion, dans chaque société comme à l'échelle du monde ; elle crée des raretés, provoque des dégâts et trouve dans leur réparation de nouveaux créneaux lucratifs ; elle tend de plus en plus à échapper à la maîtrise des sociétés et des États.

La reproduction du capitalisme interfère donc profondément, de manières multiples et contradictoires, avec les reproductions de l'Humanité et de la Terre. Elle est une composante majeure du basculement du monde.

Le basculement du monde et les trois reproductions

Hypothèse

Pour comprendre le monde, ses dynamiques et ses soubresauts, la grille de lecture proposée est de prendre en compte à titre principal trois totalités, trois entités ayant une capacité forte d'autoreproduction : la Terre, l'Humanité et le capitalisme — avec les interactions, tensions, contradictions entre les reproductions de ces trois totalités.

Cette analyse en terme de « triple reproduction » permet de donner les repères essentiels dans l'inextricable fouillis des faits et des informations. Certes, ce n'est pas la seule et unique grille permettant de comprendre le monde actuel ; mais elle permet de répondre à beaucoup de questions que nous posent les désordres et absurdités du monde.

En outre, cette analyse n'est pas réductrice, elle est ouverte. Elle permet de prendre en compte la diversité, aucune des trois totalités évoquées n'étant uniforme ni homogène : la Terre se reproduit à la fois dans sa globalité et dans la pluralité de ses régions et de ses biotopes ; l'Humanité se reproduit à travers les sociétés humaines, elles-mêmes diversifiées et évolutives ; quant au capitalisme, s'étant historiquement constitué à travers divers capitalismes nationaux, il revêt de multiples formes.

Enfin, cette analyse permet de poser de manière précise la question du basculement du monde : il y a basculement du monde si le passage rapide du monde d'un état à un autre se traduit par des changements majeurs dans les conditions de reproduction des totalités prises en compte, dans les rapports entre ces totalités et entre leurs reproductions.

Ainsi, cette grille de lecture permet non seulement de dégager un certain nombre d'explications sur les causes et la nature de problèmes humains, sociaux, environnementaux contemporains, mais encore de les situer dans une mutation profonde et rapide : le basculement du monde.

Thèse

Avant qu'apparaissent les hommes, la Terre se reproduisait sans eux. Avant que se déploie le capitalisme, les sociétés humaines s'étaient reproduites sans lui.

Aujourd'hui, ces trois processus de reproduction — Terre, Humanité, capitalisme — sont profondément interdépendants, interagissants. Avec leurs effectifs et leurs besoins croissants, les sociétés humaines altèrent de plus en plus gravement, par leurs prélèvements et leurs rejets, la reproduction de notre planète. Y contribue aussi le capitalisme qui, par ses dynamiques transformatrices, participe à la reproduction d'un nombre croissant de sociétés humaines, tout en en déstabilisant un nombre également croissant et en suscitant entre elles de profonds clivages.

Bien plus : de même que l'Humanité tend à s'autonomiser du vivant et de la Terre, tout en leur restant attachée, de même le capitalisme tend à s'autonomiser des sociétés humaines, tout en leur restant attaché. En schématisant, le capitalisme déploie aujourd'hui ses dynamiques en fonction des ressources et des besoins solvables d'un à deux milliards d'humains ; les autres milliards, à faibles ressources monétaires ou sans pouvoir d'achat, n'entrent pas dans son univers — alors que lui est entré dans le leur, en modifiant, parfois en bouleversant, leurs conditions de vie et leurs manières de voir.

Les inégalités se creusent. Les changements s'accélèrent. L'empire des marchandises et de l'argent s'étend. Les liens sociaux se disloquent. Beaucoup s'enrichissent, innombrables sont ceux qui vivent dans la misère, la pauvreté, l'angoisse. En même temps que les nouvelles opportunités, surgissent nouveaux périls et nouvelles menaces.

Avec, en fin de compte, la reproduction déstabilisée de la Terre ; la reproduction de nombreuses sociétés déséquilibrée et la reproduction du capitalisme — faite d'expansions et de crises — de plus en plus déterminante tant pour notre planète que pour nos sociétés.

Lignes de force

Tout s'enracine dans une très longue évolution de plusieurs centaines de millénaires : l'ère des deux reproductions. Il y a environ deux millénaires et demi, avec la « période axiale[27] » au cours de laquelle des fondateurs de la pensée humaine invitent les hommes à se penser par rapport au divin, à l'univers et à eux-mêmes, commence une évolution progressive, une longue transformation, qui conduit à la modernité des derniers siècles.

Au cours de ces derniers siècles, à partir de la pointe occidentale de l'immense Eurasie, s'opère l'entrée dans l'ère des trois reproductions. Alors commence l'accélération d'une très large gamme de transformations, tant quan-

---

27. JASPERS, 1949 ; voir *infra*, chapitre 7.

titatives que qualitatives. Le développement du capitalisme industriel entraîne une croissance des productions, des besoins, des richesses et des pauvretés, creuse les inégalités entre continents, bouleverse de larges parties du monde.

Les luttes contre le capitalisme entraînent, dans les pays capitalistes, de profondes transformations sociales. Ailleurs, sous le drapeau du socialisme, est expérimenté l'étatisme généralisé. Dans la troisième partie du monde d'autres voies sont prônées et explorées.

Aujourd'hui, le capitalisme, machinerie sociale la plus efficace pour créer des richesses, s'est imposé. L'étatisme, après d'impressionnantes réalisations, a échoué comme forme prédominante de production. Comme l'étatisme, les autres formes productives fonctionnent soit en prise sur le capitalisme, soit en contrepoint, pour assurer la subsistance ou la survie de populations.

Alors que, de tout temps, la production avait été orientée par les besoins, les croyances et les pouvoirs des sociétés, aujourd'hui, les sociétés tendent à être de plus en plus soumises à l'économie.

Prééminent, le capitalisme impulse d'autant mieux ses dynamiques d'accumulation-innovation-marchandisation, qu'il mobilise à son service des pans de plus en plus nombreux de la technoscience. Rapports marchands et rapports d'argent tendent à devenir les rapports prédominants dans nos sociétés, réduisant presque tout à l'unidimensionnel d'un calcul à court terme. Dominée par la rationalité de la rentabilité et par les relations de marché, cette économie ne connaît que les besoins solvables, c'est-à-dire susceptibles de faire l'objet de dépenses monétaires ; elle ignore l'immense masse des besoins non solvables, même ceux reconnus vitaux et essentiels.

Pour combattre le chômage, faire reculer la pauvreté, combler un retard, les sociétés mettent leurs espoirs dans la croissance économique. La machinerie capitaliste en est le principal vecteur ; mais cette croissance, si elle crée emplois et richesses, crée aussi du chômage et de la pauvreté ; en démultipliant les besoins, elle recrée de l'insatisfaction ; la croissance des besoins suscite de nouveaux besoins de croissance. Engrenages sans fin.

Les croissances dont ont bénéficié moins d'un cinquième des humains ont commencé à dégrader profondément l'environnement terrestre et à porter atteinte à quelques équilibres essentiels de la planète ; certes, ces croissances sont de moins en moins portées par des productions matérielles. Mais les productions matérielles demeurent essentielles pour les croissances dont ont commencé à bénéficier un autre milliard d'humains et auxquelles aspirent d'autres milliards. Et dès lors que rien de décisif n'est fait pour rendre ces croissances moins dangereuses pour notre planète, les atteintes vont s'aggraver. Inexorablement.

Les nouvelles dynamiques capitalistes et marchandes creusent les inégalités, celles-ci atteignant un degré proche de l'infini, puisqu'un nombre croissant d'hommes sont privés de toutes ressources — jusqu'au lieu où vivre, l'eau à boire, la terre où trouver subsistance.

Les nouvelles dynamiques mondiales et la globalisation (des marchés, de la finance, de l'information) pèsent de plus en plus sur les économies nationales et les sociétés, y compris sur les plus puissantes.

La mobilisation de la technoscience par les grandes firmes pour inventer ou susciter de nouveaux besoins, en même temps que de nouvelles marchandises et leurs marchés, crée une accélération dans l'accélération.

C'est sur la crête de la lame de fond de cette accélération que nous nous trouvons pour quelques décennies. Tout retour en arrière est exclu, tout arrêt impossible. Le mouvement, les changements, le passage rapide du monde d'un état (celui des années soixante/quatre-vingt) à un autre est inéluctable. Mais faut-il se résigner au basculement qu'entraînent les forces qui prédominent aujourd'hui ? A la domination des logiques de l'argent et du marché jusqu'à un nouveau totalitarisme ? Au creusement des inégalités jusqu'au point extrême où s'établirait un nouvel apartheid ? A la fuite en avant irresponsable dans des croissances matérielles jusqu'à laisser aux générations futures une planète profondément dégradée ? C'est pourtant un tel basculement que tendent à provoquer les tendances lourdes actuelles. Qui ne souhaiterait que l'on fasse tout pour l'éviter ?

Or, on fait trop peu. Les organisations internationales et mondiales ne réussissent pas à se situer à la hauteur des enjeux, très largement du fait qu'étant principalement pluriétatiques, elles sont prises dans la logique de marchandages à courte vue. Les firmes travaillent pour les seuls détenteurs de pouvoir d'achat. Les gouvernants d'États affaiblis par certaines mutations en cours se réfugient dans l'acceptation de ne rien faire, l'acratie, qui accentue encore leur impuissance.

Et pourtant, même si les tendances lourdes sont inquiétantes, rien n'est inexorable. Marges de manœuvre et alternatives existent. Les valeurs des humanismes des différentes civilisations peuvent encore guider des actions pour endiguer les principaux dangers et ouvrir ou élargir d'autres voies. Mais si l'on veut reprendre le contrôle d'une dynamique et d'une trajectoire dont beaucoup sentent ou pensent qu'elle sont devenues folles, il est nécessaire de s'arracher à l'actuel enlisement dans l'irresponsabilité et l'acratie.

3

La longue transformation et l'accélération

Notre propos n'est pas de faire ici l'histoire du monde. Il est d'inviter à réfléchir sur la condensation de croissances, mutations, inventions, novations des deux derniers siècles, qui conduit au très rapide changement de l'état du monde actuellement en cours.

L'accélération

Le pas de temps nécessaire pour que la population humaine soit multipliée par le facteur dix se réduit fortement (voir schéma 3.1) [1] ; il a fallu :
— plusieurs centaines de millénaires pour que le nombre de nos ancêtres passe de quelques dizaines de milliers à quelques centaines de milliers ;
— plusieurs dizaines de millénaires pour qu'il atteigne quelques millions ;
— deux à trois dizaines de millénaires pour qu'il atteigne quelques dizaines de millions ;
— six millénaires pour qu'il atteigne quelques centaines de millions ;
— un seul millénaire pour que l'effectif de l'humanité passe de quelques centaines de millions à quelques milliards.

1. *Sources* : Jean-Noël BIRABEN, « Essai sur l'évolution du nombre des hommes », *Population*, n° 1, 1979, p. 22-23 ; Jacques VÉRON, *Arithmétique de l'Homme*, Paris, Seuil, 1993, p. 92 ; J.-P. DUFOUR, « Les démographes ne savent plus à quel credo se vouer », *Le Monde*, 31 octobre 1996, p 20.

SCHÉMA 3.1. – LA MUTATION ACCÉLÉRÉE CONTEMPORAINE
DANS LE TEMPS LONG DE L'HUMANITÉ

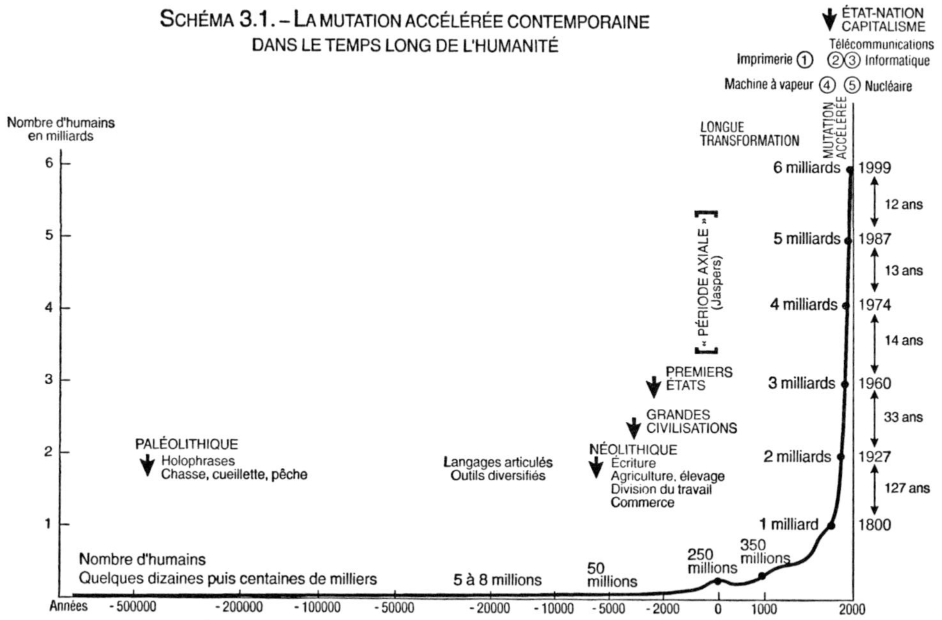

Cette représentation « resserre » d'autant plus les temps passés qu'ils sont anciens. Réalisé à l'échelle du dernier millénaire, ce graphique devrait avoir une douzaine de mètres de large.

Sources : Jean-Noël Biraben, « Essai sur l'évolution du nombre des hommes », *Population*, n° 1, 1979, p. 22-3 ; Jacques Véron, *Arithmétique de l'Homme*, Paris, Seuil, 1993, p. 92.

Autre manière d'exprimer l'accélération de la croissance démographique, il a fallu :
— des centaines de millénaires pour que l'humanité atteigne le premier milliard ;
— 127 ans pour qu'elle atteigne le deuxième ;
— 33 ans pour qu'elle atteigne le troisième ;
— 14 ans pour qu'elle atteigne le quatrième ;
— 13 ans pour qu'elle atteigne le cinquième ;
— et il aura probablement fallu 12 ans pour qu'elle atteigne, en 1999, le sixième milliard.

Jamais ceci ne s'était produit : pour les octogénaires nés en 1920, la population humaine aura triplé au cours de leur vie. L'ensemble des humains ayant vécu depuis la nuit des temps a été évalué à 100 milliards ; 10 milliards d'humains ont vécu au XXᵉ siècle. Un dizième des humains a vécu dans ce siècle : une goutte de temps dans le long fleuve des centaines de milliers ou des millions d'années de notre histoire.

Bien d'autres croissances et bien d'autres accélérations ont lieu dans le même temps.

Que l'on observe les productions ou les vitesses de transport des hommes, les capacités de production ou les armes de destruction, la maîtrise des puissances énergétiques ou la capacité de traiter et communiquer l'information (voir *infra* les schémas 3.2 et 3.4), les tracés des courbes sont analogues : pendant des centaines de millénaires, le maintien d'un niveau infime de capacités ou de flux ; puis, il y a quelques millénaires, une première impulsion entraînant, notamment en matière de production, un changement d'ordre de grandeur, significatif par rapport aux longs temps antérieurs, mais encore bien modeste par rapport aux mutations actuelles ; enfin, avec ce que l'on nomme couramment la révolution industrielle (fin du XVIIIᵉ et début du XIXᵉ siècle), des ruptures et l'amorce de puissantes accélérations.

Et, en arrière-fond, comme une face cachée de nos croissances (des populations, des activités et des productions), il y a un processus au moins aussi important : la croissance et la diversification des besoins humains[2].

---

2. Voir *infra*, chapitre 6.

L'ère des deux reproductions : (1) les longs temps de la pré-Humanité et de la première Humanité

Les deux reproductions : la Terre et les hommes...

Entre nature et surnaturel

Si l'on repart de la nuit des temps, il y a deux ou trois millions d'années, on peut imaginer, entre nos lointains ancêtres et la nature, une relation animale : pleine, simple, impensée, vécue au premier degré et dans l'instant (avec, au fond de soi, des mémoires longues), faite de besoins essentiels (manger, boire, s'abriter des intempéries, se protéger des dangers), de moments de bien-être (un repos dans une clairière ensoleillée) et d'autres de peur (dans la tempête ou face à la menace d'un prédateur). Une relation élémentaire entre la nature et la pré-Humanité, avec vie en bandes, en famille et, pour ressort essentiel, vivre.

Quand la conscience de l'extérieur acquiert la forme d'une première ébauche de pensée, la distinction entre l'explicable et l'incompréhensible se fait plus nette ; peuvent être établis des liens entre des phénomènes, des relations de cause à effet ; la mémoire collective enregistre que telle teinte du ciel, tel comportement des animaux peut annoncer un événement attendu ou redouté. Mais en même temps, le domaine de l'inexplicable est immense : du bruissement des feuilles aux violences de l'orage, de la levée du jour à la tombée de la nuit, de la naissance à la maladie ou à la mort. L'invention du surnaturel contribua à borner et border l'angoisse.

A travers générations, siècles, millénaires, les hommes donnent figures aux forces surnaturelles : esprits, djinns, génies, elfes, sylves et sylvains, oréades, gnomes, faunes et furies, divinités et démons : entités antérieures aux dieux des civilisations païennes, qui peuplent encore nos mythologies et les récits pour enfants et dont Bergson nous dit qu'elles « étaient issues presque immédiatement de la faculté fabulatrice, qui nous est naturelle ; et elles étaient adoptées comme elles étaient produites, naturellement.

Elles dessinaient le contour exact du besoin dont elles étaient sorties[3] ».

Des temps d'abondance ?

Entre les temps de la maîtrise du feu, des holophrases (expression d'un message simple — mise en garde, menace, demande — à travers un mot), des outils de pierre cassée et le temps des langages articulés et des outils diversifiés, on peut — à partir de quelques traces retrouvées et d'analogies supposées avec des populations vivant de chasse et de cueillette — imaginer : des groupes humains de petite taille ont choisi des aires aux climats et végétations favorables ; ici il y avait juste de quoi vivre, là plus qu'abondamment, d'autant plus que les besoins concernaient ce qui est essentiel à la vie ; certaines périodes étaient difficiles, d'autres fastes ; chasseurs et cueilleurs, les hommes savaient trouver leur nécessaire ; mobiles, ils savaient aussi aller plus loin quand il le fallait.

Marshall Sahlins est plus précis. Il rejette les lectures misérabilistes de l'époque paléolithique ; pour lui, les concepts de subsistance, de pauvreté, de dureté et de précarité de la vie sont inadéquats pour en rendre compte, même si nombre d'anthropologues les utilisent, attachés qu'ils sont à valoriser la révolution néolithique des millénaires ultérieurs[4].

Pour Sahlins, qui illustre ses propos de nombreuses observations des peuples chasseurs cueilleurs de l'époque contemporaine, le fait de vivre dans le dénuement ne signifie pas la pauvreté dès lors que les besoins sont limités ; il soutient même ce paradoxe « qu'en dépit de leur dénuement absolu, les chasseurs connaissent l'abondance » (p. 40).

La quête de l'alimentation ? « Les peuples de chasseurs-collecteurs travaillent moins que nous ; [...] la quête de nourriture est, pour eux, une activité intermittente, [...] ils jouissent de loisirs surabondants et dorment plus dans la

3. BERGSON 1932, 1962, p. 210.
4. SAHLINS 1972, 1976, p. 37 *sq.*

journée, par personne et par an, que dans tout autre type de société » (p. 53). D'où ce rythme de vie « paléolithique bien caractéristique : un jour ou deux de travail alternant avec un jour ou deux de repos où l'on traîne, oisif, au camp » (p. 61).

Le caractère minime des biens possédés ? Du chasseur, du non-sédentaire, on peut dire que « sa richesse lui est un fardeau » (p. 50). Car, comme l'avait noté Lloyd Warner, « la valeur suprême est la liberté de mouvement[5] ». La faiblesse des réserves alimentaires ? M. Sahlins l'explique par trois facteurs : d'abord la confiance en soi et en l'avenir (on saura bien trouver demain de quoi se nourrir) ; ensuite le souci de ne pas amoindrir les ressources du lieu ; enfin, là encore, le choix de ne pas handicaper la mobilité.

Cette abondance dans le dénuement obéit à des règles rigoureuses : « Les besoins matériels de l'homme sont finis et peu nombreux, et les moyens techniques invariables, bien que, pour l'essentiel, appropriés à ces besoins » (p. 38) ; quant au groupe lui-même, pour ses membres aussi, « il convient de se *débarrasser* de ce qui n'est pas indispensable, [...] d'où la suppression des vieillards, la pratique de l'infanticide, l'abstinence sexuelle pendant l'allaitement » (p. 75). Au total, l'abondance paléolithique repose, pour un analyste moderne, sur deux piliers : « une politique démographique draconienne et une économie ascétique » (p. 75).

Vivre avec la nature

Peut-être certains de ces groupes de l'ère paléolithique, particulièrement gâtés par la nature, ont-ils laissé le souvenir d'un paradis terrestre, paradis perdu. Sans doute est-ce en ces temps que s'enracinent les sagesses du « vivre avec la nature » : vivre en respectant la nature, non en la combattant.

Cette sagesse, Xun Quang l'exprima en ces termes, au IIIe siècle avant notre ère : « Le Ciel a ses raisons, la Terre a ses ressources, l'homme a son ordre politique, formant

---

5. Cité par SAHLINS, *ibid.*, p. 51

ainsi avec les deux premiers une triade. Mais il fait erreur s'il ne respecte pas les fondements de cette triade en empiétant sur les deux autres[6]. »

Cette même sagesse, le chef indien Seattle l'exprimera d'une autre manière dans sa lettre de 1854 au président des États-Unis, en réponse à la proposition qui lui avait été faite d'acheter les terres où vivait son peuple : « Nous savons que l'homme blanc ne comprend pas nos mœurs. Une parcelle de terre ressemble pour lui à la suivante, car c'est un étranger qui arrive dans la nuit et prend à la terre ce dont il a besoin. La terre n'est pas son frère mais son ennemi, et lorsqu'il l'a conquise, il va plus loin. [...] Son appétit dévorera la terre et ne laissera derrière lui qu'un désert. [...]

« Nous savons au moins ceci : la terre n'appartient pas à l'homme ; l'homme appartient à la terre. Cela, nous le savons. Toutes choses se tiennent comme le sang qui unit une même famille. Toutes choses se tiennent.

« Tout ce qui arrive à la terre arrive aux fils de la terre. Ce n'est pas l'homme qui a tissé la trame de la vie. Il en est seulement un fil. Tout ce qu'il fait à la trame, il le fait à lui-même[7]. »

Mais les sociétés humaines n'ont pas respecté cette sagesse.

Langage et culture

Après la maîtrise du feu, il y a quelques centaines de milliers d'années, la grande différenciation entre sociétés animales et humaines a résidé dans l'invention du langage articulé. Avec lui s'ouvrent de nouveaux horizons, en matière de représentation (des choses, des faits, des autres, de soi-même), de transmission et de stockage des informations, de mémorisation ; comme le note André Bourguignon, « le langage a été sûrement la cause du développement de la

6. XUN QUANG, *Xunzi*, cité par DEBEIR et *al.* 1986, p. 7.

7. Lettre de 1854 du chef indien Seattle (ou Sealth) au Grand Chef blanc de Washington (Franklin Pierce, président des États-Unis), *in* PERRIN, 1988, p. 118 et 119-120.

conscience réfléchie et de la naissance de la conscience de soi, dernière étape de l'hominisation psychique[8] ». Edgar Morin insiste sur ce fait : avec le langage articulé devient possible la constitution de la culture, « patrimoine informationnel constitué des savoirs, savoir-faire, règles, normes propres à une société [...] capital informationnel proprement social, *source génératrice/régénératrice de la complexité organisationnelle et de l'individualité propre aux sociétés humaines archaïques*[9] ».

Langage et culture permettent de nouvelles avancées et suscitent une nouvelle complexité de la capacité d'autoreproduction. Mais n'oublions pas la très longue durée dans laquelle s'opèrent ces transformations : le passage du babil aux formes élémentaires de communication et d'expression, l'holophrase, a eu lieu il y a environ 400 000 ou 300 000 ans. Le recours à des langages articulés, diversifiés, adaptables à une grande diversité de situations[10] se situe il y a environ 40 000 ou 30 000 ans : plus de 20 000 ans avant la « révolution néolithique » et plus de 25 000 ans avant les premières grandes civilisations.

L'ère des deux reproductions : (2) premières sociétés et premières civilisations

Après qu'Ève et Adam eurent mangé le fruit de l'arbre défendu, Yahvé dit à l'homme :

« Puisque tu as écouté la voix de ta femme et que tu as mangé de l'arbre dont je t'avais interdit de manger,
Maudit soit le sol à cause de toi !
A force de peines tu en tireras subsistance
tous les jours de ta vie.
Il produira pour toi épines et chardons
et tu mangeras l'herbe des champs.
A la sueur de ton visage,
tu mangeras ton pain,

8. BOURGUIGNON 1989, p. 256.
9. MORIN 1980, p. 245 [c'est E. M. qui souligne].
10. CHOMSKY 1968, 1970, p. 27.

jusqu'à ce que tu retournes au sol,
puisque tu en fus tiré[11]. »

Sans entrer dans le débat sur la nature du fruit défendu, nous pensons que c'est l'importance prise par les logiques du pouvoir et de l'avoir, donc l'alourdissement du prélèvement du tribut, qui a condamné de larges segments des sociétés à voir leur « vivre » se réduire à la simple subsistance.

L'avènement du pouvoir

Les bouleversements engendrés par la « révolution néolithique » s'accomplissent à travers plusieurs millénaires. Avec la sédentarisation dans de premiers villages, l'agriculture, l'élevage, le travail des métaux, la première division du travail et l'essor des échanges qui lui est lié, la construction de maisons, puis d'agglomérations, puis de villes, l'écriture, le pouvoir, la reproduction des sociétés se complexifie.

Hommes d'armes, rois d'essence divine, castes dominent la plupart des sociétés. Les premières grandes civilisations s'épanouissent. Avec le Dieu unique s'imposent les grandes religions. Le pouvoir politique, défini par le « monopole de la force légitime sur un territoire déterminé[12] », va s'exercer à travers une pluralité de formes étatiques qui vont participer activement à la reproduction des sociétés[13].

Cette mutation, engagée il y a quelque huit mille ans au point d'ancrage de trois continents, a transformé en profondeur l'homme, les sociétés humaines et l'Humanité. Évidemment, dans la pluralité des premières sociétés connaissant et la division du travail et les rapports de pouvoir, comme dans les grandes civilisations qui se sont épanouies en Chine, Mésopotamie, Inde, Égypte, Grèce ou à Babylone, sont très diverses les relations du prince au dieu, comme les rapports du pouvoir au peuple producteur. Par-

11. *La Sainte Bible* 1956, p. 11-12.
12. DUMONT 1966, 1979, p. 195.
13. MORIN 1980, p. 246 *sq.*

tout, à l'entour du pouvoir, se constituent des fortunes, fondées sur les faveurs ou les dépenses du prince.

C'est donc une nouvelle configuration sociale qui émerge. A un pôle le pouvoir, le souverain et les acteurs des premières formes étatiques. A un autre pôle, le peuple producteur, paysans, artisans, manouvriers, dont le travail doit permettre et de satisfaire les demandes de ceux qui dominent — représentants du souverain et, parfois, propriétaires et négociants — et d'assurer leur propre subsistance. Au troisième pôle, les propriétaires et négociants, motivés par l'avoir et la richesse.

Relations d'autorité, division du travail et spécialisation, échange caractérisent donc déjà ces sociétés. Mais la relation structurante majeure nous paraît résider dans le prélèvement du tribut[14] : en travail, en nature ou en espèces, de formes variées, prélevé par de multiple canaux, c'est lui qui permet une première accumulation de richesses, l'édification de temples et de palais, la réalisation de systèmes d'irrigation ou de drainage, la construction de routes, de canaux, de moyens de défense, l'entretien de gens d'armes et de domesticités.

En Inde, au IVe siècle avant notre ère, Kautilya, auteur d'un des premiers traités de politique, le souligne : pour le prince, l'essentiel est d'assurer à son trésor les ressources nécessaires. Et ce qu'il ne peut acquérir par la conquête, il ne peut le tenir que du travail productif ou des richesses privées. « Si l'armée est le moyen d'acquérir et de garder l'argent, écrit-il, l'argent est le moyen d'avoir et de l'argent et une armée. Comme moyen de tout obtenir, l'argent est ce dont le manque est le plus grave[15]. » Il insiste : « Tout ce qu'on peut entreprendre dépend d'abord des finances. C'est pourquoi le roi veillera avant tout aux finances » (p. 123).

Kautilya indique aussi très précisément ce que doivent être les traitements des fonctionnaires ainsi que les divers prélèvements à réaliser : sur les récoltes, les éleveurs, les

---

14. Sur ce point, on peut signaler les analyses de Samir AMIN (1979) en termes de mode de production tributaire.

15. KAUTILYA 1971, p. 82.

différentes catégories de négociants et d'artisans, sur les gens riches, le peuple, les communautés hérétiques et les personnes séditieuses. En permanence, son souci est double : abonder suffisamment le trésor et ne pas tarir la source. Là réside l'essentiel du rapport social tributaire.

Tribut et subsistance

Des deux principales sources de richesses, la conquête et le prélèvement, la première est plus incertaine et plus risquée, la seconde plus assurée et plus régulière.

Le prélèvement sera d'autant plus aisé que la production croît ; et beaucoup de souverains ont le souci de favoriser la production : par une bonne organisation des cultures, une bonne administration des semences, le drainage ou l'irrigation, la construction et l'entretien des digues et des routes, le soin des forêts. Certains cherchent à tout régler ; d'autres acceptent que des intendants, des féaux veillent, organisent et collectent en leur nom, et qu'à l'occasion ils s'enrichissent aussi. A l'entour des aires de pouvoir se développent de nouvelles activités : des négociants, des orfèvres et autres artisans s'enrichissent aussi, recevant ainsi une part du tribut, auquel il leur faut parfois contribuer.

De ce rapport tributaire surgissent deux enjeux majeurs : pour le prince, recevoir le tribut, base de son pouvoir, de sa force et de son opulence ; pour le peuple producteur, assurer sa subsistance.

Lao-tseu, en Chine, au VIe siècle avant notre ère, souligne la responsabilité du prince :

« Plus il y a d'interdits et de prohibitions,
plus le peuple s'appauvrit. [...]
Le peuple est affamé
parce que ses dirigeants l'accablent d'impôts.
Voilà ce qui l'affame [16]. »

Au tournant du IVe et du IIIe siècle, les prescritions de Meng-tseu, disciple de Confucius, vont dans le même sens : « Si vous n'intervenez point dans les affaires des laboureurs

16. LAO-TSEU 1995, LVII, p. 95 et LXXV, p. 113.

en les enlevant par des corvées forcées aux travaux de chaque saison, les récoltes dépasseront les consommations. Si l'on gouverne les populations de manière que leurs champs soient bien cultivés, si on allège les impôts en n'exigeant que le dixième du produit, le peuple pourra acquérir de l'aisance et du bien-être[17]. »

De son côté, Kautilya, en Inde au IVe siècle avant notre ère, formulait ce conseil : « De même qu'on cueille les fruits d'un jardin à mesure seulement de leur maturité, de même le revenu sera collecté chaque fois qu'il aura mûri. Il faut toujours éviter de cueillir des fruits ou du revenu avant maturité : ce serait tarir leur source et causer de grandes difficultés[18]. »

Le peuple producteur est pris entre une nature plus ou moins ingrate et un pouvoir étatique plus ou moins exigeant : de la très grande dureté des conditions de vie à une certaine aisance, la gamme des situations est très diversifiée, selon les types de société, les conditions naturelles, les périodes ou les années. Au total, on peut cependant estimer que, dans la plupart des situations, les conditions de vie sont dures : avec la généralisation des sociétés inégalitaires, une large partie de l'Humanité est entrée dans l'ère de la nécessité, désormais soumise à la préoccupation constante de la subsistance.

Max Weber a utilisé le terme de « subsistance » pour parler d'une « économie orientée vers la couverture des besoins propres[19] », ce qui correspond à ce que nous nommons économie domestique ou communautaire. Nous emploierons ce même terme un peu différemment, pour désigner la logique des catégories de producteurs qui, dans des sociétés qui les privent d'une part de leur production (sociétés tributaires, capitalistes, étatistes), sont contraintes à consacrer l'essentiel de leur travail et de leurs activités à l'obtention du « nécessaire pour vivre », c'est-à-dire pour assurer la reproduction simple de la famille, sans enrichissement ni obtention d'aménités permettant le « bien

17. MENG-TSEU, cité *in* WOLFF 1988, p. 15.
18. KAUTILYA, *op. cit.*, p. 96.
19. WEBER 1923, 1991, p. 14.

vivre » ; subsister, dès lors, n'est plus vivre au sens plein, c'est vivre sous contrainte, avec la crainte parfois quotidienne de ne pas avoir de quoi.

Division du travail et échange

Avec l'instauration du pouvoir et l'émergence des richesses, la première division du travail a accompagné la constitution des cités et des royaumes. Platon l'explique parfaitement pour la Grèce du IVe siècle avant notre ère[20] : « Ce qui donne naissance à une cité, [... c'est] l'impuissance où se trouve chaque individu de se suffire à lui-même et le besoin qu'il éprouve d'une foule de choses. » De cette thèse initiale, et à travers les méandres d'un patient dialogue, Platon fait successivement émerger l'agriculteur, le maçon, le tisserand, « le cordonnier ou quelque autre artisan » ; il fait ressortir qu'on « travaille mieux » quand on n'exerce qu'un seul métier, ce qui permet de comprendre la nécessaire présence « des charpentiers, des forgerons et beaucoup d'ouvriers semblables », ainsi que « des bouviers, bergers et autres sortes de pasteurs ». Mais la cité a aussi besoin d'importer des biens, donc d'exporter : « Nous aurons donc besoin de commerçants [...] et d'une multitude de gens versés dans la navigation » ; et comme tout ce monde devra bien échanger, il y aura « nécessité d'avoir une agora et de la monnaie », d'où des marchands « établis à demeure sur l'agora » et des négociants « qui voyagent de ville en ville », et des salariés qui « vendent l'emploi de leur force » pour les gros travaux.

« Notre cité n'a-t-elle pas reçu assez d'accroissement pour être parfaite ?

— Peut-être.

— Alors, où y trouverons-nous la justice et l'injustice ? »

Pour les trouver, il va falloir introduire les banquets, les richesses, le luxe, et les poètes, musiciens, acteurs, danseurs, entrepreneurs de théâtre, fabricants de parures féminines, serviteurs, pédagogues, nourrices, gouvernantes, femmes de chambre, coiffeurs, cuisiniers, maîtres queux,

20. PLATON 1988, p. 117-123.

porchers, médecins. « Et le pays, qui jusqu'alors suffisait à nourrir ses habitants, deviendra trop petit et insuffisant » ; il y aura des richesses et c'est « d'une armée entière » que la cité aura besoin.

On a pu le noter, la division du travail repose sur les avantages de la spécialisation et implique l'échange ; mais aussi elle contribue à l'accumulation de richesses, ce qui rend nécessaire qu'on puisse les défendre par les armes.

Besoins essentiels et inessentiels

La description que fait ici Platon correspond à bien des sociétés qui se sont développées sous de multiples systèmes de pouvoir au cours des six ou sept derniers millénaires : à un pôle, le travail, aux deux autres, le pouvoir étatique et la richesse.

Soumise, la masse du travail permet de dégager un tribut, tandis qu'une certaine spécialisation permet de mieux satisfaire une plus large gamme de souhaits ou de désirs. Réduite à la subsistance, une large part du peuple producteur a pour souci de satisfaire ses besoins vitaux. Mais aux pôles du pouvoir et de la richesse, c'est une diversification inouïe de nouveaux besoins que l'on peut observer.

C'est donc très logiquement que Platon en arrive à la question des désirs[21], lesquels, sans s'y réduire, englobent ce que les économistes ont coutume, le plus souvent sans s'y attarder, de nommer besoins. Ainsi distingue-t-il clairement les désirs nécessaires (par exemple, de « manger autant que l'exigent la santé et l'entretien des forces ») et les désirs superflus (« qui [vont] au-delà et se porte[nt] sur des mets plus recherchés ») ; puis, parmi les désirs superflus, il tentera de séparer ceux qui sont légitimes de ceux qui sont déréglés et illégitimes.

Deux siècles plus tôt, en Chine, Lao-tseu avait rencontré le même problème. Au peuple d'une petite nation, il souhaitait d'être en mesure de satisfaire ses besoins essentiels — ou, sinon, de se satisfaire de ce qu'il avait :

21. *Ibid.*, p. 318 *sq.* et 333 *sq.*

« Qu'il trouve savoureuse sa propre nourriture,
qu'il trouve beaux ses vêtements,
qu'il se contente de son habitation,
qu'il se réjouisse de ses coutumes[22]. »

Et il dénonçait l'empire des désirs, la convoitise, l'insatiabilité :

« Pas de plus grande erreur que d'approuver ses désirs.
Pas de plus grand malheur que d'être insatiable.
Pas de pire fléau que l'esprit de convoitise.
Qui sait se borner
aura toujours assez[23]. »

Dans la seconde moitié du IVe siècle, Sui Hing plaide lui aussi pour la modération des besoins : « Si le peuple ne voit pas de choses extravagantes, il se contentera de ce qu'il a. S'il n'y a pas de désir, le peuple sera satisfait. Celui qui sait se contenter est toujours riche[24]. »

Très tôt, ces penseurs de l'homme et de la société ont perçu combien est extensible la capacité humaine de ressentir besoins et désirs. Et là, le partage majeur se fait entre les pôles du pouvoir et de la richesse, où les besoins sont potentiellement immenses voire illimités, et le pôle du travail où les besoins sont strictement limités. Ici l'aisance, le raffinement, le luxe ; là, la subsistance ou le manque.

Sur de telles bases, les sociétés se sont reproduites d'une manière apparemment cyclique, pendant plusieurs millénaires. En fait, à travers changements, progrès et déclins, s'est opérée ce que l'on peut nommer une longue transformation : de laquelle résultera l'entrée dans une ère de changements multiples et accélérés.

---

22. LAO-TSEU 1995, LXXX, p. 118.
23. *Ibid.*, XLVI, p. 84.
24. SUI HING, cité *in* WOLFF 1988, p. 15.

L'ère des trois reproductions : une nouvelle dynamique structurante

Capitalisme, capitalismes

Nul n'a pu noter qu'il y avait rupture. Entre le riche négociant qui engage une opération marchande pour accroître sa fortune ou celle de sa famille et le riche négociant qui engage une opération marchande pour accroître sa capacité à développer ses affaires, en accumulant les bénéfices réalisés, il n'y a pas de coupure nette : il y eut certainement une longue transition faite de tentatives, de tâtonnements, d'avancées et de replis. Et pourtant ce changement accompli se révélera crucial.

Car, il y a eu, en Inde, en Chine, en Méditerranée, dans le monde arabo-mulsuman, d'immenses richesses privées, de fructueux négoces, d'audacieuses opérations marchandes sources d'énormes bénéfices ; il y avait aussi des savoirs et des savants, des artisans, des techniques et des inventions ; il y avait des pouvoirs et des armées. Bref, il y avait — d'après ce que nous indique l'observation de l'histoire — tous les ingrédients qui allaient permettre l'essor, à partir de quelques pôles de la petite péninsule occidentale de l'immense Eurasie, l'enclenchement de la puissante spirale transformatrice des temps modernes. Max Weber et Fernand Braudel ont d'ailleurs tous deux identifié des formes capitalistes archaïques.

Pour Weber, « entreprise capitaliste et entrepreneur capitaliste sont répandus à travers le monde depuis des temps très anciens, non seulement en vue d'affaires isolées, mais encore pour une activité permanente[25] ». Cependant, cette affirmation tient pour une large part à la définition très large, et donc très englobante, que donne Weber du capitalisme : celui-ci recouvrirait l'ensemble des activités économiques lucratives, c'est-à-dire orientées par le gain[26].

---

25. Weber 1905, p. 14.

26. Ainsi, selon Weber, « l'activité économique lucrative va de pair avec une forme particulière de calcul monétaire : le *compte capital* » (1921, t. 1, p. 137) ;

Braudel est plus prudent : « Un capitalisme *en puissance* s'esquisse dès l'aube de la grande histoire, se développe des siècles durant. [...] Longtemps à l'avance, des signes annoncent le capitalisme : l'essor des villes et des échanges, l'apparition d'un marché du travail, la densité de la société, la diffusion de la monnaie, la montée de la production, le commerce au loin ou, si l'on veut, le marché international[27]... »

Ce qu'on identifiera, nommera, étudiera sous le nom de capitalisme se forme autour de l'an 1500, dans une région du monde de culture judéo-chrétienne, culture qui a institué l'homme maître et propriétaire de la Terre et du vivant. Il s'affirme d'abord dans des États-cités, villes portuaires en relation avec des terres de négoce, de richesse et de savoir.

Pouvoir temporel et pouvoir spirituel étaient en rivalité ; le capitalisme prit force dans des interstices échappant et à l'un et à l'autre — ce qui n'empêcha pas les négociants de chaque cité portuaire de bénéficier du soutien de leurs institutions étatiques, comme le feront plus tard de leur État les manufacturiers et industriels de chaque pays.

C'est en effet principalement à Venise, Anvers, Gênes, Amsterdam que le capitalisme marchand prend son premier essor aux XIVe, XVe et XVIe siècles : le point crucial, où se joue le profit, n'est pas alors dans la production, mais dans l'entreprise commerciale. Braudel a décrit comment il se développe avec les foires et surtout avec le commerce lointain : l'esprit d'entreprise joue à plein ; les risques sont élevés mais, en cas de réussite, les perspectives de profit immenses[28].

Le capitalisme manufacturier se met en place aux XVIIe et XVIIIe siècles, tout particulièrement aux Pays-Bas et en Angleterre, États de taille moyenne et ouverts sur le

---

les économies capitalistes sont caractérisées par le fait qu'elles sont « orientées en fonction du compte de capital » (*ibid.*, p. 165), définition très large — que nous ne retenons pas — qui l'amène à affirmer que, dans l'artisanat, l'ensemble de l'exploitation productive « doit être considéré comme une “entreprise capitaliste à petite échelle” : l'industrie domestique est une entreprise capitaliste décentralisée » (*ibid.*, p. 221).

27. BRAUDEL 1979, vol. 3, p. 538.

28. BRAUDEL 1979, vol. 3 ; BRAUDEL 1985, p. 58 *sq.*

monde : le capitalisme s'inscrit alors dans l'espace de la production, mais il le fait avec les formes productives et les techniques antérieures ; disséminée (avec le travail hivernal des familles paysannes et les petits ateliers) ou concentrée (dans une grande bâtisse), la manufacture permet d'obtenir un abaissement du coût du travail, par la pression sur les tarifs, l'allongement des journées ouvrées ou l'intensification de l'effort[29].

Le capitalisme industriel se met en place en Angleterre au tournant des XVIIIe et XIXe siècles et se développera dans le Royaume-Uni et dans quelques pays d'Europe occidentale, puis en Allemagne, aux États-Unis et dans d'autres pays : avec le salariat et « la soumission réelle du travail au capital », il se concrétise dans une nouvelle manière de concevoir et de mettre en œuvre l'ensemble du processus productif. En rendent compte les analyses de Marx du « mode de production capitaliste[30] », de la marchandise, de la plus-value relative, de l'accumulation, du crédit, de la reproduction élargie et des crises[31] ; en rendent compte d'une manière en partie complémentaire celles de Schumpeter de l'entrepreneur, de l'innovation et du crédit, dans leurs relations avec le profit et les crises[32].

Marx voyait « la richesse des sociétés dans lesquelles règne le mode de production capitaliste [...] comme une "immense accumulation de marchandises"[33] » ; et effectivement, les marchandises capitalistes ont, jusqu'aux années soixante-dix, principalement été des biens matériels ; mais, là encore, une mutation profonde s'est récemment engagée, avec la nouvelle impulsion qu'ont donnée la maîtrise et la mobilisation par les entreprises des nouvelles avancées scientifiques et techniques.

Ainsi, comme la Terre, le vivant, l'Humanité, le capitalisme est à la fois un et multiple. Unité du capitalisme : le

29. MARX en a fait l'analyse en terme de soumission formelle du travail au capital (1863-1866, 1971, p. 202) ; à ses yeux, il ne s'agit pas encore du « mode de production capitaliste proprement dit » (p. 205).

30. *Ibid.*, p. 205.

31. MARX 1867 et 1869-1879, 1963 et 1968.

32. SCHUMPETER 1912, 1935, p. 319 *sq.*

33. MARX 1867, 1963, p. 561.

mobile de réaliser un profit qui permettra d'élargir le champ d'activité ; multiplicité du capitalisme, avec la pluralité de ses strates (marchande, manufacturière, industrielle, technologique) et la diversité de ses enracinements nationaux et culturels.

Le capitalisme ne participe, comme logique sociale, à la reproduction des sociétés humaines que depuis environ cinq siècles[34]. D'une extension encore restreinte jusqu'à la « révolution industrielle », son emprise s'est élargie du fait qu'il a été le principal support socio-économique de l'industrialisation d'un petit nombre de pays d'Europe occidentale au cours du XIXe siècle, puis de plusieurs générations de nouveaux pays au XXe siècle. En cette fin de XXe siècle, il a remporté une victoire décisive sur son principal rival des temps modernes, l'étatisme généralisé[35].

Une capacité forte d'autoreproduction

Le capitalisme s'inscrit dans le large ensemble de l'économie marchande, dont il constitue, comme l'a souligné Fernand Braudel, le troisième niveau.

Le premier niveau, c'est celui des échanges simples, non monétaires ou monétaires : échanges qui portent sur un petit nombre de biens, peuvent concerner des biens d'aubaine ou des surplus disponibles et, le plus souvent, se situent aux marges de formes productives ayant leurs propres cohérences : autoproduction domestique ou communautaire, relations tributaires ou étatiques, petite production marchande naissante.

Le deuxième niveau est celui de l'économie de marché : des activités productives sont organisées en vue de ventes sur le marché, à travers lequel des demandes, des besoins sont satisfaits d'une manière régulière. Le marché, les relations entre acheteurs et vendeurs, les prix, jouent un rôle déterminant dans l'équilibrage de l'ensemble. Pour certains, la motivation de la subsistance prédomine, pour

34. Voir BEAUD 1981, 1990.
35. Voir BEAUD 1982, 1985.

d'autres celle du bien-vivre, et pour d'autres encore celle de l'avoir et de la quête des richesses.

Le capitalisme constitue le troisième niveau : voué à la production et au commerce de marchandises, ce qui, fondamentalement, le caractérise, c'est la recherche du profit en vue d'élargir le champ d'activité.

Marx, le premier, a fait ressortir comment cette logique du profit fonde les processus d'accumulation qui sont au cœur de la reproduction élargie des processus productifs et des rapports sociaux capitalistes. Il a aussi mis en lumière l'élargissement des marchés, quête ou création de nouveaux marchés, que cette dynamique de production et de reproduction élargies implique.

Schumpeter, après lui, a montré que l'innovation est à la source d'une rupture historique majeure : le passage des reproductions statiques, qui avaient caractérisé les sociétés antérieures, aux reproductions dynamiques qui caractérisent les sociétés capitalistes. Pour lui, les cohérences productives qui ont précédé le capitalisme étaient principalement cycliques : cycles des saisons, cycles des bonnes années (vaches grasses) et des mauvaises (vaches maigres) ; le capitalisme, lui, est dynamique, innovation, croissance, bouleversement des modes de production et de vie, prospérité et crises[36].

Dans le capitalisme, les marchandises produites sont porteuses de plus-values potentielles ; réalisées lors des ventes, celles-ci constituent les profits qui, réinjectés dans l'appareil productif, commercial et bancaire, entraînent l'élargissement de cet appareil, comme des aires et des flux de marchandises ; l'innovation, en sa diversité, suscitant périodes après périodes de nouvelles impulsions. Ainsi, indissociable de la recherche d'un profit destiné à être réinjecté dans le processus économique, c'est une triple dynamique — d'accumulation, d'innovation et d'élargissement de l'aire des marchandises — qui caractérise la capitalisme.

Cette triple dynamique est structurante, du fait qu'elle suscite en permanence des processus de « destruction créa-

36. Voir SCHUMPETER 1912, 1935.

trice[37] » : destruction d'autres formes productives, d'anciennes activités, d'anciennes formes sociales, de ressources, mais création de nouvelles activités, de nouveaux marchés, de nouveaux besoins. Elle est englobante, puisqu'elle tend à intégrer les individus, les acteurs, les institutions qui participent au monde marchand : s'alimentant des nécessités de travailler des uns, des désirs de créer des autres, des besoins de vivre, d'avoir, de faire, de dépenser et de consommer de tous les détenteurs de pouvoir d'achat.

De cette triple dynamique naît la radicale spécificité du capitalisme par rapport à toutes les autres logiques socio-économiques historiquement connues : lui seul en effet dispose d'une capacité d'autoreproduction que l'on peut qualifier de forte, capacité qui permet de comprendre les disjonctions de plus en plus profondes que l'on observe entre économie et société. De même que la capacité d'autoreproduction des sociétés humaines ne signifie pas qu'elles peuvent se passer de la Terre, de même, la capacité d'autoreproduction du capitalisme ne signifie pas qu'il n'a plus rien à voir avec ces sociétés : il a toujours besoin de pouvoirs d'achat, de demandes solvables, présentes ou anticipées ; mais peu importe où se trouvent, par qui sont exprimées et vers quoi sont orientées ces demandes. En outre, si les entreprises ont longtemps eu des liens forts avec les consommateurs (publics et privés) de leur pays, du fait de la mondialisation, ces liens tendent de plus en plus à se distendre.

En fin de compte, le fait de concevoir les gains, les bénéfices non plus principalement comme les vecteurs d'un enrichissement, personnel ou familial, mais comme un simple moyen de renforcer ou d'élargir le processus permettant de faire des gains n'est probablement pas apparu comme profondément novateur ou révolutionnaire. Ce fut pourtant le catalyseur, dans le domaine économique, des mutations et des accélérations des temps modernes, dont résulta une nouvelle configuration des sociétés humaines.

Les trois ressorts fondamentaux des sociétés humaines, pouvoir, avoir, subsistance, demeurent. Mais s'y est ajouté

37. Voir SCHUMPETER 1942, 1984, p. 113 *sq.*

un quatrième : la recherche du profit pour l'accumulation. Pas une accumulation mécanique, arithmétique, mais une stratégie d'accumulation, aussi profondément ancrée dans l'entreprise que la pulsion de vie dans un organisme vivant. Une stratégie que porte une équipe dirigeante, elle-même animée par la quête de l'avoir et du pouvoir. Une stratégie qui se fonde sur les rapports de force constitués, les capacités et savoir-faire maîtrisés, les profits réalisés, et qui est en recherche de nouveaux débouchés, nouveaux créneaux, nouveaux marchés — y compris de marchés susceptibles d'être élargis, transformés ou créés (marchandisation) —, et finalement en recherche de nouveaux profits à réaliser. Une stratégie, enfin, qui vise à éviter les marécages de la concurrence, par la recherche de situations monopolistes, notamment grâce à l'innovation.

Ainsi, le capitalisme ne peut être lu ni comme un « mode de production » s'inscrivant dans l'infrastructure productive, ni comme un simple « système économique »[38] ; car il s'inscrit d'emblée dans les dimensions du social, du politique et de l'idéologique. Ce n'est pas non plus un acteur capable de vouloir, de planifier, de choisir. C'est une logique sociale complexe[39] qui, portée par une multitude d'acteurs, se traduit par des dynamiques, des engrenages, des spirales, des blocages et des crises — crises que nul n'a voulues, même si ceux qui ont contribué à leur survenue sont innombrables. Une logique sociale qui engendre une totalité, totalité sociale à la fois territorialisée et mondiale.

---

38. Nous rejoignons largement Braudel, pour qui le capitalisme n'est ni un « système » ni un « système économique » ; en effet, explique-t-il, « il vit de l'ordre social ; [...] il est, adversaire ou complice, à égalité (ou presque) avec l'État, personnage encombrant s'il en est — et cela depuis toujours ; [...] il profite aussi de tout l'appui que la culture apporte à la solidité de l'édifice social ; [...] il tient les classes dominantes qui, en le défendant, se défendent elles-mêmes » (BRAUDEL 1979, vol. 3, p. 540).

39. Sur la notion de « logique sociale », voir *supra*, chapitre 2, paragraphe consacré à l'Humanité.

L'engrenage des accélérations

Comme un typhon[40] *planétaire*

Les premières brises ont été à peine perceptibles.

Cela a commencé à bas bruit, il y a cinq ou six siècles, dans le bruissement des activités marchandes : des négociants achètent à petit prix la récolte à venir de paysans en difficulté ; de riches marchands montent une opération commerciale lointaine sur des produits de haute valeur ; les uns et les autres avec, en tête, la perspective d'engager, dès la réalisation des bénéfices attendus et grâce à eux, de nouvelles opérations lucratives.

Puis ce sont des négociants qui approvisionnent les artisans et leur passent commande, les mettent en concurrence, se montrent exigeants sur la qualité et durs sur les tarifs, obtiennent du Prince protections et privilèges ; et des compagnies qui obtiennent des monopoles de commerce pour des territoires lointains.

En un sens, rien de nouveau : de semblables comportements ont pu être observés dans bien des civilisations et en des temps lointains. Mais en un autre sens, tout change : cette motivation de l'échange et de la production, non plus pour la grandeur du Prince et l'enrichissement personnel et familial, mais pour des gains qui permettront de plus échanger et de plus produire, va devenir la motivation déterminante des temps modernes — avec une figure majeure, l'entrepreneur, et une forme organisationnelle indissociable du marché et plus ou moins directement liée à l'État, l'entreprise.

Car la formation et l'affirmation de l'État ont également joué leur rôle : certes, bien des empires et bien des royaumes avaient, auparavant, organisé le drainage et l'irrigation, équipé les villes, construit routes et canaux. Mais des États d'Europe occidentale, aux XVIIe et XVIIIe siècles, sont allés au-delà : suppression des taxes, douanes inté-

40. D'après le *Dictionnaire Robert*, 1964, le mot typhon peut avoir deux origines, l'une chinoise : *t'ai fung*, « grand vent », l'autre grecque : *tuphon*, « tourbillon » (vol. VI, p. 892).

rieures et octrois ; construction de ports et de fortifications, entretien de flottes et d'armées, face aux étrangers, ennemis et concurrents ; lois sur les vagabonds, travail forcé pour les enfants abandonnés et les mendiants, démantèlement du système corporatif, lois sur les pauvres ; création d'une banque ayant privilège de frapper la monnaie nationale. Le domaine de l'échange marchand s'élargit. Les relations salariales s'étendent au détriment des relations liées à un pouvoir ou à un métier. Par touches successives se créent les conditions d'un marché national, au sein duquel peuvent se développer des productions nationales, encore principalement agricoles et manufacturières, mais, dans la seconde moitié du XVIIIe siècle, déjà largement capitalistes.

Écoutons Turgot évoquant les « entrepreneurs de culture » qui, « possesseurs de gros capitaux », veulent les « faire valoir dans des entreprises d'agriculture ». Il compare leur sort à celui des « entrepreneurs de fabrique » : « Comme eux, ils doivent faire les premières avances de l'entreprise [...] ; comme eux, ils doivent entretenir et nourrir les [...] ouvriers de toute espèce qui n'ont que leurs bras, n'avancent que leur travail et ne gagnent que leurs salaires ; comme eux, ils doivent recueillir, outre la rentrée de leur capital, c'est-à-dire de toutes les avances primitives et annuelles : 1) un profit égal au revenu qu'ils pourraient acquérir avec leur capital sans aucun travail ; 2) le salaire et le prix de leur travail, de leurs risques, de leur industrie ; 3) de quoi remplacer annuellement le dépérissement des effets employés dans leur entreprise, les bestiaux qui meurent, les outils qui s'usent, etc.[41]. » La logique de l'entreprise est déjà bien décrite.

Avec la mécanisation, avec l'utilisation des énergies de l'eau puis du charbon de terre, avec le moteur à vapeur, la dynamique de l'accumulation va impulser le développement de nouvelles activités : textiles, métallurgiques, mécaniques. Les marchés nationaux s'élargissent ; à l'étranger, d'autres s'ouvrent ou sont ouverts ; l'échange international s'accentue. La construction des chemins de fer, des loco-

41. TURGOT 1766, 1970, p. 158.

motives et des wagons donne un nouveau souffle aux premiers capitalismes et permet à d'autres d'émerger et de se fortifier ; et il y aura aussi la construction des navires à vapeur, le creusement de grands canaux, le renouveau de l'armement avec la standardisation des pièces, les télécommunications, la chimie...

Puis c'est le pétrole, le moteur à essence, la guerre de 1914-1918 qui donnent une impulsion décisive aux industries automobile et aéronautique. Avec l'automobile, nouvelle dynamisation des capitalismes : d'un côté, un bien de consommation auquel un nombre sans cesse croissant de familles vont pouvoir accéder, et, de l'autre, un mode de transport qui conduit à remodeler les paysages et les villes et à renouveler le commerce, les loisirs, la manière de vivre — ce qui rend sans cesse plus nécessaire... l'usage de l'automobile.

La guerre de 1939-1945 permet aux économies qui avaient souffert du marasme des années trente d'en sortir « grâce » aux chantiers colossaux de l'armement, de la destruction, puis de la reconstruction et de la modernisation ; avec aussi d'immenses avancées dans le traitement électronique du calcul et de l'information, la médecine chimique, la mise en œuvre de l'énergie atomique. Dans l'après-guerre, c'est, dans les pays du Nord, la généralisation de la société de consommation — certains parlent d'abondance, d'autres des « trente glorieuses ». Au Sud, le tableau est contrasté : des guerres, l'aspiration à l'indépendance et au développement, des efforts d'équipement, l'accès d'une partie de la population à la consommation moderne, la disponibilité d'une autre partie de la population pour travailler aux tarifs les plus bas : à domicile, dans des centres urbains régionaux ou nationaux, ou dans les pays riches. Les régimes étatistes obtiennent de beaux résultats dans la course à la croissance ; mais, incapables de suivre la course jusqu'au bout, ils finiront par s'effondrer ou s'amender. Des pays de plus en plus nombreux adoptent la voie capitaliste pour se moderniser et s'industrialiser. Le capitalisme triomphe.

Mais déjà, avec les nouvelles techniques de stockage et de transmission de l'information, les biotechnologies et le génie génétique, les nouveaux besoins d'eau, d'énergie, de maîtrise des pollutions et des déséquilibres environnementaux, de nouvelles spirales se forment qui redynamisent l'accumulation par-delà les espaces déjà explorés de la production industrielle.

Ainsi va notre monde : aspiration de certains — qui ont beaucoup et consument sans compter biens et énergie — à avoir et à consommer plus ; désir de beaucoup d'autres d'accéder à ce qui leur paraît être, pour certains des seuils désirables, pour d'autres un strict minimum ; pulsion irrépressible des États, des firmes géantes, des corps d'ingénieurs et de scientifiques à faire plus, plus grand, plus performant, plus destructeur, plus inconcevable ; élargissement sans fin des savoirs, des avoirs, des moyens financiers, des capacités technoscientiques[42]. Sans fin dans les deux sens : sans limites aussi bien que sans réflexion sur les buts et les priorités, sans finalité évaluée à la jauge d'un projet humain.

Ainsi nos sociétés sont-elles projetées vers l'à-venir, dans une puissante accélération, avec des problèmes majeurs laissés sans solution, d'innombrables existences sacrifiées — sans qu'aucun dieu, aucun idéal donne sens à ces sacrifices — et avec aussi, pour le futur, l'accumulation des menaces et des risques.

Capitalisme et accélération

Aux sociétés traditionnelles, tournées vers le passé, l'économiste François Rachline oppose les sociétés modernes, tournées vers l'à-venir. Dans la logique capitaliste, écrit-il, « il n'est de richesse qu'à venir » et les sociétés « doivent sans arrêt se projeter dans l'avenir afin que naisse leur présent[43] ». En effet, on l'a vu, avec le capitalisme, la recherche du profit débouche sur l'accumulation qui n'a de sens

42. Technoscientique : qui se rapporte à la « technoscience », c'est-à-dire à la science dont la finalité se situe dans l'aire de la production ; la formule est peu élégante, mais technoscientifique, comme technoscientologique auraient l'un et l'autre introduit un biais, source d'ambiguïté.
43. RACHLINE 1993, p. 21.

que par rapport à des ventes futures, que ce futur se compte en semaines, en mois ou en années.

Bien sûr, les sociétés anciennes se souciaient aussi du futur et savaient être prévoyantes. Mais elles le faisaient surtout à la lumière des expériences passées. Dans la logique capitaliste, il faut sans cesse se projeter dans le futur, prévoir, anticiper.

L'investissement ? Matériel ou immatériel, il est le support de l'accumulation et permet d'agrandir ou de rendre plus efficaces des capacités de recherche, de production ou de vente ; il est donc entièrement tourné vers l'avenir. J. M. Keynes a placé au cœur de sa *Théorie générale* les anticipations et les décisions d'investir (pour un futur plus ou moins lointain, mais toujours incertain) des entrepreneurs : car c'est de ces décisions que dépend le niveau de l'activité et de l'emploi.

L'innovation ? Tout autant que l'investissement elle est orientée vers l'avenir ; elle ne peut guère être éclairée par le passé et va donc principalement constituer un pari sur le futur.

De même la marchandisation : concevoir de nouveaux modèles, rénover des gammes de produits, détecter ou susciter des gisements de besoins solvables potentiels et se préparer à offrir des biens ou des services impliquent également de se projeter dans le futur.

Marchandisation, innovation, investissement sont évidemment très liés. Ils ont en commun d'être tous trois tournés vers l'à-venir ; tous trois ne donnent sens aux recherches, au travail, aux efforts d'aujourd'hui que par rapport à des projets, des paris, des spéculations qui se dénoueront dans des mois, des années ou des lustres. Ce sont en quelque sorte des moteurs qui entraînent vers le futur, contribuant largement aux accélérations que l'on peut observer.

Trois « carburants » alimentent ces moteurs : le crédit, la création des besoins et la dynamique de l'inégalité.

Le crédit est le plus visible : crédit à la production, à l'investissement et à la recherche, mais aussi crédit à la consommation.

La création — invention, révélation, activation, excitation — des besoins est le plus fondamental : l'idée a longtemps été ancrée, et l'est encore, que les besoins humains seraient peu extensibles ; or, tout au contraire, ils sont non seulement extensibles, mais quasi illimités.

Enfin, l'efficacité du capitalisme tient en partie au couple monopole-compétition, lequel se fonde dans l'inégalité et reproduit de l'inégalité ; de même la destruction créatrice produit des distorsions ; de même la recherche des plus efficaces parmi les entreprises comme pour les sous-traitants. Tout cela contribuant à ce que nous nommons dynamique de l'inégalité.

Le crédit, source de la création monétaire, est inégalitaire par essence : si l'on ne prête pas qu'aux riches, c'est à eux qu'on accorde les conditions les plus favorables. La création de besoins, concrétisation de désirs dans l'aspiration à disposer de biens et de services, renvoie à l'inégalité radicale entre ceux qui disposent d'un pouvoir d'achat suffisant et ceux qui n'en disposent pas. Notons que l'un et l'autre aussi sont fortement axés sur le futur.

Quant à la dynamique de l'inégalité, elle est utilisée par les firmes pour rendre incessante et sans fin la course à de nouveaux niveaux de consommation, de nouveaux rêves, de nouveaux désirs — au prix de profondes frustrations.

Cet ensemble de facteurs impulse des dynamiques orientées vers l'à-venir et contribue à l'accélération. Y contribue aussi le couple concurrence-monopole[44] qui est, si l'on peut dire, constitutif du capitalisme et aiguise sans cesse son dynamisme. Norbert Elias observe que c'est sous le signe du monopole que se forme le capitalisme et que se met en place le pouvoir royal[45], et il souligne que « les monopoles, organisés ou non, de la contrainte physique et des moyens de production et de consommation économiques sont indissolublement liés » (p. 302).

Dans le même sens, Braudel a fortement souligné ce trait

---

44. Précisons que la concurrence a souvent des dimensions monopolistes et que les monopoles sont presque toujours, d'une manière ou d'une autre, en compétition. Ce qui complique un peu, mais n'ôte rien à la pertinence du couple concurrence-monopole.

45. ELIAS 1939, 1996, p. 83 *sq.*

du capitalisme des XVe-XVIIIe siècles[46], en remarquant qu'on le retrouve tout autant aux XIXe et XXe siècles : le capitalisme est oligopolistique ; il est incessante recherche de situations mono- ou oligopolistiques. C'est même sur ce caractère que Braudel établit la distinction « entre le capitalisme sous ses diverses formes et l'"économie de marché"[47] » ; celle-ci, l'*économie de marché*, correspondant à « ce que certains dénomment aujourd'hui *secteur concurrentiel*[48] ».

« Au sommet sont les monopoles, au-dessous la concurrence réservée aux petites et médiocres entreprises », avec, entre les deux, « une dialectique vivante du capitalisme en contradiction avec ce qui, au dessous de lui, n'est pas le vrai capitalisme » — traits qui se retrouvent parfaitement en cette fin de XXe siècle. Braudel précise en outre que les grandes firmes, les firmes colossales « ont besoin de plus petites unités qu'elles-mêmes [...] pour se décharger de mille besognes plus ou moins médiocres, indispensables à la vie de toute société et dont le capitalisme n'a cure » ; elle en ont aussi besoin pour leur confier des productions et des tâches particulières : « Ces chaînes de sous-traitants sont évidemment dépendantes du capitalisme, mais elles ne constituent qu'un secteur particulier de la petite entreprise », ce que l'on retrouve accentué et démultiplié dans les années quatre-vingt-dix.

Norbert Elias estimait que « la libre concurrence économique ne se contente pas d'être le contraire d'un ordre monopoliste. Elle porte également en elle le besoin de se dépasser et d'aller rejoindre ce contraire[49] ». L'inverse nous paraît vrai aussi : le capitalisme entreprenant, créateur, innovateur est monopoliste, donc hautement profitable ; ce qui l'expose à deux dangers : l'un, externe, de susciter des imitateurs et des concurrents ; l'autre, interne, de s'endormir sur les positions acquises. Ainsi, le capitalisme s'inscrit dans deux sphères, une sphère concurrentielle et

46. BRAUDEL 1979, vol. 3, p. 545 *sq.* ; BRAUDEL 1985, p. 115-116.
47. BRAUDEL 1979, vol. 3, p. 545.
48. *Ibid.*, p. 545 ; pour les citations qui suivent, p. 545 à 547.
49. ELIAS 1939, 1996, p. 317.

une sphère monopoliste ; le noyau dur du capitalisme est monopoliste, mais des flux sans cesse renouvelés alimentent chacune de ces sphères à partir de l'autre : l'innovation met à l'abri de la concurrence, mais seulement pour un temps.

Ainsi, avec les dynamiques d'accumulation, d'innovation et de marchandisation, avec le crédit, la création de besoins et les jeux multiples de l'inégalité, le couple concurrence-monopole contribue-t-il à relancer sans cesse, à accentuer la course en avant du capitalisme.

Par là s'explique une large part des mutations des temps modernes.

Le capitalisme et la science

Mais il serait simpliste de tout réduire au capitalisme. Ont certainement joué aussi les attitudes idéologiques et éthiques de l'Europe judéo-chrétienne. Max Weber a fait ressortir l'enracinement dans le protestantisme d'attitudes qui ont contribué à l'avènement du capitalisme[50]. Dans un tout autre domaine, l'usage de l'énergie, Alain Gras a mis en lumière, tout en soulignant le caractère périlleux de l'exercice, l'antinomie entre l'Orient et l'Occident quant aux croyances « de ce qui est bien ou mal dans la circulation de l'énergie. L'Orient a pour maxime « l'énergie doit être libre et circuler » [...]. L'Occident moderne cherche au contraire des matériaux dans lesquels l'énergie est emprisonnée. Après avoir utilisé cette énergie, il la perd aussitôt, néglige son devenir et ne conçoit pas qu'elle puisse continuer à agir[51] ». Cette conception centralisée et concentrée de l'énergie, Alain Gras la met en relation avec la création des centres industriels et la propension au gigantisme du XIXe siècle : on pourrait ajouter la concentration des grandes industries, la priorité accordée dans certains pays, notamment la France, à la production concentrée d'énergie par rapport à l'utilisation des énergies décentralisées, avec le point d'orgue du « tout nucléaire ».

50. WEBER 1905.
51. GRAS 1993, p. 19-20.

Mais la frontière, en ce domaine, est-elle entre Orient et Occident ? N'est-elle pas plutôt entre pays à tradition unitaire et terres de pluralisme ? Et n'est-elle pas profondément liée à la conception du pouvoir, centralisant ou décentralisé[52] ?

Dans ce cadre, ont certainement contribué à la puissante accélération des derniers siècles la science et la technique. Évoquant les « quelques connaissances générales » qu'il avait acquises en physique, Descartes expliquait en 1637 : « Je ne pouvais les tenir cachées sans pécher grandement contre la loi qui nous oblige à procurer autant qu'il est en nous le bien général de tous les hommes. Car elles m'ont fait voir qu'il est possible de parvenir à des connaissances qui soient fort utiles à la vie, et qu'au lieu de cette philosophie spéculative qu'on enseigne dans les écoles, on en peut trouver une pratique, par laquelle, connaissant la force et les actions du feu, de l'eau, de l'air, des astres, des cieux et de tous les autres corps qui nous environnent, aussi distinctement que nous connaissons les divers métiers de nos artisans, nous les pourrions employer en même façon à tous les usages auxquels ils sont propres, et ainsi nous rendre comme maîtres et possesseurs de la nature. Ce qui n'est pas seulement à désirer pour l'invention d'une infinité d'artifices qui feraient qu'on jouirait sans aucune peine des fruits de la terre et de toutes les commodités qui s'y trouvent, mais principalement aussi pour la conservation de la santé, laquelle est sans doute le premier bien et le fondement de tous les autres biens de cette vie[53]. »

« Maîtres et possesseurs de la nature. » Cet idéal n'a-t-il pas été au cœur de toute la dynamique de l'Occident dans les derniers siècles ? On le retrouve encore au cœur de l'appel, dit de Heidelberg, lancé par des scientifiques en 1992, à la clôture de la conférence de Rio[54]. Inquiets « d'assister, à l'aube du XXIe siècle, à l'émergence d'une

52. Voir TOCQUEVILLE 1835, 1981, vol. 1, p. 150 *sq.*
53. DESCARTES 1637, 1952, p. 168.
54. De nombreux articles de presse ont souligné le soutien que cet appel avait reçu de groupes industriels, des biotechnologies notamment.

idéologie irrationnelle qui s'oppose au progrès scientifique et industriel », ces scientifiques affirment que « l'Humanité a toujours progressé en mettant la nature à son service, et non l'inverse. [...] Les plus grands maux qui menacent notre planète sont l'ignorance et l'oppression et non pas la Science, la Technologie et l'Industrie[55] ».

N'y aurait-il donc rien entre l'ignorance et la science ? N'y aurait-il aucune place pour des savoirs n'ayant pas le label de la science ? N'y aurait-il aucune place pour la réflexion, le jugement éthique, la pensée, voire le bon sens et, pourquoi pas, les convictions et les croyances ? Et puis — quiconque pourra le noter — il y a, deux fois dans un texte de moins d'un feuillet, ce rapprochement : le « progrès scientifique *et* industriel » ; « la Science, la Technologie *et* l'Industrie ».

La science *et* l'industrie garantissant aux hommes « le développement économique et social » et « la préservation de notre héritage commun, la Terre ». Cela a la grandeur un peu pompeuse d'une allégorie de la seconde moitié du XIXe siècle. Mais là n'est pas l'essentiel : ce rapprochement signe, d'une certaine manière, la « nouvelle alliance » entre la science et la production — science et production qui ont l'une et l'autre profondément changé de nature et de contenu dans les derniers siècles.

La science des XVIe, XVIIe et XVIIIe siècles pouvait s'intéresser à la production ; elle ne lui était pas inféodée. Mais en notre fin de XXe siècle, des segments de plus en plus importants de la science dépendent des commandes, des financements, des stratégies des grands groupes du nouvel âge du capitalisme. Entre les deux une transition qui s'étend du deuxième tiers du XIXe au deuxième tiers du XXe siècle.

Un article publié en 1972 par le sociologue Lucien Karpik est à ce sujet très éclairant : selon lui, a longtemps dominé « la science de la découverte » : « Absent de la nature, le savant s'assigne d'en dévoiler les lois. [...] C'est ce rapport singulier d'*un être indépendant et libre devant un monde énigmatique, mais ordonné* qui définit la "science

55. Les capitales sont dans le texte de l'Appel.

de la découverte"[56]. » Les apports de la science peuvent bien contribuer à la production. Mais, d'une part le travail du savant n'est ni subordonné à la production ni finalisé par elle ; et, d'autre part, en matière de production, c'est le savoir technique de l'ingénieur qui prime. Il y a donc, avec cette coexistence de la science et du savoir technique, dualisme du « savoir de la production ».

Mais à partir du milieu du XIXe siècle s'engage une évolution qui tend à placer la science « au fondement même de l'industrie » (p. 11) et qui tend à faire passer de « la science orientée vers la connaissance » à « la science orientée vers le marché » (p. 14), c'est-à-dire à une « science de la transformation organisée » (p. 16).

Au début des années soixante-dix, estime L. Karpik, « la part la plus importante de l'industrie reste encore dominée par le savoir de la production dualiste (science de la découverte + technique), qu'il s'agisse de l'énergie classique, de la métallurgie ou de l'automobile ; la science de la transformation se retrouve principalement dans les industries chimique, pharmaceutique, électronique ; elle vaut aussi pour l'industrie qui utilise par exemple la physique de l'état solide ; elle s'exerce enfin dans des domaines nouveaux comme la médecine ou la biologie » (p. 12). Dans les années quatre-vingt-dix, la « science de la transformation organisée » est partout mobilisée pour la production : dans les secteurs de hautes technologies (spatial, biotechnologie, électrotechnique, informatique), mais de plus en plus dans tous les secteurs d'activité, de l'agriculture aux services d'aide à la décision et du textile à la santé.

« Le savoir de la production devient unitaire » (p. 11), ou, tout au moins, tend à le devenir. Cette nouvelle combinaison de la science et de l'industrie fonde, pour L. Karpik, le passage du capitalisme industriel au « capitalisme technologique ». Nous y reviendrons.

Pour notre propos, cela signifie que la capacité accélératrice du capitalisme a été accentuée, aux XVIIIe et XIXe siècles, par les aspects utilisables d'avancées que la science

56. Karpik 1972, p. 9.

réalisait de son côté et à son rythme. Mais peu à peu depuis un siècle, et puissamment depuis quelques décennies, les groupes industriels et technologiques se sont, de diverses manières, associé des équipes scientifiques : de plus en plus, les recherches sont orientées par des stratégies d'entreprise. Le capitalisme — dont les dynamiques sont sous-tendues par des mobilisations croissantes de moyens pour les marchés à venir, les demandes solvables à venir, les profits à venir — s'est associé, et dans beaucoup de cas soumis, cette immense force créatrice d'à-venir : la recherche scientifique, deuxième source majeure des mutations des temps modernes.

Le capitalisme et l'État

L'État aussi a joué un rôle. Son importance lors de la constitution de capitalismes nationaux a déjà été évoquée. Au-delà, son appui à certaines activités (industrielles, commerciales, bancaires et financières) a, dans tous les pays, été à un moment ou un autre décisif. Au cours des deux dernières guerres mondiales son poids et son action se sont accrus. Et dans la période actuelle, des États-Unis à la Corée, du Japon à l'Allemagne et de la France au Brésil, le rôle de l'État demeure majeur, même si les modalités et les discours diffèrent.

C'est tout simplement que, concrètement, historiquement, cet ensemble complexe de motivations, relations et dynamiques que désigne le mot « capitalisme » s'est développé dans le cadre d'États-nations, dont les frontières se sont précisées en même temps que s'y constituait l'État moderne[57] : dans ce cadre se sont tissés de multiples liens entre les entreprises d'un pays et « leur » État, entre les capitalismes nationaux (britannique, américain, japonais, etc.) et leurs États. Ces relations sont à la fois fortes et complexes ; qu'il s'agisse du protectionnisme et du libre-

57. Sur l'État rationnel, moderne, voir WEBER 1923, 1991, p. 333 *sq.* et 356 *sq.* ; sur la caractérisation de l'État par son rapport à la « violence légitime » et au « monopole de la violence », voir WEBER 1911-1913, 1995, t. 1, p. 99.

échange, des liens avec les très grandes firmes et du jeu de la concurrence, de l'impulsion donnée à certains secteurs de base ou de pointe, de l'appui apporté à certaines activités dans leur commerce ou leur expansion dans le monde, c'est par pays et par période qu'il convient de mener l'analyse. La règle générale que l'on peut énoncer est celle-ci : chaque fois que se renforce et s'affirme, dans le monde ou une partie du monde, un capitalisme national, on peut être sûr que, dans le pays concerné, les relations entre l'État et les grands acteurs capitalistes (entreprises ou groupes, banques, organismes financiers) sont fortes et efficaces.

Mais l'État a aussi opéré comme « substitut » à des capitalismes chétifs ou défaillants ; la France, là, est exemplaire : la continuité est forte du colbertisme, qui dynamise les nouvelles activités par les travaux publics, les manufactures royales, les monopoles et les privilèges, au puissant effort de modernisation du dernier après-guerre, principalement porté par de grands programmes publics et par les grandes entreprises nationales. Ce qui n'empêche pas l'État de retrouver un rôle plus modeste d'accompagnateur et de soutien, dans les périodes où le secteur privé fait montre de vigueur.

L'État a même tenté de se substituer entièrement au capitalisme dans des pays où divers blocages, idéologiques, politiques, sociaux, économiques, avaient suscité une situation explosive : la Russie de 1917 ouvrit une première voie ; la Chine de 1949 une seconde. Dans les deux cas, la référence au socialisme fut un puissant moyen de mobilisation, puis de verrouillage, idéologique et politique. Dans les deux cas, ce fut l'État qui fut amené à contrôler, organiser et diriger l'économie et la société[58] ; d'impressionnants résultats ont été atteints dans les premières décennies, au prix d'une écrasante oppression. Certains, partisans comme adversaires, ont même pu croire que cet étatisme généralisé allait pouvoir supplanter le capitalisme. Mais la direction étatique d'immenses ensembles sociaux plurinationaux était déjà d'une extrême difficulté et vouloir y impulser

---

58. Voir BEAUD 1982, 1985.

croissance et modernisation pour battre les pays capitalistes sur leur terrain de prédilection se révéla mission impossible. L'URSS renonça et se défit. De son côté, la Chine met de plus en plus de marché, d'entreprise autonome et de coopération avec des firmes étrangères dans son économie.

Pour revenir aux pays capitalistes, l'État a presque toujours été le soutien, grand frère compréhensif ou tuteur exigeant, de son capitalisme national. L'État pouvait avoir sa vision du futur : conquête, colonisation ou préparation à la guerre ; effort d'équipement, modernisation, soutien à la recherche scientifique, généralisation de l'enseignement, grandeur nationale ou pacifisme ; le patronat a rarement été absent du projet, de sa conception à sa mise en œuvre. L'État a accompagné le développement du capitalisme industriel, passant presque toujours d'une position brutalement répressive à l'égard de la classe ouvrière au soutien de positions plus réformistes et sociales, pour finalement devenir dans plusieurs pays le maître d'œuvre ou le coordinateur d'une protection sociale qui devait assurer une équitable répartition du bien-être.

C'est que l'État avait été l'enjeu d'une autre transformation, presque aussi importante que la formation du capitalisme, l'avènement de la démocratie. Que les deux transformations aient été simultanées est certain. Qu'il y ait eu des liens entre elles est clair, liens d'ailleurs complexes et contradictoires. Mais qu'on en conclue que capitalisme et démocratie sont deux faces — l'une économique, l'autre politique — d'une seule et même évolution est tout à fait discutable. Certes, la démocratie des possédants et des notables a souvent accompagné la formation des premiers capitalismes. Et, dans les stades de maturation et de maturité des capitalismes industriels, une démocratie élargie a contribué à l'intégration dans la communauté nationale d'une classe ouvrière qui avait eu bien du mal à y trouver sa place ; dans ce cadre, les partis ouvriers obtiendront des législations sociales importantes et pourront même contribuer à la négociation d'un compromis social qui pendant de brèves périodes permit de mettre le capitalisme national au service du bien-être d'une large partie de la population :

le compromis social-démocrate en a été la forme la plus achevée.

Mais, dans l'histoire comme dans la période actuelle, que de situations où le capitalisme se développe avec le soutien d'un régime politique, autoritaire ou dictatorial, oppresseur et répressif. En outre, là où le capitalisme s'est engagé dans une voie postindustrielle, on voit bien progresser et l'individualisme et de nouvelles recompositions sociales ; mais la démocratie paraît partout affaiblie. Y contribuent évidemment l'emprise croissante de l'argent, certainement la déstructuration du monde du travail, probablement la perte de cohérence de l'État-nation dans le grand mouvement de la mondialisation.

Au total, dans l'accélération des derniers siècles, ce sont certainement les dynamiques capitalistes qui ont joué le rôle décisif, avec le soutien multiforme que les capitalismes nationaux ont reçu de leurs États, mais aussi avec une mobilisation de plus en plus systématique des apports des sciences, lesquelles sont de plus en plus guidées par les stratégies des très grandes firmes.

L'accélération des temps modernes

Une inflexion s'amorce vers le milieu du deuxième millénaire de notre ère, dans l'extrême occident de l'immense Eurasie. Elle se révélera avoir été le début d'une mutation majeure dans l'histoire de la Terre et de l'Humanité, et d'un faisceau lié de puissantes accélérations.

Pour la production, un premier essor avait eu lieu avec l'agriculture, l'élevage, les cités, l'artisanat, l'échange et les premières formes étatiques. Une rupture de rythme s'amorce, à l'ouest de l'Europe, à partir du XVe siècle avec l'instauration des capitalismes marchand et manufacturier. Elle s'affirme au tournant des XVIIIe et XIXe siècles avec l'émergence du capitalisme industriel, la maîtrise de l'énergie fossile (et d'abord celle du charbon), la mécanisation, la motorisation, la formation et l'affirmation des États modernes : de 1820 à 1990, en moins de deux siècles, la production par humain a été multipliée par six (voir schéma 3.2)[59]. Mais cette croissance moyenne recouvre de profondes disparités : c'est pour l'essentiel dans ces deux siècles que se forment les inégalités actuelles entre pays riches et pays pauvres (voir schéma 3.3).

La prise en compte de la croissance de la population démultiplie ces croissances. La production mondiale totale a été multipliée par trois de 1500 à 1820 ; elle est multipliée par trente-six de 1820 à 1990. Cette croissance a été aussi, pour l'essentiel, celle de besoins solvables ; et il paraît fortement probable que la croissance de besoins totaux (incluant les besoins non solvables) ait été plus forte encore.

Accompagnant ces croissances, de multiples autres accroissements : des prélèvements (énergies et matières, renouvelables et non renouvelables), des consommations, des rejets et des pollutions, de la vitesse de déplacement des hommes, de la maîtrise de la puissance énergétique, de la capacité meutrière des armes et du stockage et de la transmission de flux d'informations (schéma 3.4).

Pendant la très longue durée des premiers temps humains, la marche a été l'unique mode de déplacement sur terre : la vitesse de déplacement s'est donc située autour de 5 km/h. L'élevage a progressivement conduit à monter des animaux (ânes, chevaux, chameaux), puis, grâce à la fabrication des roues, à les atteler ; en fonction de la qualité des terrains, des chemins et des routes, cavaliers et attelages légers ont pu atteindre 8 à 12 km/h. Mais, là encore, la rupture majeure a lieu à partir du XIXe siècle, avec l'utilisation des énergies fossiles (charbon, pétrole) et la construction mécanique. Sans même parler des records atteints, les vitesses de déplacement des hommes sont multipliées par 10 à 25 avec les chemins de fer, puis l'automobile, et par 50 à 100 avec l'avion.

La lenteur des déplacements n'avait empêché ni la

59. *Sources* : KRELLE (dir.) 1989 fournit une évaluation 1775-1975 en dollars 1980 du produit mondial par tête ; MADDISON (1995, p. 17) propose des évaluations du produit mondial par tête et du produit mondial, pour 1500 et 1820, en dollars 1990 ; les chiffres pour 1990 sont ceux de la Banque mondiale (1992, p. 213) en dollars 1990, avec une population de 5,3 milliards. Les chiffres antérieurs à 1500 sont des évaluations de l'auteur.

Schéma 3.2. – Facteur de multiplication de quelques grandeurs démo-économiques – en 1500, 1820, 1990 – par rapport à l'ère des grandes civilisations (base 1)

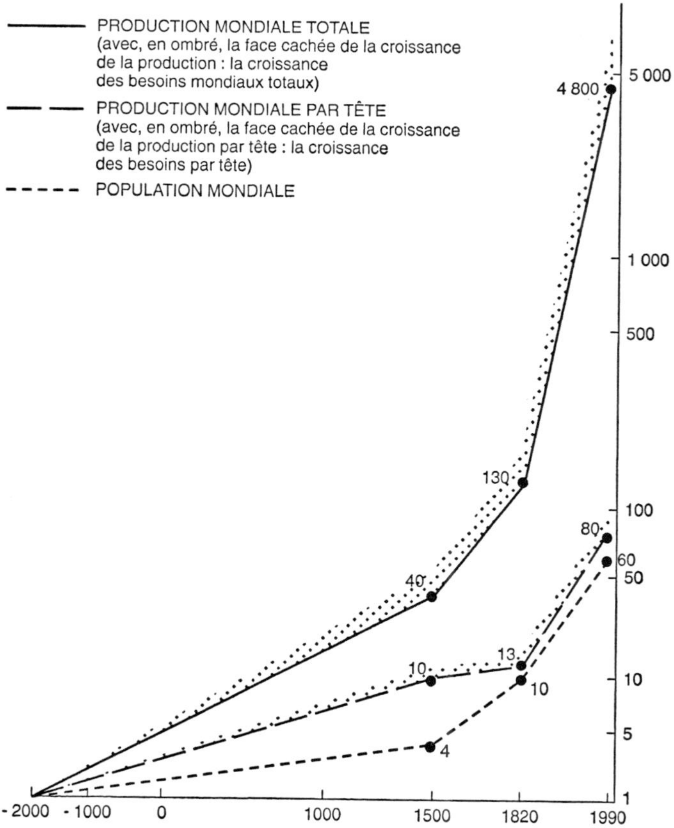

Lecture du tableau : par rapport à 2000 avant notre ère, on peut estimer que la production mondiale par tête avait été multipliée par 13 en 1820 et par 80 en 1990.

Sources : voir notes p. 61 et 98.

SCHÉMA 3.3. – FACTEUR DE MULTIPLICATION DE LA PRODUCTION PAR TÊTE, dans le monde, dans les pays riches du Nord et dans les pays pauvres du Sud – en 1500, 1820, 1990 – par rapport à l'ère des grandes civilisations (base 1)

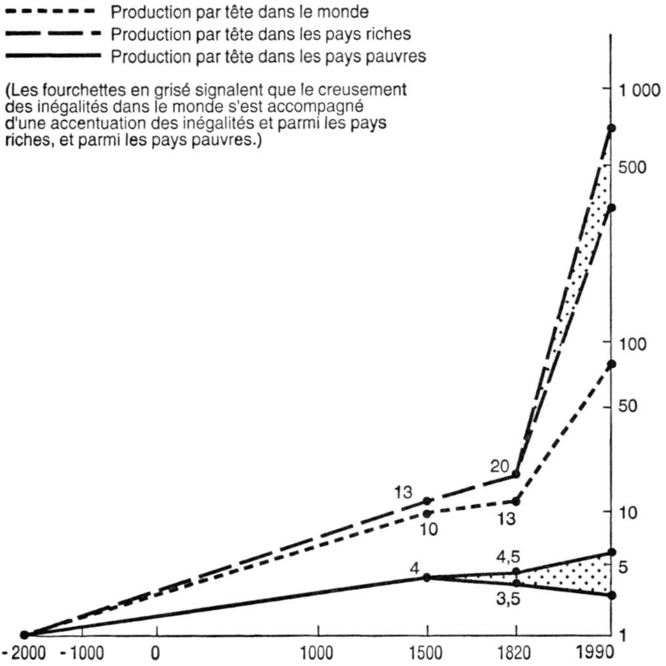

Lecture du tableau : voir tableau précédent.

Sources : d'après Bairoch 1994, p. 143 *sq.* ; Krelle (dir.) 1989 ; Maddison 1995, p. 20-21 et annexes ; BANQUE MONDIALE 1992, p. 212-213.

SCHÉMA 3.4. – FACTEUR DE MULTIPLICATION DE QUELQUES CAPACITÉS HUMAINES
– à l'époque de la révolution industrielle et aujourd'hui –
par rapport à l'ère des grandes civilisations de l'antiquité (base 1)

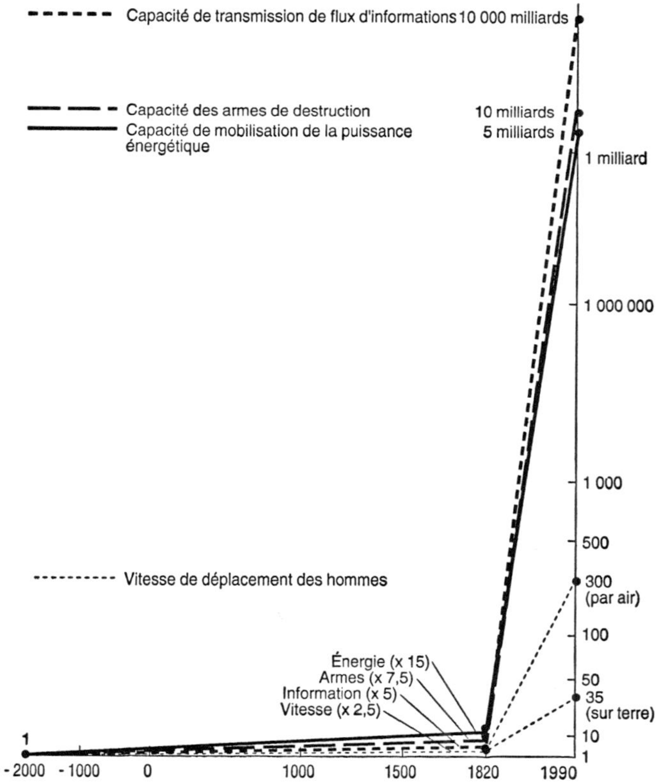

Lecture du tableau : par rapport à 2000 avant notre ère, on peut estimer que la vitesse de déplacement des hommes avait été multipliée par 2,5 en 1820 et par 35 (sur terre) en 1990.

Sources : voir p. 102 à 104.

formation des empires ni celle d'économies-mondes. La généralisation des moyens de déplacement et de transport rapides et puissants a constitué une des bases de la mondialisation contemporaine.

Au-delà des nouveaux problèmes qui surgissent (encombrements, accès à la gare ou à l'aéroport), le fait majeur est que le rapport espace-temps, jusque-là relativement homogène, devient profondément hétérogène. Il faut désormais recourir à deux représentations du monde : l'une en distances à parcourir et l'autre en temps nécessaire pour les parcourir. Les notions de « proche » et de « lointain » dépendent très largement des moyens de transport existants et des ressources du voyageur. Notre espace terrestre, dont on avait réussi à établir, dans les derniers siècles, des représentations claires, est condamné à de nouvelles difformités.

L'accélération concerne aussi la maîtrise par les hommes de la puissance énergétique[60]. Après le très long temps où la principale puissance énergétique de l'homme a été sa propre force musculaire, puis celle des animaux, il a appris à utiliser la force de l'eau et du vent : la puissance dont il a disposé a ainsi été décuplée. Les détenteurs du pouvoir de sociétés fortement hiérarchisées — rois, pharaons, empereurs— ont pu, en certaines périodes, pour réaliser de grands travaux (pyramides, temples, palais), mobiliser de grandes masses humaines ou animales. Mais la rupture décisive n'aura lieu, là aussi, qu'avec la maîtrise des énergies fossiles : pétrole, charbon, lignite.

La mise en œuvre des énergies fossiles a été rendue possible par la conjonction des actions des savants, des entrepreneurs et des États. Elle a permis de mobiliser d'une manière localisée et centralisée des puissances croissantes et rendu possibles l'industrie, la locomotive, la navigation à moteur, l'automobile, l'avion, la croissance des villes, les premiers grands systèmes techniques (chemins de fer, production et distribution d'électricité). La maîtrise de l'énergie nucléaire a encore démultiplié les puissances énergéti-

---

60. D'après MEYER 1974, p. 35 ; DEBEIR, DELÉAGE et HÉMERY 1986 ; GRAS 1993.

ques dont disposent les sociétés humaines, le facteur de multiplication de la capacité énergétique atteignant désormais plusieurs milliards.

Dans cette période de basculement du monde, l'énergie est un enjeu majeur. L'utilisation de l'énergie est à la base du mode de vie moderne, auquel a accédé un cinquième de l'humanité, tandis que les quatre autres cinquièmes y aspirent. Le nucléaire est potentiellement porteur d'extrêmes dangers et entraîne l'émission d'effluents radioactifs et la production de déchets dont la nocivité et la durée de vie sont très élevées ; et l'utilisation des énergies fossiles entraîne une large gamme de pollutions (air, eaux, océans) et contribue à l'effet de serre additionnel qui peut être à l'origine de changements d'ordre climatique.

La consommation mondiale d'énergies fossiles a été multipliée par plus de dix de 1800 à 1860, encore par plus de dix de 1860 à 1913 et par un peu moins de dix de 1913 à 1990 ; bref, elle a été multipliée par mille de 1800 à 1990[61]. Les pays industrialisés, qui en consomment la majeure part, peuvent, s'ils le décident et s'ils s'en donnent les moyens, réduire leurs utilisations ; mais la croissance potentielle de la consommation d'énergie est immense, tant dans la génération actuelle de pays en cours de modernisation que dans les suivantes. Problème majeur pour les équilibres de la Terre.

Quant à la capacité meurtrière des armes, elle a été multipliée par mille du temps des flèches et de l'épée au canon de 70 de la guerre de 1914-1918. Avec l'arme nucléaire, c'est par millions qu'a été multipliée cette capacité par rapport à ce qu'elle était pendant la Grande Guerre[62].

Mais c'est pour la transmission de flux d'informations que l'accélération est la plus fulgurante. Les signaux à distance (gestes, fumée, sons) étaient porteurs d'informations limitées et dans des aires restreintes. L'envoi d'un messager

61. En millions de tonnes d'équivalent charbon, la production mondiale d'énergies fossiles est passée de 10,6 en 1800 à 126 en 1860, 1 335 en 1913 et 10 875 en 1990 (Bouda ETEMAD, « Structure géographique et par produits de la production mondiale d'énergie aux XIXe et XXe siècles. Un survol statistique », *Revue de l'énergie*, octobre 1992, p. 695).

62. D'après J. P. Perry Robinson, cité *in* GRAS 1993, p. 39.

(à pied, puis à cheval), porteur d'un message (oral puis écrit), a permis d'améliorer la communication à distance. Là encore, la rupture a lieu à partir du XIXe siècle, avec le télégraphe, le téléphone, la radio puis la télévision. Et une nouvelle et puissante impulsion naît avec les mutations en cours dans le traitement et la diffusion de l'information, et notamment la numérisation des données.

La capacité de transmission d'informations a été multipliée par dix mille une première fois de 1850 (télégraphe Morse permettant la transmission de signaux entre deux correspondants) à 1930-1980 (transmission de documents entiers par télécopie) ; elle a été multipliée par dix mille une deuxième fois entre 1980 et 1990 (transferts numériques sur réseaux informatiques) et une nouvelle fois par dix mille entre 1990 et 1995-1997 (transferts numériques entre n'importe quelles entités par les « autoroutes de l'information »)[63].

Donc, dans tous ces domaines — et l'on pourrait étendre cette observation à de multiples autres —, une mutation majeure se produit à partir du XIXe siècle, qui le plus souvent conduit à un engrenage de mutations accélérées ; ces accélérations illustrant la radicale spécificité de l'ère des trois reproductions.

Le savoir, la technique, le souci de mieux vivre comme le goût de relever des défis ont joué un rôle dans ces mutations. Mais une nouvelle logique sociale, de nouvelles formes de production, d'organisation et de pouvoir, de nouvelles motivations ont constitué le facteur décisif : utilisant les avancées scientifiques et techniques et s'appuyant sur l'État, l'expansion du capitalisme a été le principal agent de ces bouleversements. Désormais, la prise en compte de la capacité d'autoreproduction du capitalisme est indispensable pour comprendre évolutions, problèmes et enjeux de notre monde.

---

63. Je remercie M. HOBINAVALONA qui m'a aidé à réunir ces informations.

4

L'empire de l'économie et de l'argent

Élargissement incessant de l'aire de la marchandise. Intensification des rapports d'argent. Ampleur des problèmes de pauvreté, de dénuement, de chômage, d'exclusion, de dégradation des ressources et de l'environnement. Désarmante impuissance que confessent tant d'hommes d'État ou de gouvernement face aux maux de leurs pays. Anxiété du taux de croissance. Crainte des « jugements » (*sic*) des marchés financiers, plus redoutables aujourd'hui que les colères de Yahvé ou les foudres de Zeus. Presque tout, dans notre monde, tend à s'inscrire dans l'ordre de l'argent, de la rentabilité, du marché, de la dépense. De plus en plus, nos sociétés sont soumises à l'économie.

La soumission croissante des sociétés à l'économie

Trois fatalités

Depuis la nuit des temps, les communautés humaines ont été à la merci de fatalités premières : suites de mauvaises années, aléas climatiques, catastrophes naturelles. Avec, pour seuls recours, les esprits et les dieux, dont les fâcheries, les caprices ou les colères paraissaient les sources des calamités subies.

L'agriculture et l'élevage, la sédentarisation et la vie en agglomération, l'artisanat et l'échange, la constitution de réserves ont rendu moins pesante cette fatalité première, sans la faire disparaître. Si les moyens techniques demeuraient modestes, la productivité du travail limitée, la nature plus ou moins généreuse, les besoins des paysans et artisans étaient eux-mêmes limités. Mais l'importance des prélèvements opérés par les clergés et les détenteurs et agents du pouvoir ont réduit les ressources des producteurs, condamnant au manque, à l'insécurité, au travail forcé des fractions très larges des populations. D'autant plus qu'avec la diversification sociale les captations de richesses par les riches s'ajoutaient à ces prélèvements.

Ainsi peut se comprendre la deuxième fatalité : « Tu vivras à la sueur de ton front », qu'ont subie les peuples producteurs pendant des millénaires. « Loi d'airain » ou « fatalité productive », loi d'autant plus dure que les besoins des puissants et des riches étaient étendus.

Dans les derniers siècles, l'aire des marchés s'est élargie, généralisée. Les capacités techniques se sont puissamment renforcées. Avec le fulgurant essor du capitalisme, les sociétés ont été profondément transformées, tandis que l'économie tendait à s'autonomiser de ses souches sociales.

Une puissante machinerie socio-économique s'est mise en place, diversifiée, polarisée (mais dont le centre n'est nulle part), hiérarchisée (mais aux formes et géométries variables), dominée par une mince couche dirigeante (responsable essentiellement de la rentabilité des firmes) ; une machinerie vivifiée par le pouvoir d'achat, le désir d'avoir, la course à la nouveauté et la volonté de puissance. Une machinerie qui fait lever les richesses sur le terreau toujours renouvelé de la pauvreté, crée et détruit des activités, disloque les anciens systèmes de production, de solidarité et de redistribution et laisse à l'abandon des lambeaux entiers des sociétés, parfois des sociétés entières.

Dans la mesure où les systèmes de subsistance du passé ont été détruits, les sociétés dépendent, pour leur reproduction, de l'économie moderne. Mais celle-ci, pour sa reproduction, ne prend en compte que les sociétés ou les fractions de sociétés détentrices de ressources monétaires. De plus en plus autonomisée, elle n'assure donc pas la pleine reproduction de toutes les sociétés, alors qu'elle tend à leur imposer à toutes ses pulsions, ses rythmes, ses aléas et ses lois.

Nous voici donc confrontés à ce phénomène majeur : les sociétés ayant manqué l'entrée dans l'ère de la liberté et de la responsabilité se trouvent soumises — après les fatalités premières et la fatalité productive — à une fatalité d'un troisième type : la « fatalité économique ».

Contrairement à la « fatalité productive », cette « fatalité économique » se manifeste dans des sociétés disposant de très puissants savoirs et moyens techniques. Elle résulte :
— beaucoup moins de la croissance des populations que de l'incessante croissance des besoins d'une partie de ces populations ;
— de la domination d'une économie dont la puissance créatrice est aveuglément destructrice et dont les logiques suscitent toujours plus de richesses (besoins solvables satisfaits) et toujours plus de pauvretés (besoins non solvables non satisfaits) ;
— de l'accaparement d'une part croissante du produit, réalisé à partir de sociétés territorialisées, par des firmes, des castes ou des classes, distinctes de ces sociétés et n'en assumant pas les responsabilités.

La nouvelle « fatalité économique »

Alors que ce que l'on nomme aujourd'hui « économie » a été pendant des millénaires la servante des sociétés, les sociétés sont, depuis quelques décennies, de plus en plus soumises à l'économie. Cette nouvelle situation s'enracine dans trois processus : l'extension du champ des activités marchandes, l'emprise croissante du capitalisme et la mondialisation de l'économie. Ces trois processus sont à la fois distincts et difficilement dissociables.

Les activités marchandes sont présentes dans nos sociétés depuis des millénaires. Elles ont atteint une forte intensité dans plusieurs grandes civilisations précapitalistes (Chine, Inde, monde arabo-musulman…). Terreau de la naissance du capitalisme en Europe occidentale, elles ont, avec son développement, connu un puissant et vigoureux essor qu'a accompagné la monétarisation de plus en plus marquée des sociétés.

Dans son analyse de la « grande transformation » des

sociétés occidentales, Karl Polanyi dégage avec clairvoyance le changement de rapport entre économie et société qui accompagne l'entrée dans l'ère de ce qu'il nomme l'« économie de marché ». Selon lui, une fois les sociétés traditionnelles disloquées par la généralisation du « marché autorégulateur » et son extension, au-delà des marchandises produites, à la terre, au travail et à l'argent, « la société est gérée en tant qu'auxiliaire du marché. Au lieu que l'économie soit encastrée dans les relations sociales, ce sont les relations sociales qui sont encastrées dans le système économique[1] ». Devenu « la source et la matrice du système » (p. 21), le marché autorégulateur réduit les relations humaines et sociales à des relations d'argent.

L'intuition fondamentale demeure essentielle pour la compréhension des réalités contemporaines. Mais, malgré l'importance du rôle qu'y joue le marché, ce serait ouvrir la porte à de sérieux malentendus ou à des erreurs graves que de qualifier cette économie principalement comme étant « de marché ». On l'a dit : il peut y avoir une économie de marché hors capitalisme : avant le capitalisme, avec les artisans, artistes et commerçants des villes prospères, et, pendant, dans des aires (géographiques ou sociales) non dominées par l'emprise des logiques capitalistes. Et probablement aussi après.

Par ailleurs, la machinerie socio-économique capitaliste doit être saisie dans ses deux sphères : celle du capitalisme de marché, où joue la concurrence ; celle du capitalisme monopoliste, où prédominent jeux et stratégies oligopolistiques. Entre les deux, il n'y a pas de cloison étanche, mais au contraire un perpétuel mouvement : d'entrepreneurs et de groupes « schumpétériens » qui innovent pour demeurer dans l'espace monopoliste ou s'arracher à celui de la concurrence ; et, inversement, d'entrepreneurs et de groupes qui, n'ayant pas réussi à conserver l'avance dont ils bénéficiaient, retombent en concurrence, dans la sphère du marché.

Le marché est loin d'être homogène : il prend des formes

1. POLANYI 1944, 1983, p. 88.

disparates (concurrentielles, oligopolistiques ou monopolistiques) et s'articule dans des espaces hétérogènes (du local au mondial). Et les rapports de force qui s'y manifestent sont variés : vendeurs multiples face à un (ou quelques) acheteur(s) puissant(s) ; multiples acheteurs et multiples vendeurs ; ou acheteurs multiples, consommateurs innombrables, face — avec ou sans intermédiaires — à un (ou quelques) vendeur(s) puissant(s).

Ce qui caractérise le capitalisme, c'est qu'en toute période il a été dominé par de très puissants acteurs. Aujourd'hui, les très grandes firmes sont plus puissantes que jamais. Elles traitent directement avec « leur » État et avec les quelques très grands États du monde et n'ont guère d'égards pour les États petits et moyens. Elles travaillent sans cesse à entretenir les avances monopolistes qu'elles ont pu constituer et à s'en créer de nouvelles. Entre elles, elles ne mènent pas des combats à mort, comme le font certaines brutes monstrueuses et bornées de science-fiction. Elles combinent une pluralité de relations : se partager des marchés et s'en disputer d'autres, coopérer (en recherche-développement ou sur des projets très coûteux ou très risqués) et s'espionner, coexister pacifiquement dans certains domaines et se combattre durement dans d'autres.

Ces très grandes firmes sont toutes multinationales. Elle dominent tous les secteurs essentiels : l'agroalimentaire, la santé, l'information, l'informatique et les télécommunications, l'aéronautique et le spatial, les transports, les loisirs, la culture...

Boeing et Airbus compères et rivaux pour la production des long courriers gros porteurs. Coca en lutte contre Pepsi et quelques autres pour les *soft drinks*. Firmes de l'agrobiochimie qui, après avoir contribué à susciter les produits à prions de l'élevage industriel, font tout pour imposer demain animaux et végétaux génétiquement et chimiquement contrôlés. C'est entre grandes firmes que se négocient les normes mondiales pour le lancement des nouveaux multimédias, ordinateurs, émetteurs et récepteurs numérisés. C'est entre Microsoft et quelques très grandes firmes des télécommunications et de l'informatique regroupées dans Unix que se joue la définition des normes des systèmes informatiques des années 2000.

Derrière toute marchandise mondiale et derrière tout processus mondial de constitution d'un nouvel ensemble besoin-marché-marchandise se mènent des luttes de titans, mais de titans qui savent aussi négocier et s'associer. Contrairement aux grandes firmes du capitalisme industriel, leur ambition n'est plus essentiellement de concentrer dans de très grandes usines de grands segments productifs. Les très grandes firmes d'aujourd'hui tendent à constituer, autour de « cœurs stratégiques », des galaxies complexes, où l'on trouve des filiales (de diverses dimensions), mais aussi des firmes juridiquement indépendantes (avec lesquelles peuvent être établies des relations variées), des équipes de recherche (privées, universitaires ou publiques), des cliniques ou des établissements hospitaliers, des agences publiques ou des segments d'appareils d'État.

C'est donc à cette énorme machinerie multinationale/mondiale, disparate, faite d'innombrables rapports de force, de coopération et d'échange, dominée par quelques centaines de très grandes firmes en relation avec les grands États et quelques puissantes organisations internationales, que sont aujourd'hui de plus en plus soumises les sociétés. Et d'elle que nous et nos pays sommes de plus en plus dépendants.

C'est désormais du fonctionnement comme des dysfonctionnements de cette machinerie que proviennent bien des maux dont souffrent nos sociétés : déclin ou disparition d'activités, formation de poches de pauvreté, fermetures d'entreprises, pertes de débouchés, surgissement de nouveaux produits et de nouveaux procédés. C'est dans cette machinerie que se préparent les calamités de demain : nouvelles maladies à prions dues à des farines anonymes, désastre imprévu dû à des manipulations génétiques, faillites de fonds de retraite résultant d'« accidents » boursiers... En l'absence de responsables ou d'enchaînements clairement identifiables, il ne restera qu'à s'en prendre à la fatalité : à la nouvelle fatalité de l'économie.

Dépeindre l'univers économique contemporain en termes d'économie de marché donne, on vient de le voir, une image inappropriée de la réalité. De plus, par divers glissements, cela peut porter à penser qu'il s'agit du meilleur, ou du moins mauvais, des univers économiques possibles.

Y contribue le fait qu'il y a plus d'un siècle des économistes nous ont offert un joli conte de fées théorique : supposant un univers d'« êtres maximisateurs » parfaitement informés, ils ont établi que leurs innombrables relations sur un système de marchés purs et parfaits assuraient ce qui aux yeux de certains constitue une manière de béatitude suprême : l'équilibre général. Dans des versions améliorées, c'est l'équilibre et l'optimum qui sont assurés.

Depuis lors, des cohortes d'économistes, universitaires notamment, glosent, débattent, élaborent, brodent autour de ce thème : quelques-uns dans le cadre de l'austère et rigoureux appareil formalisé de la théorie de l'équilibre général[2], d'autres dans diverses approches aux contours pas toujours clairement identifiés. Ce qui, pour aller à l'essentiel, permet à des bataillons d'idéologues libéraux d'affirmer que l'économie occidentale actuelle assure *grosso modo* l'optimum.

L'utilité du marché n'est pas en cause : le grand économiste libéral du XXe siècle, Friedrich Hayek, n'a pas tort quand il affirme que l'« ordre de marché » permet d'augmenter « les occasions ou les chances de tout un chacun, d'avoir à sa disposition une gamme de biens divers (objets ou services) plus étendue que nous ne pourrions en avoir d'aucune autre manière[3] ». Le marché est certainement aussi utile aux hommes que le langage et le calcul et il doit avoir toute sa place dans cet « ordre spontané d'ensemble » que constitue la société[4]. On demeure là dans le domaine de la raison et de l'argumentable.

2. Voir BEAUD et DOSTALER, 1993 ou 1996, chap. 4.
3. HAYEK 1976, 1995, vol. 2, p. 129.
4. HAYEK 1973, 1995, vol. 1, p. 54.

Mais, d'abord, comme le langage ou le calcul, le marché n'est qu'un instrument sociétal : il participe au fonctionnement d'une société. Et dans une société inégale, c'est d'une manière inégale qu'il permet à chacun « d'avoir à sa disposition une gamme de biens divers ». Par lui-même, le marché n'assure ni l'équité ni la solidarité : et dès lors qu'on considère qu'il n'y a pas d'optimum sans prise en compte de ces dimensions, le marché ne peut être présenté comme assurant de lui-même l'optimum.

Ensuite, quelles que soient les qualités du marché, on ne peut ignorer ses limites ni ses défauts. Max Weber, sur la base d'une étude systématique des sociétés avait très tôt dégagé ce trait : « La sociation par l'échange sur le *marché*, en tant qu'archétype de toute activité sociale rationnelle, s'oppose maintenant à toutes les formes de communauté dont nous avons parlé jusqu'à présent[5]. » Celles-ci, en effet, « présupposent toujours une fraternisation personnelle » (p. 412). Mais, « lorsque le marché est laissé à sa propre légalité, il n'a de considération que pour les choses, aucune pour les personnes ni pour les devoirs de fraternité ou de piété, aucune non plus pour les rapports humains originels, propres aux communautés personnelles » (p. 411). Or un fort courant tend à poser comme une vérité d'évidence que ce serait un mieux pour l'Humanité si se généralisait ce mode de coordination qui « n'a de considération que pour les choses, aucune pour les personnes ». Le XXe siècle a déjà fait l'expérience de sociétés privilégiant l'organisation hiérarchique, principalement étatique : on peut mesurer les désastres qui en ont résulté. Laisser se développer l'expérience contraire — des sociétés régies par les seuls marchés — ne conduirait-il pas à des désastres comparables ?

En effet, c'est un abus de langage que de qualifier nos économies modernes de simples « économies de marché » : elles sont en fait multiformes et complexes ; les très grandes firmes, les institutions, l'État y jouent des rôles majeurs et, à côté des rapports d'échange, les rapports de conflit, de coopération, de solidarité et de domination occupent des

5. WEBER 1911-1913, 1995, t. 2, p. 410.

places importantes. Si elles ont à la fois cohérence et plasticité, si, dans leur extrême complexité, elles sont capables d'adaptation, c'est qu'elles reposent sur la combinaison de quatre types de coordinations : hiérarchiques, contractuelles, de solidarité et de marché. Quel esprit sensé pourrait concevoir qu'on tendra vers une société idéale en la rabattant sur une seule dimension ?

Sur la base d'une distribution correcte des ressources, le marché est un outil irremplaçable pour assurer les ajustements des choix entre un grand nombre d'agents. Mais c'est une imposture que de laisser penser que l'on peut s'en remettre aux mécanismes du marché pour résoudre au mieux les problèmes du chômage, de la corruption, de la dégradation de l'environnement, de la drogue ou de la violence. Finalement, c'est une dangereuse affabulation que de prétendre qu'en se remettant au marché on verra peu à peu guérir les principaux maux de notre temps.

Un mot interdit ?

Rendant compte du huitième forum *Le Monde* — Le Mans consacré à la question « De quoi sommes-nous responsables ? », le journaliste Dominique Dhombres raconte : « Un membre de l'assistance s'est insurgé contre la teneur générale des interventions, estimant qu'on oubliait l'essentiel : l'existence du système capitaliste qui met le profit avant la responsabilité. Alain-Gérard Slama lui a rétorqué que le capitalisme, dans sa recherche du profit, n'était pas nécessairement criminel. Un chef d'entreprise honnête, désireux de faire des bénéfices ne sera pas pour autant automatiquement prêt à mettre en danger ses employés ou ses clients[6]... »

Le propos du membre de l'assistance était pourtant juste : le capitalisme est structuré par une logique d'innovation, de production et de vente orientée vers le profit. Livré à lui-même il peut provoquer, avec les croissances et les productions nouvelles, des dégradations assez désastreuses, pour les ouvriers, les consommateurs et l'environ-

6. *Le Monde*, 27-28 octobre 1996, p. 12.

nement : d'où l'appellation de « capitalisme sauvage ». Et seuls l'action collective (salariés, consommateurs, écologistes), l'encadrement législatif et réglementaire et, marginalement (du fait des contraintes qu'impose à chaque entreprise l'ensemble dans lequel elle est insérée), les efforts de certains entrepreneurs ont permis d'en limiter ou d'en modérer les effets négatifs.

Inversement, la réponse qui fut faite, telle que rapportée, apparaît biaisée et superficielle ; et pourtant, « les applaudissements de la salle ont été nourris », rapporte Dominique Dhombres, qui commente : « Un échange de ce genre mesure l'évolution des esprits. Il y a vingt ans, le dénonciateur de l'"irresponsabilité" capitaliste n'aurait sûrement pas été aussi isolé. »

Faut-il s'en réjouir ? Le capitalisme a certainement été la cible première de toute une partie du mouvement ouvrier depuis un siècle et demi ; il a aussi été l'objet de dénonciations, pour certaines démesurées, dans les années soixante-dix. Mais, depuis deux siècles, il a aussi été l'objet d'une protection idéologique multiforme allant de l'apologie à... la chape de silence, la réalité du capitalisme étant recouverte d'appellations visant à en occulter l'existence même : « économie » (sans plus), « économie de marché », « économie libérale » ou de « libre concurrence » ou de « libre entreprise »... Aujourd'hui encore, on assiste à la conjonction de discours très différents contribuant à la négation du capitalisme comme réalité ; et, n'osant plus nommer le capitalisme, nombre d'auteurs critiques s'en prennent à la mondialisation, au libéralisme, voire au néolibéralisme...

Je me rappelle : en 1965, jeune rapporteur de la sous-commission de l'emploi régional pour la préparation du Ve plan, j'ai été rudement rabroué par le représentant du CNPF (Conseil national du patronat français) pour avoir évoqué la logique capitaliste au cours d'une discussion : « C'est intolérable ; c'est introduire l'idéologique, le politique dans les travaux du Plan, lesquels doivent demeurer purement techniques... »

Je me rappelle aussi : en 1982 ou 1983, peu après l'élection du candidat de l'Union de la gauche à la présidence de la République — et à la suite de la publication de mon *His-*

toire du capitalisme — j'ai été contacté par un spécialiste de l'économie à la télévision, qui n'était pas particulièrement de gauche, pour que nous préparions une saga du capitalisme. Le projet m'intéressa et nous avons travaillé à l'ébauche d'un premier synopsis. Peu après, je fus invité par le responsable de ces programmes, qui, lui, était alors plutôt à gauche. Nous nous connaissions vaguement, étant originaires de deux villes voisines. Il m'accueillit amicalement, me dit combien il se réjouissait de mon début de collaboration à sa chaîne, puis en vint au fait : « Évidemment, il faudrait trouver un autre nom ; capitalisme, ça fait polémique ; à la télé, ça ne passe pas ; il faudrait dire, je ne sais pas, économique, industriel... » Ça n'a pas passé et le projet, pour moi, n'a pas eu de suite.

Autre tout petit fait, mais significatif : a récemment été traduit en français un ouvrage d'Oliver Williamson, économiste américain qui n'a rien de marxiste ; formé aux sources de l'école comportementale, il a apporté des contributions marquantes au développement de la nouvelle économie institutionnelle. Le titre de l'ouvrage est en anglais : *The Economic Institutions of Capitalism* et celui de la traduction française : *Les Institutions de l'économie...*

Il y a une censure multiforme sur le mot « capitalisme ». Cette censure a une dimension claire et aisément identifiable : le refus d'une large part du patronat, du monde des entreprises et de la classe politique d'utiliser un terme qui identifie clairement une réalité majeure de notre temps. De même, de larges mouvances, parmi les économistes, n'emploient jamais ce mot.

Cette censure a aussi des aspects ambigus : ainsi, le mot capitalisme est parfaitement admis dans des ouvrages polémiques du genre « Mort au capitalisme ! » ou « Vive le capitalisme ! ». Mais il suscite un malaise, une suspicion quand il est utilisé comme outil d'analyse, comme concept. C'est d'autant plus curieux que, compte tenu de la place croissante qu'occupent les réalités capitalistes dans notre monde, la presse en parle abondamment et quotidiennement : cours de Bourse, résultats (trimestriels, semestriels, annuels) des entreprises, annonces des fusions, rachats, offres publiques d'achat, privatisations, compétitivité, cours des monnaies, prix, production, emploi, chômage, vie des entreprises et des groupes, restructurations...

Enfin, cette censure a probablement une dimension cachée. Comme du sexe et de la mort, il y a un tabou du capitalisme : honte secrète d'avoir remplacé Dieu par l'Argent ? Refus de nommer une réalité qui porte en elle richesse et pauvreté, satisfaction et frustration, efficacité et irresponsabilité ? Je ne sais exactement.

Ce que je sais, c'est que le mot continue de gêner. Cependant, entre dénonciation, apologie, occultation et multiplication d'informations fragmentées, il est indispensable de l'utiliser pour l'analyse et la réflexion. Car avec l'arme nucléaire et les nouvelles avancées de la science, le capitalisme constitue la réalité qui pèse le plus fortement sur les évolutions et le devenir de notre monde.

États, firmes et sociétés dans le maelström de la mondialisation

La soumission des sociétés à l'économie est accentuée par une autre évolution qui contribue à la verrouiller : pour la première fois, États, firmes et sociétés sont pris, emportés, englués dans le maelström d'une mondialisation économique et financière.

Capitalismes nationaux

Il n'existe pas un magasin des concepts économiques et sociaux, dans les rayons duquel serait disponible une panoplie des systèmes, incluant le « système capitaliste ». Il n'existe pas non plus une entité « capitalisme » qui, après avoir attendu des dizaines de millénaires dans quelque entre-monde, serait venue s'incarner dans l'extrême occident de l'Eurasie, pour progressivement investir le monde. Les choses sont à la fois plus simples et plus compliquées.

Il n'y a de réalité sociale qu'historique. Dans la diversité des réalités sociales, l'observateur peut trouver des enchaînements cohérents et réguliers de comportements liés à un petit nombre de motivations et de finalités et caractérisant la manière dont s'opère la reproduction de diverses sociétés, bref des logiques sociales. Comme le langage, le calcul ou le marché, les logiques sociales ont été longuement mûries dans le temps historique, à travers l'incessant commerce des hommes, des groupes et des institutions.

Cela vaut pour les logiques capitalistes, pour le capitalisme dont nous parlons ici : il s'agit de manières de nommer des réalités historiques, des réalités sociales observables dans l'histoire. Un théoricien peut très bien en systématiser la cohérence dans un modèle plus ou moins formalisé ; cela peut aider à la compréhension du phénomène, mais n'ajoutera rien à son existence.

Pour l'économie, comme pour le social et le politique, l'observation historique est première. Or, elle fait clairement ressortir ceci : la maturation et l'affirmation des logiques capitalistes s'est opérée en étroite relation avec la constitution des États-nations modernes. Du XVIe au XXe siècle, c'est sous la forme de capitalismes nationaux que s'est constitué, renforcé, imposé ce que l'on nomme aujourd'hui capitalisme.

C'est dans le cadre de quelques États-nations, sur la base de marchés nationaux, avec le soutien d'États nationaux, que la logique capitaliste a trouvé des espaces favorables d'implantation et d'expansion ; elle est devenue prédominante dans un petit nombre d'« économies nationales », que l'on peut qualifier d'« économies nationales capitalistes » ou de « capitalismes nationaux ». Et l'histoire du capitalisme, depuis sa formation jusqu'à nos jours, doit nécessairement prendre en compte les générations successives de capitalismes nationaux, leurs concurrences et leurs alliances, leurs affrontements et leurs entrelacements[7].

En chaque période, le cadre national a constitué un espace privilégié pour se protéger contre les pressions et

---

7. Voir BEAUD 1981, 1990. Si je rappelle ce fait, c'est en opposition avec la thèse soutenue par I. WALLERSTEIN (notamment 1980), selon laquelle le capitalisme serait d'emblée mondial. Soulignons aussi que des XVe-XVIIIe siècles au XIXe et du XIXe au XXe siècle les techniques de transport et de communication ont connu de tels bouleversements que la mondialisation a un contenu et une nature profondément différents, disons à la fin du XVe, à la fin du XIXe et à la fin du XXe siècle.

agressions de capitalismes étrangers et faciliter la construction d'un capitalisme, d'un mixte de capitalisme et d'étatisme ou des économies collectivistes.

Concrètement, un « capitalisme national », lorsqu'il se constitue dans le cadre de « son » État-nation, tend à utiliser les ressources et la main-d'œuvre de « son » pays et à répondre aux besoins solvables de la société de ce pays. Mais, alors que la société reste principalement enracinée sur son territoire, ce « capitalisme national » va être amené, plus ou moins selon les cas et les périodes, en recherchant des approvisionnements et des débouchés élargis, à se développer en se déployant hors du cadre national où il s'est formé, en utilisant d'autres ressources et en s'adressant à d'autres besoins solvables : le commerce extérieur, l'échange international est longtemps demeuré la principale forme de déploiement hors de son territoire d'un capitalisme national.

Ainsi : 1) le capitalisme s'est historiquement constitué et développé sous la forme de capitalismes nationaux ; 2) la capacité de reproduction élargie propre au capitalisme conduit ces capitalismes nationaux à s'autonomiser par rapport aux sociétés où ils ont pris naissance.

Seule l'analyse historique permet de comprendre, au cas par cas, pourquoi à une période, dans tel ou tel pays, le capitalisme national est difficilement dissociable de l'État-nation au sein duquel il s'est formé (de son État, de ses marchés nationaux et plus largement de la société de ce pays)[8] ; et pourquoi à une autre période, dans tel ou tel (autre) pays, la capacité d'autoreproduction du capitalisme national le conduit à se dissocier, plus ou moins profondément, de « ses » marchés, de « son » État, de « sa » société, de « son » État-nation[9].

Ce mouvement qui accentue l'autonomisation de l'économie et la dépendance des sociétés à son égard se renforce encore avec les processus en cours de mondialisation.

---

8. On pense par exemple au capitalisme des États-Unis à la fin du XIXe siècle et pendant les deux premiers tiers du XXe et aux capitalismes d'Asie aujourd'hui.

9. C'est à travers cette grille qu'il convient de lire le livre de REICH 1991, 1993.

Beaucoup d'auteurs ont trouvé tout naturel, pendant deux ou trois siècles, que l'on focalise la réflexion sur l'économie nationale, avec son complément : l'économie internationale. Beaucoup, aujourd'hui, trouvent tout aussi normal de privilégier la « mondialisation », jusqu'à, pour certains, oublier ce qu'ils avaient écrit ou enseigné pendant des décennies sur le national et l'international. Ainsi virevoltent les idées quand varie l'air du temps. Si l'on regarde les girouettes, les choses sont simples : dans les années quatre-vingt-dix, la mondialisation s'abattit sur le vaste monde. Mais quelle mondialisation ? Car images et symboles se bousculent.

Il y a, d'abord, indiscutables, les nouvelles mutations technologiques dans les transports, les télécommunications — la numérisation des données entraînant un bond en avant dans la diffusion des bits, supports potentiels de tous signes, caractères, images et sons. En témoignent déjà le foisonnement des communications, informations et événements culturels, et le début des grandes manœuvres de la télédiffusion et du multimédia. En témoignent aussi les dizaines de milliers d'opérateurs de la finance et du négoce travaillant en temps réel sur leurs marchés.

D'immenses possibilités ont été ouvertes ; scientifiques ultraspécialisés, collectionneurs monomaniaques et amateurs de tout genre peuvent désormais entrer en contact sans se rencontrer. Rien cependant qui donne corps à l'image d'un « village planétaire », où chacun pourrait parler à chacun et communiquer avec tous. Trompeuse faribole, qui a pu nourrir les rêves d'esprits crédules et pousser des solitaires malheureux à la recherche d'une « relation vraie » par écrans interposés.

Dans un tout autre ordre, il y a aussi mondialisation dès lors que des activités humaines « dures », énergétiques et chimiques aujourd'hui, demain biologiques, portent gravement atteinte à la reproduction de la planète. Et il y a encore le fait que, leurs implications technologiques et leurs coûts s'élevant, un nombre croissant de stratégies productives et commerciales sont d'emblée conçues et mises en œuvre à une échelle pluricontinentale. Au-delà, le mot mondialisation a une charge idéologique profondément contradictoire : source de quelques espérances, d'innombrables illusions et de beaucoup d'angoisse, rassurant et inquiétant, bénéfique et maléfique, porteur de potentialités, de bienfaits, de maux et de menaces.

En fait, derrière les mutations technologiques, comme derrière les promesses et les mirages, il y a des motivations et des logiques sociales. Derrière les satellites, les nouveaux câblages planétaires (autoroutes de l'information), l'explosion du culturel, les gentils organisateurs d'Internet, il y a d'énormes enjeux. Là encore, l'analyse des dynamiques capitalistes permet de saisir les ressorts profonds de la mondialisation en cours.

Le rôle historique des capitalismes nationaux

Reprenons l'enchaînement esquissé plus haut : la logique capitaliste a pris force et vigueur au sein de capitalismes nationaux ; porteuse d'une nécessité de reproduction élargie, elle ne peut rester enfermée dans les limites d'un ensemble social, ni dans les frontières d'un État-nation. L'histoire l'atteste : les capitalismes nationaux ont très vite débordé le cadre de leurs États-nations, à travers les échanges économiques et financiers internationaux, puis avec le développement des firmes multinationales et aujourd'hui avec l'émergence de processus « globaux » (monétaires et financiers notamment).

En effet, si on laisse de côté la continentalisation (à travers laquelle se constituent de nouveaux « espaces étatiques » à la dimension des capitalismes du prochain demi-siècle), l'essentiel de ce que l'on nomme mondialisation recouvre de multiples manifestations de l'expansion à l'échelle du monde des capitalismes nationaux les plus puissants — expansion qui s'opère à travers trois grands types de processus qui ont fait l'objet de nombreuses analyses : l'internationalisation (des échanges, du crédit, des paiements), la multinationalisation (d'entreprises, de banques, d'organismes financiers) et la globalisation (monétaire, financière, culturelle).

L'internationalisation a constitué la forme majeure de l'expansion des capitalismes nationaux du XVIᵉ siècle à la Seconde Guerre mondiale. Que Sismondi ait évoqué en 1819 le « marché de tout l'univers » et Marx, une vingtaine d'années plus tard, le « marché mondial » ne doit pas faire illusion : ce qui prédomine alors, c'est le développement des activités internationales (commerce, crédit et investissements internationaux) d'un petit nombre d'économies européennes.

La « grande dépression » de la fin du XIXᵉ suscite recherche de nouveaux marchés, protectionnisme, concentration industrielle et bancaire, investissements à l'étranger et crédit international, avec finalement le partage du monde et l'entrée dans une nouvelle ère technologique. Reprenant le terme qui servait de drapeau aux colonialistes britanniques et américains, Hobson et Hilferding nomment alors cette nouvelle réalité « impérialisme ».

Après la Seconde Guerre mondiale, dans une période marquée par la prééminence américaine, la montée en puissance de l'URSS et la décolonisation, se développe, sur fond de concentration accrue, la multinationalisation des productions et des banques : portée elle aussi par les capitalismes nationaux, la multinationalisation devient la deuxième dimension de la mondialisation.

Les firmes multinationales apparaissent, dans les années soixante-dix, comme le principal vecteur de la mondialisation du capitalisme [10]. On pouvait alors encore clairement distinguer ce qui relevait proprement de l'international (relations entre deux agents autonomes situés sur deux territoires étatiques différents) et ce qui relevait du multinational (échanges et coordinations s'inscrivant dans l'aire d'une grande firme constituée par les filiales et sous-filiales implantées sur plusieurs territoires étatiques différents).

Aujourd'hui une zone mixte s'est constituée. Dans la recherche de toujours plus de souplesse, les entreprises ont multiplié les formes souples de commerce et de coopération avec toute une gamme de partenaires : sous-traitance, accords de coproduction et de partenariat, *joint-ventures*,

---

10. Voir MICHALET 1976.

concessions de licences techniques, etc. Plus que des firmes multinationales, ce qui importe, ce sont donc des réseaux multinationaux, voire des constellations multinationales à géométrie variable, avec un centre stratégique, quelques pôles structurants et d'autres éléments plus ou moins durablement associés.

L'ensemble des processus d'internationalisation et de multinationalisation a contribué à l'accentuation des interdépendances, première manifestation de la mondialisation. Par la concurrence ou par les relations d'échange, par la soumission directe à une firme étrangère ou par les effets d'une association informelle, par la chaîne diverse et sans cesse renouvelée de ces différents types de relations, une proportion croissante d'activités, sur un nombre toujours plus élevé de territoires, est soumise aux effets tantôt d'entraînement, tantôt de remous [11] de décisions prises ailleurs dans le monde.

La troisième dimension de la mondialisation, la globalisation, s'est particulièrement concrétisée dans l'ordre monétaire et financier.

L'autonomie de la sphère financière

Ce que l'on nomme la sphère monétaire et financière s'est développée avec l'abandon du système monétaire international fondé sur des changes fixes, avec les déréglementations nationales, avec la multiplication des opérations de change et des activités financières et boursières, mais aussi avec les nouvelles technologies de télécommunication et de traitement des données : celles-ci permettent non seulement de travailler en temps réel sur toutes les places du monde et d'utiliser des programmes informatiques de suivi de ces marchés et d'aide à la décision, mais encore de concevoir et mettre en circulation de nouveaux « produits financiers », de plus en plus abstraits et sophistiqués, donc de créer de nouveaux marchés permettant de diversifier à l'extrême la gamme des produits offerts à la gestion et à la spéculation financières.

---

11. Nous empruntons ces notions à Gunnar Myrdal.

Arbitrages de plus en plus fins et incessantes spéculations sur les taux d'intérêt et les taux de change ; jeux de plus en plus abstraits sur les *futures*, les différentiels, les options... : la sphère monétaire et financière est en train d'enfler puissamment. Les échanges sur les marchés monétaires, financiers et boursiers, qui représentaient deux fois les échanges de marchandises au temps de Keynes, représentent aujourd'hui plusieurs dizaines de fois leur valeur [12]. Les transactions quotidiennes atteignent des chiffres qui donnent le vertige [13]. Et surtout, les masses financières susceptibles de se déplacer dans un éventuel mouvement de panique sont énormes au regard des réserves des plus grandes banques centrales.

En un sens, cette sphère monétaire et financière concrétise d'une manière presque idéale la tendance contemporaine à la « globalisation ». Un peu comme l'éther pour les quatre éléments, elle est par rapport à l'épaisseur des marchés commerciaux, monétaires, financiers et spéculatifs une manière de quintessence sophistiquée et volatile, où tout finit par s'ajuster, sauf si... Le fait que les crises qui l'ont secouée dans les derniers lustres aient été contenues ou digérées peut être présenté comme rassurant, sans apporter aucune garantie pour l'avenir : l'engrenage d'une grande panique mondiale où d'innombrables acteurs, en cherchant à sauver ce qu'ils peuvent, nourriraient le désastre commun demeure de l'ordre du possible, avec d'importantes conséquences sur les échanges, les productions, les économies et les sociétés.

Si elle apparaît largement autonome par rapport au fonctionnement des économies productives et marchandes, il faut bien voir que cette sphère monétaire et financière est aussi la résultante de la multiplication des paiements inter-

---

12. Le rapport entre les seules opérations d'achats/ventes de monnaies sur les marchés des changes et l'ensemble des opérations liées au commerce mondial de marchandises était de 6 en 1979, de 20 en 1986 et de 57 en 1995 (BEAUD 1989, p. 128-129, et d'après CHESNAIS 1996 et BANQUE MONDIALE 1996).

13. Pour le montant brut des opérations de change, 1 300 milliards de dollars par jour en 1995 (CHESNAIS 1996, p. 35) ; à rapprocher du commerce mondial de biens et services, 6 300 milliards de dollars pour l'année 1994 (BANQUE MONDIALE 1996).

nationaux qu'implique la mondialisation ainsi que des offres et des demandes émanant tant des grands pays capitalistes que des nouveaux pays émergents. Elle s'enracine d'un côté dans leurs besoins de financement, grands déficits et programmes d'investissement, et de l'autre dans les besoins symétriques de placement de leurs épargnants individuels et collectifs, comme des oligarchies et dictateurs enrichis au détriment de leurs pays [14] et des financiers de toutes les mafias et de tous les trafics ; avec le constant souci d'innombrables gestionnaires de chercher les meilleures rentabilités en limitant au mieux les risques, tandis que d'inévitables spéculateurs demeurent en permanence à l'affût.

Travaillée par les relations complexes entre monnaies nationales et comptes extérieurs des nations, finances publiques et politiques économiques et sociales des États, stratégies financières des multinationales, des gestionnaires et des spéculateurs, cette sphère monétaire et financière peut, plusieurs décennies d'histoire l'attestent, être prise dans une tourmente [15], susceptible d'entraîner monnaies et économies nationales, gains potentiels et placements vitaux, avec d'immenses répercussions économiques et sociales.

Au total, les processus de mondialisation, en accentuant les interdépendances, renforcent encore les menaces de la nouvelle fatalité économique. Car s'est mise en place une situation tout à fait nouvelle dans l'histoire : des sociétés de plus en plus dépendantes de l'économie ; les États, les entreprises, les activités territorialisées de plus en plus tributaires des tensions et des soubresauts d'une pluralité de réseaux multinationaux et mondiaux, productifs, commerciaux, monétaires, financiers, dont nul n'est en mesure de

---

14. Dans les années quatre-vingt, pour treize pays fortement endettés du tiers monde, les avoirs à l'étranger estimés comme correspondant aux fuites de capitaux représentaient 40 % à 50 % du stock de la dette extérieure de ces pays (UNCTAD 1993, p. 66).

15. Trois alertes sérieuses en témoignent, la crise boursière américaine de l'automne 1987, les attaques spéculatives contre des monnaies du système monétaire européen de 1993 et la crise monétaire et boursière mexicaine de 1994 : les optimistes peuvent ainsi penser que l'on saura toujours éviter le pire ; les pessimistes peuvent craindre qu'une autre fois les digues seront emportées.

maîtriser les dynamiques. Avec, en schématisant à l'extrême :
— d'un côté, le délitement d'un « ancien régime économique et social » caractérisé par un système (productif, bancaire, monétaire, financier) national territorialisé, lieu d'interdépendance entre des couches ou castes dirigeantes, un État et le peuple producteur ;
— et, de l'autre, l'émergence d'un « nouveau régime économique et social » caractérisé par une intrication d'interdépendances (productives, commerciales, monétaires, financières), sans aucune structure en charge de la responsabilité de l'ensemble.

Le poids des très grandes firmes

Dans les économies qu'il observait, Fernand Braudel distinguait la sphère du marché et celle du capitalisme, où règnent les grandes entreprises. De même, pour la mondialisation, il convient de distinguer le tout-venant de l'internationalisation et de la multinationalisation, où l'on trouve d'innombrables acteurs même petits ou moyens, et la sphère du capitalisme des oligopoles, avec les très grandes firmes, leurs réseaux et leurs galaxies.

Les dynamiques majeures de la mondialisation sont en effet l'affaire des grands. Le poids du chiffre d'affaires des deux cents premières firmes mondiales dans le produit mondial était de 17 % en 1960, 24 % en 1984, 31 % en 1995 [16]. Avec les ensembles multinationaux qu'elles ont constitués, ces très grandes firmes réalisent ou dominent une part majoritaire (entre la moitié et les deux tiers) de la production et du commerce du monde.

En 1995, les « 500 » [17] — 500 plus grandes entreprises (industrie et services) du monde — employaient plus de 35 millions de salariés [18] : représentant plus de 32 000 milliards de dollars d'actifs, elles ont fait près de 11 400 mil-

16. Voir BEAUD 1989, p. 59, « (The) Fortune Global 500 » 1996, et BANQUE MONDIALE 1995.

17. « (The) Fortune Global 500 » 1996.

18. Ce chiffre se situe entre celui de la population active de la France (26 millions) et celui de l'Allemagne (42 millions) (BANQUE MONDIALE 1995, p. 231).

liards de dollars de chiffre d'affaires et réalisé plus de 320 milliards de dollars de profits [19]. Les seuls profits des « 500 » sont supérieurs à la somme des produits bruts de quarante-trois pays à faibles revenus (Chine et Inde non comprises) : 304 milliards de dollars, pour un peu plus d'un milliard d'habitants [20]. Et leurs chiffres d'affaires représentent près de la moitié (47 %) du produit mondial [21] ; ils sont plus de deux fois supérieurs aux produits bruts des cent sept pays à revenus faibles (Chine et Inde comprises) et intermédiaires [22] : 5 133 milliards de dollars pour plus de quatre milliards et demi d'habitants [23].

Pour chaque produit « mondial », pour chaque marché « mondial », les grands choix stratégiques sont l'affaire de trois à douze firmes. Au total, quelques centaines de firmes. C'est un petit nombre d'oligopoles capitalistes qui portent la « mondialisation » des marchandises phares.

Cette mondialisation, ignorant elle aussi les besoins non solvables, recouvre essentiellement la carte des populations à revenus et pouvoir d'achat. Mais ses effets de remous, susceptibles de détruire des systèmes productifs et marchands locaux, débordent cette carte. La mondialisation concerne donc au premier chef quelques centaines de millions de consommateurs, mais elle préstructure beaucoup plus largement les modes de consommation, de vie, de production des prochaines décennies. Certes, il restera des « niches », des créneaux, de l'imprévu, de l'urgence où l'esprit d'entreprise national et local pourra intervenir. Mais, dès aujourd'hui, dans dix à quinze secteurs cruciaux, le cadre se met en place sous l'action de très grandes firmes qui presque toutes ont leurs racines dans les grands capitalismes nationaux.

La quasi-totalité (94 %) des cinq cents firmes évoquées

19. « (The) Fortune Global 500 » 1996, p. 72.
20. BANQUE MONDIALE 1995, p. 182.
21. Voir « (The) Fortune Global 500 » 1996 et BANQUE MONDIALE 1995.
22. Quarante-cinq pays à faible revenu (Chine et Inde comprises) et soixante-deux pays à revenu intermédiaire.
23. BANQUE MONDIALE 1995, p. 182-183.

plus haut appartient aux pays de la Triade[24]. Indéniablement, les très grandes firmes de la Triade sont les principaux acteurs stratégiques de notre temps. Leurs nouvelles formes organisationnelles multinationales (firmes, réseaux, galaxies) leur permettent de jouer au mieux de la disparité du monde : obtenir commandes et soutiens de « leur » État, tout en échappant aux charges et réglementations les plus contraignantes ; bénéficier des nouveaux marchés d'investissements et de consommation des pays émergents et de leurs commandes d'État ; et pour les productions polluantes ou réalisées avec des conditions de travail très dures et de très bas salaires, laisser à des partenaires le soin de trouver les fournisseurs idoines.

Enfin, dans chaque secteur, ces firmes sont en petit nombre. Leur espace de visibilité et d'action est strictement cadré (produits, marchés, concurrents, profits) et ne laisse guère de place aux états d'âme éthiques ou humanistes — sauf, éventuellement, pour la « communication ». Presque toutes ont intégré dans leurs stratégies la maîtrise des nouvelles technologies pour concevoir des marchandises susceptibles de renouveler, pour mieux les maîtriser, les marchés de demain.

Les grands capitalismes nationaux ont marqué le XIXe siècle et les deux premiers tiers du XXe. L'emprise multiforme d'un capitalisme pluricontinental et mondial dominé par un petit nombre de très grandes firmes marquera-t-elle le XXIe siècle ? Autre dimension du basculement du monde.

Le libéralisme des puissants

La mondialisation en cours est placée sous le signe du libéralisme. Certains, des grands organismes financiers mondiaux aux fractions de combat des patronats, en font un drapeau. D'autres, après avoir combattu l'impérialisme et le néocolonialisme, en font le nouveau Grand Satan.

Dans le monde anglo-saxon, deux grandes positions libérales s'opposent. La première est le « libéralisme classi-

24. 170 sont d'Europe occidentale, 159 d'Amérique du Nord et 141 du Japon (voir « [The] Fortune Global 500 » 1996).

que » qui, de Ricardo à Friedrich von Hayek, fait confiance au marché dès lors qu'y règne une suffisante concurrence, l'État n'ayant à assumer qu'un petit nombre de missions bien délimitées. Ce libéralisme a une forme dégénérée, le « libéralisme doctrinaire », qui se reconnaît dans des slogans simples : « État minimum », « laisser faire, laisser passer », « enrichissez-vous »... La seconde — plutôt réformiste et démocrate, fondamentalement opposée aux conservatismes — est le « libéralisme éclairé et responsable », assez bien personnifié par le Keynes de la *Théorie générale*, qui proposait des mesures étatiques assez radicales pour sauver l'économie de marché et la démocratie, face à la double menace du bolchevisme et du nazisme.

De toutes les politiques libérales menées récemment en Occident, celle de Mme Thatcher a certainement été la plus proche de la forme « doctrinaire » : réduction du champ d'intervention de l'État et du secteur public, privatisation, dérégulation, amoindrissement de la protection sociale, attaques contre les syndicats... La politique de Reagan, elle, a été beaucoup plus hétéroclite : avec des coupes importantes dans les dépenses sociales, des réductions d'impôts et un creusement important des déficits publics. Depuis Reagan, les dépenses fédérales sont restées élevées ; la défense des intérêts américains est demeurée l'axe fort de toute la négociation sur le commerce mondial. Et peu à peu s'est affirmé, sur fond de discours libéral, un néo-mercantilisme, nouveau nationalisme économique, qui met en avant la défense de l'intérêt national, l'impératif de compétitivité et la mise en œuvre de « politiques commerciales stratégiques » : une sorte de libéralisme du plus fort.

En Europe, le point de vue libéral s'est largement imposé dans le débat idéologique, a pénétré la haute administration et même imprégné les discours de gauche. Mais l'intervention de l'État est demeurée multiforme. Les corporatismes solidement établis n'ont pas été mis en cause, et nombre d'acquis sociaux, dès lors qu'ils étaient défendus, ont été respectés. C'est donc par « retouches et entailles » successives que l'inflexion libérale s'est, le plus souvent, concrétisée. Elle a été, dans l'ensemble, limitée, à la fois à cause de la pression des organisations syndicales et des réactions du monde du travail et du fait qu'aucun gouvernement, mis à part celui de Mme Thatcher, ne s'est engagé dans une politique de remise en cause radicale et systématique des principes et des institutions régentant les relations de travail et la protection sociale.

En Asie, le credo libéral s'est intégré au discours international obligé. La concurrence peut, en certains domaines, être sans merci ; mais dans tous les pays qui bénéficient de fortes croissances, c'est l'action combinée de l'État, de quelques familles et de quelques groupes qui est déterminante — avec, en Chine, le rôle d'éléments de l'appareil d'État (en particulier de l'armée), de familles et de réseaux mafieux.

Dans ce contexte général, deux « non-actions » paraissent devoir être relevées. En premier lieu, nulle part, contrairement aux préceptes du libéralisme « classique », la nouvelle vogue libérale ne s'est accompagnée d'une redéfinition claire du rôle et des responsabilités de l'État — ou des nouvelles formes étatiques pluri- ou internationales.

En second lieu, nulle part, sauf peut-être d'une certaine manière dans le cadre de la Communauté (puis l'Union) européenne, n'a été menée une véritable politique antitrust, laquelle avait constitué un élément majeur des grandes « politiques libérales » antérieures. Ce qui est paradoxal quand on voit l'énorme poids des très grandes firmes aujourd'hui.

Ainsi se dégagent quelques traits des libéralismes des années quatre-vingt/quatre-vingt-dix : à la revendication « doctrinaire », parfois dogmatique, de « moins d'État » correspond un très grand pragmatisme, tant dans le désengagement de l'État que dans les mesures de déréglementation. L'allégement des prélèvements bénéficie principalement aux revenus du capital et aux hauts revenus. La concentration et le pouvoir des très grands groupes ne sont pas mis en cause. Au contraire, dans le contexte de la compétition mondiale, chaque État a tendance à soutenir « ses » grandes entreprises. A l'échelle mondiale, avec la compétitivité à tout prix[25] et l'« attractivité » comparée des

25. Group of Lisbon 1993.

nations[26], sont désormais mis en compétition non seulement les firmes, mais aussi les États, les territoires, les sociétés[27].

C'est finalement la mondialisation qui pèse le plus : en entraînant la diversification des concurrences et l'accentuation des contraintes extérieures, elle renforce, dans chaque pays, la revendication de moins de réglementation. Elle sert à justifier de nouvelles mesures nationales de déréglementation et facilite aussi la mise en cause, par les fractions les plus dures du patronat, de divers pans du compromis social de l'après-guerre. Elle permet enfin de donner un caractère apparemment inéluctable à l'alternative offerte à de larges fractions du monde du travail : chômage massif ou flexibilité des salaires, notamment des bas salaires.

Pressions sur les salaires et l'emploi — et aussi sur les sans-emploi et les sans-salaire — dans les principaux pays capitalistes ; réductions brutales de pouvoir d'achat imposées, à travers des programmes d'ajustement structurel, aux populations de pays du tiers monde déséquilibrés par des politiques inefficaces ou de mauvaises gestions — alors que les oligarchies ou les dictateurs qui avaient pillé les richesses de ces pays ou détourné l'aide internationale n'étaient pas mis en cause ; baisse du niveau de vie pour les secteurs les plus vulnérables des populations des pays de l'Est, à la suite de réformes engagées sans véritable prise en compte de la dimension sociale : le couple libéralisme-mondialisation a été utilisé dans le monde entier pour faire supporter des sacrifices accrus aux composantes les plus désarmées des sociétés et pour obtenir la réduction des contraintes pesant sur les entreprises, leurs dirigeants et les détenteurs de capital.

L'affirmation dogmatique des thèmes libéraux avait permis de déblayer le terrain. Le pragmatisme a permis de contourner les obstacles les plus importants, d'éviter les affrontements incertains, mais aussi de ne mettre en cause ni la concentration ni la domination des grands groupes.

---

26. MICHALET 1994.

27. Thème d'un séminaire du GEMDEV (Groupement d'intérêt scientifique Économie mondiale, tiers monde, développement) du 30 janvier 1995.

En définitive, le libéralisme des années quatre-vingt/quatre-vingt-dix a une dimension bien réelle, l'élargissement des champs d'action et de la liberté de jeu des acteurs les plus puissants : États dominants du monde et États forts des moyennes puissances, très grandes firmes avec leurs dirigeants et actionnaires principaux, grands opérateurs financiers internationaux, mais aussi, en contrepoint, mafias et grandes organisations criminelles qui foisonnent partout où l'affaiblissement ou la crise de l'État laisse le champ libre.

Doctrinaire en paroles, pragmatique dans l'action, le libéralisme actuel a un net penchant à délaisser les défavorisés et à soutenir les forts ; il peut être caractérisé par cette formule : « Plus de liberté pour les puissants. » Or, on l'a vu, jamais dans le monde les puissants n'ont été aussi puissants. Jamais la concentration des moyens et des pouvoirs n'a été aussi grande.

Au total, l'offensive libérale des années quatre-vingt/quatre-vingt-dix a certainement contribué à accentuer tant la soumission des sociétés à l'économie que la dépendance des économies nationales au capitalisme multinational/mondial. Mais loin d'entamer la puissance des centaines de firmes actuellement prédominantes, elle a plutôt contribué à la consolider.

L'accentuation des disparités

Le terme mondialisation peut être trompeur. Car c'est principalement la tendance à l'unification, voire à l'uniformisation, à l'échelle du monde, qu'il évoque. Cette tendance existe certes : en témoignent Coca-Cola, McDonald's ou CNN (trois « produits » américains), quelques chaînes de grands hôtels internationaux et la vogue actuelle du téléphone portable. Plus fondamentalement, elle résulte des systèmes de normes mondiales, négociées entre les grandes firmes pour des gammes de produits à venir.

Mais la mondialisation se traduit aussi par la multiplication des interdépendances et elle entraîne une accentuation des différences et des disparités. Chaque producteur individuel est pris dans un réseau de fournisseurs et de clients ;

réseau qui se densifie pour une entreprise moyenne et se démultiplie pour un district productif ou un pays. En témoigne la multiplication des difficultés qu'ont entraînées dans différents pays d'Europe la paralysie du réseau ferroviaire en France à la fin de 1995 et la grève des routiers à la fin de 1996.

Mais surtout, du fait de ces interdépendances, chaque processus va entraîner plusieurs chaînes d'effets, directs et indirects, positifs pour certains, négatifs pour d'autres : destruction d'activités de subsistance traditionnelles ici ; effets d'entraînement sur la production et l'emploi ailleurs. Des consommateurs de nombreux pays peuvent trouver des produits de haute technologie à des prix bas et en baisse, « grâce » à l'emploi intensif d'une main-d'œuvre sous-payée dans des pays où sont interdits grèves et syndicats. De nouvelles activités surgissent, suscitant investissement et création d'emploi. Mais des activités concurrentes sont créées ailleurs qui les mettent en difficulté : d'où la fermeture d'entreprises et plus de chômage. Appauvrissement et enrichissement s'entrelacent et le destin d'un monde disparate se tisse dans l'entremêlement sans cesse renouvelé d'attentes d'un avenir meilleur et de désespérances.

Si la mondialisation peut toucher, directement ou indirectement, presque tous les humains, seuls un milliard et demi d'entre eux y participent comme producteurs, épargnants ou consommateurs. Elle paraît bénéfique pour quelques centaines de millions de titulaires de revenus, qui peuvent accéder à des produits des cinq continents aux prix les plus serrés possible (à condition de ne pas être un de ces cadres de multinationales qui apprend un lundi matin que son emploi a été supprimé). Elle peut apparaître comme positive pour des jeunes d'une région rurale d'un pays pauvre à qui un employeur local va proposer des emplois ; mais pour combien de temps ?

Dans un monde inégal et disparate, le jeu des interdépendances se traduit par une multitude d'évolutions contrastées, hétérogènes, discordantes et finalement par une accentuation du caractère inégal et disparate du monde.

A première vue, les puissants acteurs de la Triade (ensemble des trois grands pôles capitalistes : Amérique du Nord, Japon, Europe occidentale) — grands États, très grandes firmes, grands opérateurs des marchés monétaires et financiers — sont les mieux placés pour tirer parti de la mondialisation. Mais les premiers, les grands États, n'ont pas encore pris la mesure des difficultés qui sont devant eux, du fait des distorsions croissantes entre les réalités territoriales qu'ils ont en charge (économie territoriale, monnaie, société, environnement) et les dynamiques multinationales et mondiales de firmes et de groupes qu'ils se doivent de soutenir dans les affrontements mondiaux. De leur côté, les grands opérateurs financiers sont en permanence soumis au dilemme de savoir jusqu'où il est permis d'aller trop loin ou d'être trop prudent.

Il y a aussi la grande diversité des autres États-nations capitalistes et des États des autres grands pays du monde ou des pays particulièrement dynamiques — ainsi que les grandes entreprises nationales et les principaux secteurs économiques de ces pays. S'agissant des effets de la mondialisation sur eux, beaucoup dépend de quelques points cruciaux :

— le degré de cohérence entre l'État et la société ;

— la capacité de l'oligarchie à s'investir dans l'avenir du pays qu'elle dirige ;

— la capacité de l'État, des grandes familles dirigeantes et des grandes firmes à définir et à mettre en œuvre une stratégie pour le pays dans les remous de la mondialisation.

Enfin, on trouve une large variété de pays faibles ou affaiblis, pauvres ou appauvris, plus ou moins reliés aux marchés mondiaux, avec des sociétés plus ou moins cohérentes et des États plus ou moins efficaces : la richesse ostentatoire des dirigeants coexiste avec la *lumpen*-modernité d'étendues urbaines déshéritées ; une noire misère peut jouxter d'artificiels complexes touristiques ; on peut y trouver les plaies ou les cicatrices de brutales exploitations, forestières, minières, énergétiques ou agricoles. Mais sans doute y a-t-il aussi des pays, des quartiers et des régions où tout ne va pas mal.

Pour l'ensemble, finalement, une ligne de démarcation

décisive passe entre ceux qui ont une stratégie dans la mondialisation et ceux qui n'en ont pas. La houle et les remous peuvent être les mêmes, les premiers (ceux qui ont une stratégie) réussissent à trouver courants et opportunités favorables, tandis que les seconds sont ballottés, entraînés, chahutés, tournés et retournés. Et la mondialisation contribue à accentuer disparités et inégalités.

Le règne de l'argent et de la marchandise

L'argent roi

C'était dans les années quatre-vingt, en Chine. Le gouvernement commençait à admettre certaines tolérances pour l'enrichissement individuel. Près d'un petit lac, des collégiennes appelaient à l'aide : une de leur camarade était en train de se noyer. Pressé d'intervenir, un homme tergiverse : « Combien me paierez-vous ? »

A la même époque en Afrique noire, des jeunes gagnent considérablement plus, en deux ou trois trafics transfrontaliers, que leur père en une année de labeur.

Au tournant des années quatre-vingt et quatre-vingt-dix, dans un Moscou où coexistaient nouveaux riches et files d'attente aux magasins, des enfants gagnent, en quelques relais dans une file d'attente, plus que leurs parents (ou leurs enseignants) en un mois de travail.

Japon : les télévisions ne savent plus qu'inventer pour « accrocher » leurs clients ; un million de dollars a été dépensé pour organiser un concert de piano de quatre minutes dans un désert australien.

Italie : des pédophiles, auteurs de viols et criminels sadiques reçoivent de substantiels cachets de Canale 5 pour venir raconter leurs crimes devant les caméras.

États-Unis : pour leur financement, les politiques font feu de tout bois ; sous les Clinton, un don de 750 000 dollars au parti démocrate peut valoir une invitation pour une nuit à la Maison-Blanche.

Russie : « Une grande règle est désormais ancrée [...] : celle qui veut que tout s'achète, des bulletins de vote à la justice et à la probité des médias, en passant par les fonctionnaires et les tueurs professionnels[28]. »

France : dans les dernières décennies, ont été déclarées constructibles (et des immeubles y ont été construits) des zones connues comme dangereuses du fait des risques d'avalanches ou de crues violentes.

Formule 1 : le champion automobile Jacques Villeneuve déclare : « C'est un cercle vicieux, puisqu'il faut tellement d'argent pour être compétitif que la recherche de budgets, puis ensuite les obligations à rendre aux sponsors prennent souvent le pas sur le reste[29]. »

Journalisme : selon le sujet, le degré de scabreux ou de scandaleux, des clichés se négocient de quelques dizaines de milliers à quelques millions de francs.

Dessous-de-table perçus par des chirurgiens, résistance des laboratoires français à la diffusion des médicaments génériques, produits maintenus en vente pour des motifs économiques, alors qu'était mise en cause leur innocuité : le milieu médical est tellement soumis aux contraintes de la rentabilité que la relation médecin-patient n'a plus grand-chose à voir avec l'idéal d'Hippocrate. Une femme médecin québécoise oppose médecine de santé et médecine de maladie : selon elle, cette dernière est au cœur des systèmes de soins qui, des laboratoires aux praticiens, sont dominés par l'argent[30].

500 milliards de dollars, soit 2 % du produit mondial : telle est l'évaluation du montant annuel du blanchiment financier de l'argent acquis illégalement (trafics de drogue et d'armes, prostitution, corruption) que propose une étude du FMI de juin 1996[31]. 500 milliards de dollars, c'est, selon Hervé de Carmoy, le montant des revenus de la drogue qui entreraient chaque année dans les circuits mondiaux de l'argent : « Ces estimations, bien que considérables, sont pourtant probablement en dessous de la réalité.

28. *Le Monde*, 24-25 novembre 1996.
29. *Le Monde*, 15-16 septembre 1996.
30. Guylaine Lanctôt, *La Mafia médicale*, Coaticook, Voici la Clef, 1994.
31. *Le Monde*, 31 juillet 1996.

[...] Face à ces sommes colossales, le secteur bancaire est dans de nombreux cas poreux[32]. » Litote de banquier ?

Avant de raconter à son petit-fils l'histoire de K. — une histoire « dont le héros est l'argent » —, le grand-père le prévient : « Aujourd'hui l'argent est nu. Nulle idéologie, nulle croisade ne l'habille. C'est l'argent pour l'argent[33]. » Réfléchissant sur le devenir des sociétés, le psychanalyste Eugène Enriquez en dit un peu plus : « Le meurtre de Dieu et du Roi a sonné le glas du sacré transcendant et permis l'émergence d'un sacré laïcisé : l'argent. Le signe monétaire a pour caractéristique d'être à la fois immanent à la vie des hommes — il est près d'eux, il circule entre eux et, pouvons-nous dire, en eux — et *transcendant* dans la mesure où il devient le principe ordonnateur de toutes choses[34]. »

L'argent, « sacré laïcisé » : on consacre à sa célébration, à son service, à sa circulation, à sa mise en valeur et à son culte plus d'intelligence, de moyens techniques et de ressources qu'à secourir la misère, le dénuement et la détresse des hommes en difficulté dans le monde.

L'argent, critère : logiques implacables, lois du marché, compétition entre individus, concurrence internationale, les vaincus n'ont à s'en prendre qu'à eux-mêmes. Ne se sont-ils pas révélés trop vieux, trop faibles, incapables, inaptes ? Car nul ne peut être accusé d'avoir porté le fer contre eux. Nul n'est responsable, nul n'est coupable.

L'argent, principe ordonnateur de toutes choses : une famille aisée va pouvoir, pour le sauver, payer la greffe d'un rein à l'un des siens. Elle ignorera sans doute qu'un paysan pauvre d'un pays pauvre a vendu ce rein pour nourrir sa famille quelques mois ; dans la plupart des cas, cette famille n'aurait certainement pas, si elle l'avait rencontré, pris ce rein à ce paysan.

Financement des campagnes politiques et des partis, circulation des hiérarques entre les sphères politique, publique et privée, dérivation (parfois détournements) des fonds publics et des subventions, sociétés d'économie mixte, par-

32. CARMOY 1995, p. 221.
33. VASSILIKOS 1994, p. 16.
34. ENRIQUEZ 1983, p. 316-317.

tenariat, sponsoring, fondations, associations : l'argent sacralisé permet toutes les imbrications, le mélange des mobiles et des genres, le foisonnement des situations floues et, avec elles, des tentations, dérapages, offenses à la morale et atteintes aux règles et au droit.

Secteur public et intérêts privés, milieux politiques, mafieux et criminels, mondes des affaires, des sports, des spectacles, des médias, des trafics et du crime interfèrent et s'interpénètrent sous la houlette de l'argent roi — comme le révèle, par bribes, le feuilleton des scandales, des mises en examen et de certaines sagas criminelles. Presque partout, les démocraties ont besoin que soient restaurés les principes et les règles de la démocratie, et que les institutions qui en ont la charge, comme les citoyens électeurs, retrouvent le courage d'en imposer le respect. « N'as-tu point honte de rester ainsi bouche bée devant l'argent ? Allons ! Contemple l'univers : tu y verras des dieux sans avoir qui donnent tout sans rien posséder[35] » : sublime interpellation de Sénèque qui, quand il put en jouir, ne dédaigna ni les fastes ni le luxe.

Nos aïeux ont fait reculer ou ont renversé les pouvoirs absolus. Nos grands-parents et parents ont accompli, dans le cadre des sociétés capitalistes industrielles, d'importantes avancées démocratiques et sociales. Nous avons eu, avec les nouvelles technologies, la possibilité de nouveaux champs de libération. Mais nous voici en moins d'une génération pris dans les filets d'une marchandisation dominant toute la vie sociale ; avec un nouveau souverain absolu : l'Argent. Et une capacité d'organiser la résistance, puis la reconquête de nos libertés d'autant plus faible que nous avons intériorisé cette prédominance : en intégrant peu à peu, dans nos raisonnements, la réduction calculatrice de l'économie unidimensionnelle.

La réduction calculatrice

Les assureurs ont probablement commencé : ne leur fallait-il pas évaluer le « prix » d'une vie, d'une jambe ou de

35. SÉNÈQUE, 1962, p. 674.

la vue ? Après la guerre, des ingénieurs ont poursuivi dans le même sens : ne fallait-il pas évaluer le prix d'une vie humaine pour décider de l'opportunité d'aménager un carrefour dangereux[36] ?

Plus récemment, un économiste senior à la Banque mondiale a poussé le bouchon plus loin : début 1992, la presse anglo-saxonne a publié, pour en dénoncer le fond, des extraits d'une note de Lawrence H. Summers : « La Banque mondiale ne devrait-elle pas encourager une migration plus importante des industries polluantes vers les pays moins avancés ? [...] J'ai toujours pensé que les pays sous-peuplés d'Afrique étaient largement sous-pollués. [...] Le calcul du coût d'une pollution dangereuse pour la santé dépend des profits absorbés par l'accroissement de la morbidité et de la mortalité. De ce point de vue, [...] la logique économique qui veut que des masses de déchets toxiques soient déversés là où les salaires sont les plus faibles est imparable[37]. » Summers mérite sans doute mieux[38] que la piètre réputation que lui valut ce texte — qu'il tenta de justifier en le présentant comme « parodique ».

Parodique ou « maladroite », sa note est révélatrice : dans une période où le politique, l'éthique, l'idéal sont dévalorisés, l'économique s'impose comme principale référence. Car quand s'érodent et les valeurs susceptibles de fonder le choix de finalités, et les volontés individuelles et collectives, reste le calcul économique — l'aune indiscutable de l'argent — qui permet de couvrir des habits de la rationalité aussi bien certaines décisions que l'indécision et l'irresponsabilité. Or, au cours des dernières décennies, a précisément émergé et s'est affirmée, dans le champ de la science économique universitaire, une nouvelle attitude :

36. Il ne s'agit pas ici de nier la nécessité de choix ni celle de méthodes de choix. Mais nous pensons que la qualité du choix, du débat et de la décision ne gagne pas à tout réduire en termes monétaires.

37. Voir *The Economist*, 8 février 1992, le *Financial Times*, 10 février 1992, *Courrier international*, 20 février 1992.

38. James M. POTERBA, « In Honor of Lawrence H. Summers, Winner of the John Bates Clark Medal », *Journal of Economic Perspectives*, vol. 9, 1995, n° 1, 165-182.

l'application du calcul économique à des questions traditionnellement situées hors du champ de l'économie.

Cela a débuté avec l'élargissement de l'analyse néoclassique (avec sa rationalité calculatrice considérée comme commune à tous les agents) à des champs nouveaux se situant dans la proximité des champs traditionnels de l'économie : le capital humain et l'information. Gommant l'homme et réduisant l'individu, le concept de « capital humain[39] » permet d'analyser les choix individuels en matière d'éducation, de formation et de santé sur la seule base du calcul économique standard. De même pour l'information d'un agent économique[40], dès lors qu'on la réduit au couple avantages qu'elle procure — coûts qu'impliquent sa recherche et son acquisition.

Le pas majeur a été franchi par Gary Becker et Jacob Mincer qui élargirent l'application de l'approche réductionniste du postulat de la rationalité calculatrice de l'agent à une très large gamme de comportements humains. Ainsi, selon eux, les activités criminelles sont le simple fruit d'un calcul rationnel, dans lequel sont comparés les bénéfices attendus et les coûts (le risque de se faire prendre et condamner). De même, des décisions telles que celles de se marier, d'avoir des enfants, de mettre fin au mariage par un divorce, aussi bien que le partage des tâches à l'intérieur d'un ménage, peuvent s'analyser simplement comme résultant de la comparaison rationnelle des coûts et des bénéfices.

Mais laissons parler Gary Becker : « A un niveau abstrait, l'amour et les autres liens d'ordre émotif tels que l'activité sexuelle ou de fréquents contacts rapprochés avec une personne particulière peuvent être considérés comme des marchandises domestiques particulières non commercialisables, et il n'y a pas grand-chose à ajouter à l'analyse, [menée] dans la première partie [du livre], de la demande de marchandise[41]. » Dès lors, une personne se

39. Construit notamment par Jacob Mincer, Theodore W. Schultz et Gary Becker (voir BEAUD et DOSTALER 1993, p. 159 *sq.* ; 1996, p. 183 *sq.*).
40. Avec les travaux pionniers de George J. Stigler.
41. Gary BECKER, *The Economic Approach to Human Behavior*, University of Chicago Press, 1976, p. 233.

marie « quand l'utilité attendue du mariage est supérieure à celle de l'état de célibataire ou à celle qu'elle retirerait d'une recherche supplémentaire pour un compagnon plus approprié » (p. 10) ; « puisque les hommes et les femmes sont en compétition lorsqu'ils cherchent un compagnon, on peut supposer qu'il existe un *marché* du mariage » (p. 206). Dès lors, grâce aux lumières de la science économique, s'éclaire ce domaine que psychologues, sociologues et romanciers n'avaient fait qu'obscurcir : « Les gains tirés du mariage dépendent aussi de caractères tels que la beauté, l'intelligence et l'éducation qui affectent la productivité non marchande aussi bien que, peut-être, les possibilités marchandes. [...] Cela aide probablement à expliquer pourquoi, par exemple, des personnes moins attirantes ou moins intelligentes sont moins susceptibles de se marier que des personnes plus attirantes ou plus intelligentes » (p. 214).

Il ne s'agit là ni d'une parodie ni d'une curiosité atypique et marginale dans l'univers réputé sérieux des distingués économistes. D'abord, G. Becker a reçu en 1992 le prix de sciences économiques en mémoire d'Alfred Nobel — couramment et abusivement nommé « prix Nobel » —, ce qui le place au tout premier rang des éminents représentants de la profession. Ensuite, les développements de spécialisations telles que la « nouvelle économie de la famille[42] » ou l'économie du crime et du châtiment[43] participent d'un mouvement de pensée beaucoup plus large : l'élargissement, potentiellement à tous les champs de la décision humaine, de l'analyse en termes d'*homo oeconomicus* et des choix fondés sur le seul calcul des coûts et avantages[44]. En bref : tout peut se réduire à un échange, donc à un calcul économique élémentaire. Aider ou non

42. Gary BECKER, *A Treatise on the Family*, Cambridge, Massachusetts, Harvard University Press, 1981.

43. Gary BECKER « Crime and Punishment : An Economic Approach », *Journal of Political Economy*, vol. 76, 1968, p. 196-217 ; Gary BECKER et William M. LANDES (dir.) *Essays in the Economics of Crime and Punishment*, New York, Columbia University Press, 1974 ; voir aussi I. EHRLICH, « The Deterrent Effect of Criminal Law Enforcement », *Journal of Legal Studies*, vol. 1, 972, p. 259-276.

44. Comme le note J. HIRSHLEIFER, avec ce type d'approche, « il n'y a qu'une seule science sociale. Ce qui donne à la science économique son pouvoir d'inva-

son père ou sa mère à ranger la vaisselle ; voler ou ne pas voler ; importuner ou non le voisinage ; se montrer charitable ou indifférent : tout dilemme peut se traiter par un calcul de coûts-avantages. L'idée sous-jacente est que toute dimension de la totalité sociale peut se réduire à des relations élémentaires que sait traiter la science économique. Bel exemple de négation de la complexité.

Enfin, ce type d'analyse s'est développé dans une période où l'idéologie libérale reprenait le dessus tandis que s'intensifiaient et se densifiaient les réseaux des rapports marchands et des rapports d'argent. Et il contribue à accréditer l'idée que la société n'est qu'un marché, que chaque décision peut résulter de la comparaison d'un avantage et d'un coût, que tout s'achète et se vend, que seul compte l'argent.

Si l'on se rappelle le propos prêté à James Meade : « J'ai essayé toute ma vie de devenir un économiste ; mais le bon sens m'a empêché d'y parvenir entièrement », on peut espérer que — par bon sens ou jugement éthique — nombreux seront ceux qui rejetteront une approche qui invite à apprécier chaque phénomène, chaque décision à la seule aune du calcul réductionniste d'une économie unidimensionnelle. Et cela dans une période où l'économie, le marché, l'argent tendent à s'emparer de tout, à tout dominer.

Le règne de la marchandise

Un enfant et son père se promènent dans la campagne. Soudain l'enfant s'arrête inquiet et demande : « Dis, Papa, à qui on paie ? » Parcs de loisirs, pistes de ski de fond à péage, plages payantes,... de moins en moins d'activités de plein air échappent à l'argent.

L'eau de la fontaine était gratuite. Dans les villes, des porteurs d'eau en vendirent, assez tôt, la livraison. Aujourd'hui, la production de l'eau potable est devenue

---

sion impérialiste est le fait que nos catégories analytiques — rareté, coût, préférence, opportunité — sont véritablement d'applicabilité universelle. [...] Ainsi la science économique constitue la grammaire universelle de la science sociale » (« The Expanding Domain of Economics », *American Economic Review*, vol. 75, n° 6, 1985, p. 53).

une activité économique à part entière : l'eau du robinet est payante parce qu'elle est devenue une marchandise produite. Et la vente (en bouteilles, bonbonnes ou « fontaines » pour les collectivités) des eaux minérales ou « de source » progresse dans tous les archipels d'opulence de notre monde ; tandis que, dans nombre de bidonvilles, le contrôle d'un robinet d'eau douteuse est occasion de racket.

En même temps, le tourisme moderne et certaines formes d'irrigation gaspillent l'eau. Certaines firmes, certains États n'en ont cure, au grand dam des populations qui voient se raréfier ce bien essentiel entre tous. Mais qui, dans les villages ou les bidonvilles d'Asie du Sud, du Moyen-Orient, de la corne de l'Afrique ou du Sahel, aura pu lire cette annonce : « EAU : sept millions de tonnes d'eau douce par an à exporter par tankers. Pays, villes ou entreprises cherchant à mettre en place une offre d'eau douce potable, contactez[45]... » Peu importe d'ailleurs, elle ne leur était pas destinée.

Une évolution semblable a commencé pour l'air. Installations permettant, dans les villes, d'obtenir un air purifié ; constructions de plus en plus nombreuses impliquant l'air conditionné ; projets de « cités artificielles » que préfigurent quelques prototypes : insidieusement se met en place l'air marchandise. Dans le centre de Mexico, des inhalateurs d'oxygène ont déjà été installés : un dollar pour quelques bouffées.

Les mines antipersonnel font des ravages longtemps après la fin des conflits lors desquels on les a posées. Cent dix millions de ces mines seraient actuellement disséminées dans le monde — à vingt francs pièce, on peut évaluer à environ deux milliards deux cents millions de francs le chiffre d'affaires réalisé à l'occasion de leurs ventes. La neutralisation d'une mine en place revient à quatre mille francs environ, soit un marché potentiel de quatre cent quarante milliards de francs[46]. Humanistes et humanitaires s'indignent de la lenteur avec laquelle les négociations sur

45. *Far Eastern Economic Review*, 7 décembre 1995.
46. *Le Monde*, 17 janvier 1996.

l'interdiction de ces mines sont menées ; des moralistes demandent que les firmes productrices des mines ne soient pas admises à participer aux marchés publics internationaux du déminage.

Prenons la santé : apparemment, il a toujours fallu payer médecins et apothicaires ; en profondeur, tout a changé. Recourant à des technologies sophistiquées et coûteuses, les systèmes de soins sont de plus en plus soumis aux obligations de faire du chiffre, d'amortir les investissements, d'assurer une rentabilité.

Un centre médico-chirurgical de la région parisienne a récemment mis en place un système précis et exhaustif de comptabilité analytique. Ce système a permis de faire apparaître le coût très élevé des soins donnés à une catégorie de malades, ceux atteints d'un cancer de l'œsophage en phase terminale : « Après mûre réflexion, nous avons décidé de ne plus accueillir systématiquement ces malades, sachant qu'ils pourraient être soignés ailleurs… », déclare un responsable du centre[47]. Entre le serment d'Hippocrate et les exigences de la bonne gestion, la comptabilité analytique permet de trancher.

En Inde, le nombre des transplantations de reins recensées est passé de 60 en 1983 à 500 en 1988 et 4 000 en 1994[48]. À Bombay, la greffe d'un rein était facturée au receveur cent mille francs en 1994, alors que le « donneur » était payé deux cents francs[49].

Des trafics ont été dénoncés : d'yeux de morts des guerres yougoslaves, à travers des officines italiennes ; de cornées et d'organes, à partir d'hôpitaux et d'hospices latino-américains et d'officines spécialisées d'Asie. Après la prostitution, la drogue et les armes, le crime organisé, dans la diversité de son foisonnement contemporain, semblerait avoir trouvé là de nouveaux et lucratifs marchés[50]. Quel-

---

47. Cité *in Le Monde*, 30 décembre 1993.
48. *Down to Earth*, 31 mars 1995, p. 7.
49. « Transit », émission d'Arte du 4 avril 1995. Selon un documentaire canadien retransmis par France-Info (18 novembre 1993), 600 reins auraient été vendus cette année-là par des chirurgiens de Moscou au prix de 22 000 dollars pièce.
50. Les films et le livre (*Voleurs d'organes. Enquête sur un trafic*, Paris,

ques organismes internationaux ont commencé à s'inquiéter.

Comme l'avait annoncé Marx il y a près d'un siècle et demi, le règne de la marchandise s'élargit et se renforce ; mais ce n'est pas seulement à travers la multiplication et l'« amoncellement » des marchandises matérielles, comme on pouvait le pressentir au XIXe siècle et comme on a pu l'observer au XXe, avec la société de consommation. C'est aussi à travers la conception de marchandises les plus diverses — des plus essentielles aux plus futiles — avec l'appui de la technoscience et dans la perspective de trouver un accueil favorable de pouvoirs d'achat disponibles.

Si l'on observe le processus en prenant du recul, c'est, par-delà l'élargissement et le renouveau des différents domaines de consommation, la marchandisation des différents moments de la vie des hommes, des diverses fonctions des sociétés et de plusieurs aspects de la reproduction de la Terre, qui deviennent les occasions d'un foisonnement de nouvelles marchandises. En bref : la marchandisation de l'homme, des sociétés et de la Terre.

Un nouveau totalitarisme ?

On pourrait dire que rien n'a changé, ou presque. L'échange ne vient-il pas de la nuit des temps ? Comme l'évaluation, par chacun, de ce qui vaut ou ne vaut pas la peine. Et la monnaie, l'achat et la vente de marchandises ne sont-ils pas nés avec les premières sociétés pratiquant la division du travail ? Dès lors, quoi de neuf ?

Ce qui est nouveau, c'est que l'argent, clé de l'achat et de l'avoir, mais aussi clé de la subsistance et du vivre, est

---

Bayard, 1996) de Marie-Monique ROBIN ont suscité de vives réactions et dénégations. Selon un document critique, établi par Véronique CAMPION-VINCENT, ingénieur de recherche au CNRS, « on sait que le commerce et le trafic d'organes fonctionnent par vente « volontaire » d'organes vivants par des pauvres et par exploitation des morts. Ils sont attestés comme fréquents en Inde et en Chine avec, dans ce pays, l'exploitation des corps des condamnés à mort. Ils existent aussi de manière sporadique dans d'autres pays ». Toutefois, elle rejette comme une rumeur non étayée la thèse d'un « massacre d'enfants pour des greffes clandestines d'organes par une puissante mafia à laquelle s'agrègent de nombreux chirurgiens criminels » (*Le Monde*, 14 mai 1996).

en passe de devenir la seule valeur universelle. Il ne s'agit pas ici de discuter les valeurs qui ont dominé les sociétés d'antan : dieux ou Dieu, prince ou roi, famille ou communauté, bien, rectitude, nation ou patrie, religion, savoir, progrès, république, démocratie, socialisme, etc. Il ne s'agit pas non plus de prétendre que ces valeurs ont disparu, mais simplement qu'elles sont affaiblies, comme usées, au moins dans de larges secteurs de beaucoup de sociétés. Ce qui laisse à l'argent plus d'espaces.

Certes, depuis des millénaires, l'argent joue un rôle majeur dans les sociétés hiérarchisées et inégalitaires. Aujourd'hui, il tend à occuper la place centrale et à devenir le principe actif prédominant dans les processus de reproduction, de déstructuration/restructuration des sociétés. Les espaces de la reproduction non marchande (domestiques ou familiaux, collectifs, communautaires, publics, étatiques) se rétrécissent comme peaux de chagrin. Les relations marchandes (capitalistes ou non) deviennent essentielles à la reproduction de l'ensemble des sociétés, donc de l'Humanité, et d'autant plus qu'elles s'étendent sans cesse à de nouveaux champs.

A la fin de la guerre, Horkheimer et Adorno observaient : « Aux États-Unis, il n'y a pas de différence entre l'homme et le destin économique. Tout homme n'est que ce que représentent son patrimoine, ses revenus, sa situation, ses perspectives. Dans la conscience des hommes, le masque économique coïncide parfaitement avec le fond du caractère de l'individu qu'il dissimule. Chacun vaut ce qu'il gagne, chacun gagne ce qu'il vaut. [...] Ils [les Américains] s'évaluent eux-mêmes d'après leur valeur marchande et apprennent ce qu'ils sont à partir de ce qui leur arrive dans l'économie capitaliste[51]. » Cette observation n'est-elle pas applicable, cinquante ans plus tard, à un nombre croissant d'humains presque partout dans le monde ?

Ils avaient vu aussi que « la rationalité économique, ce principe tant vanté du moyen minimal, remodèle constamment les dernières unités de l'économie : l'entreprise autant que l'homme » (p. 210). Évacuation des sentiments

51. HORKHEIMER et ADORNO 1944, 1996, p. 220.

moraux, hommes traités comme des choses, prééminence du penser calculateur : sur divers points, ils suggèrent l'analogie entre le totalitarisme fasciste et le totalitarisme marchand. A plusieurs reprises, ils avancent même l'idée que les phénomènes totalitaires des années 1930-1940 (hitlérisme, antisémitisme, fascisme) ne sont que les premiers temps d'une lame de fond qui se prépare. Ainsi écrivent-ils, à propos du fascisme : « Même sa défaite n'arrêtera pas nécessairement le mouvement de l'avalanche. [...] Tout se passe comme si l'on avait depuis toujours choisi le pire » (p. 235).

Dans les années soixante, c'est-à-dire au cœur de la prospérité du capitalisme industriel et de sa société de consommation, Herbert Marcuse avait développé l'analyse de la « société unidimensionnelle », « dont la caractéristique principale tient dans l'intégration de la classe dominée, qui s'effectue sur un terrain très matériel, très réel, celui de l'orientation et de la satisfaction des besoins qui eux-mêmes *reproduisent* le capitalisme des monopoles[52] ». Il y voyait explicitement les risques d'un totalitarisme, principalement sous forme d'« une uniformisation économico-technique non terroriste qui fonctionne en manipulant les besoins au nom d'un faux intérêt général[53] ».

Totalitarisme ? A l'évidence, il ne peut s'agir du totalitarisme politique, avec la figure d'un *Führer* ou d'un petit père des peuples, la dictature politico-policière, la propagande et le mélange d'adhésion des masses et de terreur de masse, qui s'est développé dans l'Allemagne hitlérienne et l'URSS stalinienne. Il ne pourrait s'agir de totalitarisme que dans le sens d'un système à la fois réducteur et englobant/totalisant[54], d'« un système qui structurellement englob[e] toutes les fonctions de la société[55] ».

Nous n'y sommes sans doute pas. Mais ne sommes-nous pas sur la pente qui y mène ? Un système réducteur : le

52. MARCUSE 1967, 1968, p. 42.
53. MARCUSE 1964, 1968, p. 29.
54. Voir ARENDT 1951, 1972, et préface de Paul RICŒUR à ARENDT 1958, 1961.
55. Martin MALIA, « L'écroulement du totalitarisme en Russie » (entretien), *Esprit*, janvier-février 1996, p. 52.

calcul réductionniste ; l'argent critère ordinaire et suprême. Un système englobant/totalisant : la généralisation des rapports d'argent, des rapports marchands, du calcul économique ; la puissance de la spirale de la consommation marchande. Un système englobant « toutes les fonctions de la société » : toutes les autres formes productives et sociales sont progressivement disloquées ou détruites, tandis que s'imposent partout les dynamiques aveugles du capitalisme, dynamiques sans cesse reprises, relancées, élargies.

La circulation de l'argent et des marchandises, les rapports d'argent entre les hommes, l'idéologie de l'argent valeur et du calcul économique : tout cela progresse en même temps dans nos têtes, dans nos vies quotidiennes, dans les sociétés. « L'argent, remarque le psychanalyste Serge Viderman, est une abstraction qui se plie aux désirs de ceux qui le manient. Il pénètre dans tous les interstices, dans tous les rouages de la machine sociale qui l'y sollicite. Il est aussi innocent que l'eau qui suivra toutes les sinuosités du vase où elle est versée[56]. »

Or la machinerie socio-économique moderne a ouvert d'innombrables nouveaux interstices où s'installent des rapports marchands et d'argent. De là naît le risque non seulement d'un univers unidimensionnel, mais d'un nouveau totalitarisme : dominé apparemment par l'argent et la marchandise, avec, beaucoup moins visible, la puissance écrasante des très grandes firmes. Comme lors de la mise en place des précédents totalitarismes, la déstructuration sociale engendre une multitude atomisée. La population est partagée entre une fraction exprimant son adhésion et une autre prise entre l'acceptation et la résignation ; nombre d'intellectuels sont fascinés par la puissance du système. Et, comme le nazisme se référait à la Nature et le stalinisme à l'Histoire, les idéologues du capitalisme se réfèrent au Marché.

Les anciens totalitarismes, très largement suscités, imposés par le haut, impliquaient une part d'adhésion individuelle (où se mêlaient enthousiasmes et peurs). Le totalitarisme qui menace s'infiltre en chacun de nous, où (telles

56. VIDERMAN 1992, p. 119.

certaines entités vivantes de films de science-fiction) il prospère. Cependant, c'est par les stratégies des très grandes firmes et l'énergie qu'elles lui communiquent qu'il est rendu cohérent et dynamisé.

Un nouveau totalitarisme menace nos sociétés. Il n'est pas encore établi. Des zones de résistance existent encore et il est probablement encore possible de le contenir. Encore faut-il le vouloir, trouver les stratégies efficaces et les mettre en œuvre.

Un conflit planétaire d'un nouveau type

Le rêve d'un état stationnaire

En 1848, le philosophe et économiste britannique John Stuart Mill, ayant examiné les progrès de l'industrie et de la population, observait : « J'avoue que je ne suis pas enchanté de l'idéal de vie que nous présentent ceux qui croient que l'état normal de l'homme est de lutter sans fin pour se tirer d'affaire, que cette mêlée où l'on se foule aux pieds, où l'on se coudoie, où l'on s'écrase, où l'on se marche sur les talons et qui est le type de la société actuelle, soit la destinée la plus désirable pour l'humanité, au lieu d'être simplement une des phases désagréables du progrès industriel[57]. » Rejoignant Lao-tseu, il poursuivait : « Le meilleur état pour la nature humaine est celui dans lequel personne n'est riche, personne n'aspire à devenir plus riche et ne craint d'être renversé en arrière par les efforts que font les autres pour se précipiter en avant. [...] Je ne vois pas pourquoi il y aurait lieu de se féliciter de ce que des individus, déjà plus riches qu'il n'est besoin, doublent la faculté de consommer des choses qui ne leur procurent que peu ou point de plaisir, autrement que comme signes de richesses ; ou de ce qu'un plus grand nombre d'individus passent chaque année de la classe moyenne dans la classe riche » (p. 305).

J. S. Mill voyait s'entrouvrir la perspective d'une nou-

57. Mill 1848, 1873 vol. 2, p. 304.

velle étape du progrès humain : l'état stationnaire, fondé sur une « meilleure distribution des richesses », un « système d'éducation favorable à l'égalité des fortunes », la prudence et la « frugalité des individus » (p. 306). Le « progrès humain » y prendrait un nouveau cours : « Il resterait autant d'espace que jamais pour toute sorte de culture morale et de progrès moraux et sociaux ; autant de place pour améliorer l'art de vivre et plus de probabilités de le voir amélioré lorsque les âmes cesseraient d'être remplies du soin d'acquérir des richesses » (p. 307). Dans ce cadre, à ses yeux, les perfectionnements et inventions mécaniques permettraient et « la diminution du travail » et la réduction de « la fatigue quotidienne » des êtres humains.

En outre, serait alors assuré le respect de la nature. En effet, « il n'y a pas grand plaisir à considérer un monde où il ne resterait rien de livré à l'activité spontanée de la nature ; où tout *rood*[58] de terre propre à produire des aliments pour l'homme serait mis en culture ; [...] où toute haie, tout arbre inutile serait déraciné ; où il resterait à peine une place où pût venir un buisson ou une fleur sauvage, sans qu'on vînt aussitôt les arracher au nom des progrès de l'agriculture ». Et Stuart Mill de formuler ce souhait : « J'espère sincèrement pour la postérité qu'elle se contentera de l'état stationnaire longtemps avant d'y être forcée par la nécessité » (p. 307).

Une des attentes de J. S. Mill s'est assez largement accomplie : la réduction de la durée du travail et l'atténuation de la pénibilité de certaines tâches. Même si s'est fortement accentuée la fatigue nerveuse et même si, dans certains pays de l'ex-tiers monde ou dans des ateliers clandestins des pays riches, les durées de travail demeurent élevées. Mais nombre de ses craintes se sont réalisées : entre agriculture industrielle et urbanisation, l'essentiel des espaces naturels ont été détruits ; et ceux qui subsistent sont plus ou moins dégradés par diverses pollutions et par la fréquentation massive de ceux qui en cherchent les bienfaits. Les inégalités se sont accrues, de pays à pays et au

58. Le quart d'un acre, soit treize ares.

sein des pays. Individus, entreprises, hommes politiques, gouvernements luttent sans fin dans de multiples mêlées.

Pour l'essentiel — l'aspiration à un état stationnaire où, les besoins fondamentaux étant satisfaits, le progrès humain pourrait principalement s'accomplir dans l'ordre de l'intelligence, de l'esthétique et de l'éthique — la déconvenue est profonde. Mill avait bien perçu que le monde industrialisé était devant une opportunité exceptionnelle : dès lors qu'on s'arrachait à la contrainte productive, il devenait possible à la fois de vivre mieux et de moins consacrer de temps aux tâches productives, de telle sorte que chacun allait disposer de plus de temps pour son plaisir ou son épanouissement.

Splendide bifurcation ! Hélas, la voie du progrès humain n'a pas été prise. Certes, des progrès ont été accomplis en matière d'éducation, de formation et d'accès aux loisirs, à l'art et à la culture. Mais c'est sur la voie de la nécessité économique que se sont engagées nos sociétés : avec la multiplication effrénée des besoins (pour les classes riches, puis moyennes, etc.), l'incessante reproduction des inégalités, l'emprise croissante des rapports marchands et de l'argent poussée à ce point qu'aujourd'hui c'est de plus en plus par la marchandise que passe l'accès à la formation, la santé, l'art, la culture, l'information ou les loisirs.

Inquiétantes dynamiques

Le problème est à la fois d'une extrême difficulté et d'une très grande simplicité :
— la population mondiale a été multipliée par six en deux siècles ;
— dans le même temps les besoins d'une famille moyenne ou aisée ont encore plus augmenté[59] ;
— avec de très fortes inégalités entre les sociétés et des sociétés très inégales, le monde atteint un degré très élevé d'inégalité ;
— quels que soient les problèmes auxquels elles sont

59. Il suffit de comparer l'Europe occidentale au début du XIXe siècle et l'Amérique du Nord à la fin du XXe.

confrontées, toutes les sociétés ont pour principale réponse la croissance économique ;
— mais ces croissances, principalement orientées vers la réponse aux demandes de détenteurs de pouvoir d'achat, créent de nouveaux besoins, de nouvelles pauvretés, de nouvelles frustrations et finalement de nouveaux besoins de croissance ;
— de même, les croissances des pays les plus riches créent de nouveaux besoins de croissance dans les pays en cours de rattrapage et des besoins supplémentaires de croissance dans les pays les plus pauvres ;
— toutes ces croissances se traduisent par l'augmentation liée des prélèvements, rejets, pollutions et atteintes au vivant et à la planète ;
— ainsi sont créés de nouveaux besoins : dépollution, restauration des sols et des ressources essentielles (eau, forêts, poissons, etc.), protection contre les nouveaux périls (chimiques, radioactifs, biologiques) ;
— au total, l'accès aux biens et prestations s'élargit pour une forte minorité de l'humanité et les conditions de vie se dégradent pour une autre forte minorité, tandis que s'aggravent les atteintes à la planète ;
— et finalement les contradictions s'accentuent entre les hommes et la planète, entre les sociétés riches et les sociétés pauvres, entre les sociétés et l'économie.

Tout cela peut se penser comme marquant l'entrée dans une ère de conflits planétaires d'un nouveau type, les « conflits de reproduction » :
— conflits de reproduction entre les trois grandes totalités qui font notre monde : la Terre, l'Humanité, le capitalisme ;
— et, dans ce cadre, conflits de reproduction entre sociétés et économies territorialisées (correspondant à des pays, ayant leur État), entre elles bien sûr, mais aussi avec d'autres acteurs de notre monde : grandes firmes multinationales, réseaux transnationaux (religieux, scientifiques, des sectes ou des mafias), populations ayant des traditions de migration et de diaspora.

Conflits de reproduction

L'émergence de « conflits de reproduction » majeurs est certainement un aspect essentiel du basculement du monde.

Le premier conflit est entre reproduction de l'Humanité et reproduction de la Terre : c'est le plus facile à constater, avec les pollutions locales, les dégradations régionales (petites ou grandes régions, bassin d'un fleuve, aire d'un lac ou d'une mer intérieure, zones océaniques) et les déséquilibres planétaires. Et, déjà, l'altération de la reproduction de la Terre due aux activités humaines revient en boomerang : désertification, dégradation des sols, destruction ou pollution des sources d'eau, destruction massive des ressources forestières et halieutiques ont commencé à rendre ici impossible, là beaucoup plus difficile la reproduction des sociétés.

Le deuxième conflit est entre reproduction du capitalisme et reproduction de l'Humanité.

D'abord, le développement du capitalisme s'accompagne toujours de la destruction de formes de production et de modes de vie antérieurs. Pour un pays, il peut aussi bien s'agir des effets négatifs de l'élargissement de « son » capitalisme que des conséquences d'implantation d'activités ou de pénétration de produits d'origine étrangère.

Ensuite, si la reproduction du capitalisme est liée à celle des sociétés où il se développe, elle est principalement liée à celle des couches détentrices de pouvoir d'achat de ces sociétés et aux apporteurs de travail utile. Ainsi, dans une société très inégalitaire, le capitalisme peut « tourner » avec les dépenses des classes riches et de l'État et avec une part limitée du travail disponible.

Enfin, avec la multinationalisation et la mondialisation, les capitalismes nationaux développés tendent de plus en plus à s'autonomiser des sociétés de leurs pays d'origine : leurs reproductions sont de moins en moins liées aux reproductions de ces sociétés.

On a donc des capitalismes qui poursuivent leur progression en prise avec des États et des institutions disposant de ressources financières et avec des classes et des couches sociales détentrices de pouvoir d'achat, tandis que de larges lambeaux de populations sont délaissés ou rejetés dans la misère, le dénuement, l'exclusion ; leur travail n'est pas utilisé ; leurs besoins, non solvables, ne sont pas pris en compte.

Le troisième conflit est entre reproduction du capitalisme (et de la part de l'humanité liée à ses activités et à ses produits) et reproduction de la Terre.

En schématisant à l'extrême, on peut dire que la logique de la rentabilité immédiate a été à l'origine d'innombrables et importantes dégradations environnementales au cours des deux siècles de développement industriel en Occident. Les régimes étatistes ont souvent réussi à faire pire encore, mais certaines industrialisations à marche forcée en Asie paraissent en voie de faire encore plus vite et bien pire. Prise de conscience et réglementation ont permis dans un petit nombre de pays de limiter les dégâts. Mais il y a, dans notre monde, tant d'espaces sans règles ou sans contrôle qu'on peut craindre une large gamme d'aggravations.

Par ailleurs, les dégradations de l'environnement ont atteint un tel degré que, dans les pays disposant de ressources financières, leur prévention et leur réparation sont devenues un marché. Comme les destructions de guerre et les reconstructions, les pollutions et les dépollutions peuvent, chacune à sa manière, correspondre aux intérêts de certaines firmes. Et le risque existe qu'au lieu de prévenir ou d'interdire certaines dégradations, on les tolère du fait qu'on sait y remédier.

Enfin, avec les nouvelles avancées technologiques, les vieilles pollutions industrielles, comme celles de l'agriculture chimique, vont finir par reculer. Les risques vont prendre de nouvelles formes, comme on a commencé à en prendre conscience avec les avancées des biotechnologies et du génie génétique.

Ainsi, en prenant du recul, pendant des dizaines de millénaires, les sociétés humaines se sont progressivement formées en des lieux dispersés de la planète. Pendant des millénaires, les sociétés humaines ont développé leurs capacités créatrices, productrices et transformatrices. Elles ont pu porter atteinte localement à la faune ou à la flore, mais jamais leur reproduction n'a mis en péril la reproduction de la Terre. Au contraire, les nouvelles conditions de reproduction de l'Humanité déstabilisent et fragilisent les processus de reproduction de la Terre. Avec, en arrière-fond, la reproduction de la puissante machinerie capitaliste, qui dans sa logique n'a à prendre en compte ni les dégradations environnementales, ni la subsistance, sans parler du bien-être, de tous les habitants de notre planète.

Au total, les multiples crises que l'on peut observer dans différentes sociétés du monde, les crises des relations entre sociétés, notamment entre celles du Nord et celles du Sud, et les crises environnementales peuvent être considérées comme autant de symptômes d'un phénomène plus profond, l'émergence de trois « conflits de reproduction » majeurs : dimension essentielle du basculement du monde.

5

Le conflit des reproductions

Nous, la Terre, l'ensemble des hommes, sommes désormais à la merci d'une économie qui s'impose comme la fatalité de notre temps.

Attachée à flatter les désirs et à satisfaire les demandes des détenteurs de pouvoir d'achat, cette économie suscite dans le même mouvement opulence, richesses, frustrations et misère, met au travail et rejette dans le chômage, fait vivre, enrichit, ruine et marginalise. Ses priorités divergent de celles que désigne l'éthique. Ses finalités ignorent celles de l'humanisme. Paraphrasant Max Weber, on peut dire qu'elle n'a de considération que pour l'argent, aucune pour les personnes.

Sociétés à l'épreuve

Fractures

En 1798, dans la première édition de son *Essai sur le principe de population*, Thomas Robert Malthus s'inquiétait de l'écart entre la croissance rapide de la population (jusqu'à un doublement tous les vingt-cinq ans, estimait-il) et la faible croissance des productions des moyens de subsistance. Et il lançait cet avertissement, qu'il retirera des éditions ultérieures : « Un homme qui est né dans un monde déjà possédé, s'il ne peut obtenir de ses parents la subsistance qu'il peut justement leur demander, et si la société n'a pas besoin de son travail, n'a aucun droit de réclamer la plus petite portion de nourriture et, en fait, il est de trop. Au grand banquet de la nature, il n'y aura pas de couvert vacant pour lui. Elle lui commande de s'en aller[1]. »

Malthus s'est pratiquement trompé sur tout. La population mondiale a bien doublé en quarante-sept ans, entre 1927 et 1974, ou en trente-neuf ans, entre 1960 et 1999. Mais elle est loin d'avoir doublé tous les vingt-cinq ans : si elle l'avait fait, nous serions passés de 1 milliard en 1800 à 256 milliards en 2000 — ce dont, heureusement, on est fort loin. Quant aux productions de subsistance, elle ont fortement crû. Les thèses de Malthus ne trouvent donc une apparente véracité — mais cela même fait l'objet de controverses — que dans certaines régions de l'ex-tiers monde, à productivité agricole faible et stagnante, ayant connu une forte expansion démographique.

Et pourtant, par certains aspects, sa mise en garde résonne curieusement de nos jours : combien de centaines de millions d'humains sont-ils « de trop au banquet de la nature » ? Et combien de centaines de millions, « de trop » aux festivités de l'opulence capitaliste ? Et combien de dizaines de millions, dans les pays riches, dont « la société n'a pas besoin » du travail et pour qui « il n'y aura pas de couvert vacant » ?

Mais ce n'est pas l'effet des lois naturelles évoquées par Malthus. Ce sont des dynamiques sociales qui conduisent aujourd'hui à ce résultat : dynamiques des inégalités, égoïsme rapace des riches, foisonnement de nouveaux besoins pour les détenteurs de pouvoir d'achat et non-prise en compte des besoins non solvables par notre puissante machinerie sociale à produire des richesses.

Comme le fera l'ensemble de la profession des économistes, il a négligé la croissance des besoins : croissance des besoins des riches, et bientôt des moins riches, puis des moins pauvres, et finalement de tous… Croissance des besoins qui a été infiniment plus rapide que celle des populations, mais qui, se combinant avec elle, entraîne, malgré les croissances des productions, l'élargissement et souvent

---

1. MALTHUS 1798, cité *in Histoire des civilisations*, 1953, vol. 5, p. 526.

l'aggravation des pauvretés. Ainsi, comme l'avaient entrevu Horkheimer et Adorno, « à mesure que croît la possibilité d'éliminer toute misère, cette misère, antithèse de la puissance et de l'impuissance, prend des proportions démesurées [2] ».

Beaucoup refuseront de l'admettre : il y a des liens entre la surconsommation du Nord et la destruction des forêts équatoriales ou des ressources halieutiques ; il y a aussi des liens entre l'opulence du monde et la misère et les charniers d'Afrique. Pas la simple et claire relation d'exploitation, ni l'odieuse domination d'un « impérialisme stade suprême du capitalisme », mais un fouillis de relations structurantes et déstructurantes dans lesquelles nombreux sont ceux qui gagnent et innombrables ceux qui perdent.

Parmi elles, les relations d'argent qui attachent et fracturent : liens et fractures entre quelques dizaines de milliers de puissants très riches et la piétaille des milliards d'humains ; liens et fractures entre les centaines de millions qui jouissent de la société de consommation, les centaines de millions qui s'y accrochent, les centaines de millions qui tentent d'y accéder et les milliards qui n'en connaissent que les miettes ou les images des écrans, jusqu'à ceux que les chaos de l'histoire et les folies des hommes laissent sans ressources, sans terre, sans eau, sans feu ni lieu.

Des relations d'argent qui attachent et fracturent : ce n'est pas seulement vrai au niveau du monde, ça l'est aussi dans chaque pays, dans chaque agglomération, petite ou grande, et dans chaque groupe humain. Ces liens et fractures de l'argent s'articulent avec tous les autres hérités de l'histoire, proche ou lointaine : ceux des États-nations et des nations éclatées entre plusieurs États ou sans État, des groupes ethniques, des religions, des castes d'hier et des « mondes » d'aujourd'hui (de la science, de la finance, des arts, des spectacles, des sports ou des médias), jusqu'aux myriades des micro-sociétés, clans, bandes et gangs qui font et désagrègent notre monde.

2. HORKHEIMER et ADORNO 1944, 1996, p. 54.

Chacun de nous le sait. Chacun a vu, sur les écrans, les corps squelettiques allongés au long des pistes d'Afrique, sur les talus des camps ou dans des champs ; certains avec l'ébauche d'un geste, à peine un regard, d'autres épuisés, figés — morts ou vivants ? Chacun a vu les pelles des bulldozers ramasser les corps, les déverser dans des camions ou dans des fosses. D'autres images me revenaient du court métrage d'Alain Resnais, *Nuit et Brouillard* : entassements de corps, os couverts de peau, dans des hangars, dans d'immenses fosses, sur les terre-pleins des camps ; gestes figés dans la frayeur des derniers instants ; horreur nue du meurtre massif organisé du système concentrationnaire nazi.

Plus jamais ça, avais-je moi aussi pensé. Depuis, il y a eu les meurtres de masse de Chine et du Cambodge. Il y a aujourd'hui des populations condamnées, terrorisées, manipulées, privées de ressources, ballottées et bientôt décimées par la faim, la soif, l'insalubrité, la maladie. Certes, il ne s'agit pas de la mise en œuvre programmée de la décision d'un pouvoir totalitaire. Mais l'horreur n'en est ni plus grande ni moindre. Elle est autre.

Comment ne pas mettre en cause le racisme fondamental, viscéral de l'Europe conquérante des siècles passés, la foi dans sa mission civilisatrice, la certitude d'apporter le progrès à des peuples sauvages, à des sous-hommes — d'ailleurs étaient-ils des hommes ? Foi et certitude indissociables des massacres et des pillages d'alors et de la recherche effrénée des richesses.

Comment ne pas voir la gravité des blessures causées aux sociétés et aux hommes par les colonisations et les décolonisations, par l'intrusion ou la greffe (temporaires et parcellaires) de fragments de modernité, par l'imposition de simulacres d'États et de décalques de modernisation ?

Certaines sociétés, aux cohésions profondes solidement enracinées dans l'histoire, ont survécu aux blessures, s'en sont remises ou s'en remettent. D'autres, plus fragiles, plus faibles, plus confiantes ou plus crédules, ont été blessées à mort, d'autres déstabilisées, disloquées. Ont fait le reste les flux d'argent et les prélèvements de richesses, la brutalité des armes, des firmes et des nouveaux pouvoirs, d'absurdes décisions d'États ou d'aveugles mécanismes de marché.

Il faut mettre en cause les dictateurs aux multiples profils qui se sont enrichis sans vergogne, le plus souvent avec l'amicale complicité de dirigeants politiques occidentaux. Et il faut mettre en cause les oligarchies qui se sont enrichies dans l'aire du pouvoir et les firmes multinationales qui abusent de leurs moyens et de leur puissance. Car il y a aussi l'implacable logique de la machinerie économique.

De retour du Pérou, le géographe Olivier Dollfus me raconte : dans une vallée du Centre-Nord où est cultivée la canne à sucre, sur d'anciennes terres privées, naguère étatisées, puis reprivatisées, s'est constituée une agro-entreprise de plusieurs milliers d'hectares. Un paysan, qui avait atteint une certaine aisance dans les derniers lustres, se retrouve sans rien. Il conduisait une machine à couper la canne ? L'entreprise a délaissé la mécanisation : trop coûteuse de nos jours. Elle préfère employer des journaliers. Le seul travail auquel il peut donc prétendre, c'est, en période de récolte, d'être coupeur de canne, à la machette, avec un salaire inférieur au minimum légal.

Il avait, dans une conjoncture favorable, acheté une maison ? Les représentants de l'entreprise sont venus le voir : « Votre maison est à vous, c'est indéniable, vous avez les titres, c'est bien. Mais la terre sur laquelle elle est construite n'est pas à vous, elle est à nous ; c'est indéniable, nous avons les titres. Or toute cette zone est destinée à la culture. D'ici un mois, vous devez donc avoir enlevé votre maison, sinon nous la raserons. »

Cultures vivrières évincées par le développement — étatiste ou marchand — de monocultures prometteuses, par l'urbanisation ou la construction de grands barrages ; dépérissement de villages, dégradation des terres, désertification, collectivisation, rachat : pour des centaines de millions d'humains, la terre des ancêtres n'est plus à eux, et pour d'autres centaines de millions, elle ne suffit plus à répondre aux besoins. Là progresse la pauvreté absolue : manque d'eau, de sol, de bois de feu, de ressources essentielles, de vivres.

Cette pauvreté absolue, c'est le degré zéro de la subsistance, avec, à la limite, la non-subsistance, le dépérissement, la mort. Sous la forme et à l'échelle où il se développe, ce processus est nouveau. En effet, si inégales qu'elles aient été, les sociétés d'antan avaient laissé s'inventer des formes de vie ou de survie pour les plus pauvres, des modes de redistribution ou des manières de solidarité. Lors des premiers développements du capitalisme, en Europe, des paysans ont été chassés de leurs terres et des artisans ruinés, mais les autorités, les classes dirigeantes ont bien dû s'occuper de « leurs » pauvres, même si ce fut souvent avec une très grande dureté. Mais aujourd'hui, c'est à l'échelle du monde que la méga-machine à produire des richesses crée misères et pauvretés.

Que va-t-il advenir des innombrables pauvres des sociétés pauvres brusquement appauvris par les remous des relations marchandes mondiales ou par de brutales mutations imposées par de puissants maîtres (dictateurs, oligarchies, groupes multinationaux) ? Quelle place sera laissée à ceux qui n'ont ni terre, ni eau, ni formation scolaire dans la jungle marchande planétaire, que quelques semeurs d'illusions présentent comme le village des temps nouveaux ? Que ceux qui éludent ces questions — par refus de prendre en compte leur dimension éthique, par confort ou par idéologie — y réfléchissent : laisser s'étendre des océans de mal-être et de misère, c'est non seulement contribuer à la création d'immenses zones d'insécurité, c'est offrir aux intégrismes, aux gangs locaux et aux mafias et à de nouveaux aventuriers de fertiles terreaux.

D'autant plus que cette pauvreté absolue se double d'une autre pauvreté, relative, liée au foisonnement des besoins. Pendant des millénaires, pour une très large part des populations, les besoins étaient limités à l'essentiel : l'eau, la nourriture, des vêtements, un toit. On avait de quoi vivre, ou on manquait : plus ou moins selon la générosité de la terre et les prélèvements des puissants, les saisons ou les années, la guerre ou la paix. Le pauvre de ces sociétés, le vagabond, cherchait un bol de soupe et un abri pour dormir. Cette pauvreté n'a pas disparu ; elle resurgit même brutalement avec les dislocations, les guerres sociales et la nouvelle vogue du libéralisme.

Aujourd'hui, les besoins se diversifient ; les rapports d'argent se généralisent ; les marchandises paradent. De nouvelles formes de pauvreté s'étendent : dans les mégapoles de l'ex-tiers monde on trouve, de la *lumpen*-modernité (la maisonnette avec télévision dans un bidonville) aux cartons pour dormir sous un porche, tout un arc-en-ciel de pauvretés.

Tandis que d'infimes oligarchies s'enrichissent sans frein et que d'étroites minorités tentent d'accéder au mode de vie moderne, s'élargissent les deux aires de la pauvreté absolue et de la pauvreté relative.

Pauvretés des pays riches

L'intensification effrénée du capitalisme libéral et l'extension des valeurs marchandes à tous les domaines de la vie mettent en péril l'avenir de nos sociétés. Venant d'un universitaire humaniste, cette affirmation risque de ne guère retenir l'attention. Rendons donc à George Soros, spéculateur international de renom en ces années quatre-vingt-dix, l'intégralité de son propos : « J'ai fait fortune sur les marchés financiers mondiaux, et pourtant je crains à présent que l'intensification effrénée du capitalisme libéral et l'extension des valeurs marchandes à tous les domaines de la vie ne mettent en péril l'avenir de notre société ouverte et démocratique[3]. » Venant d'un « gourou de Wall Street », cette mise en garde aura-t-elle plus d'échos, dans un monde qui ne veut pas entendre ?

La question du paupérisme a profondément préoccupé philanthropes et humanistes dans la seconde moitié du XIXe siècle en Europe. L'économiste français Charles Gide distinguait trois types d'indigents : ceux qui « n'ont pas la *force* de travailler », ceux qui « n'ont pas la *volonté* de tra-

3. George SOROS, « L'ennemi, c'est le capitalisme », *Le Nouvel Observateur*, 30 janvier-5 février 1997, p. 78.

vailler » et ceux qui « ne trouvent pas les *moyens* de travailler[4] ».

S'agissant du « paupérisme qui tient à des causes individuelles, naturelles et accidentelles », écrivait-il, « il devra disparaître par un système d'assurance et d'assistance bien organisé[5] ». S'agissant du « paupérisme qui tient à des causes générales, soit morales, soit économiques », Gide formulait ce diagnostic : « Le chômage qui résulte des inventions mécaniques ou de la surproduction, les crises économiques qui résultent de l'évolution de la grande production et de la concurrence internationale, sont évidemment des phénomènes caractéristiques de notre temps et inconnus à nos pères » ; et il concluait : « Mais à moins de désespérer absolument de l'espèce humaine, il faut bien croire que quelques-unes au moins [de ces causes] et les plus actives s'atténueront avec le temps » (p. 413).

Un siècle plus tard, sans même parler de la grande crise des années trente ni du sous-développement de l'après-guerre, l'observation du monde montre que ces causes sont loin de s'être atténuées. Certes, dans les sociétés industrialisées, la croissance et l'État-providence ont bien, dans l'après-guerre, sans créer le paradis pour tous, fait reculer la pauvreté. Mais la moindre croissance et le néolibéralisme l'ont fait renaître, jusqu'en ses formes extrêmes. Chiffres officiels : trente-sept millions de chômeurs en 1993 dans les pays industrialisés[6].

Aux États-Unis, selon l'économiste Lester Thurow, les chômeurs, ceux qui ont renoncé à travailler et ceux qui ont dû accepter des emplois de mauvaise fortune[7] représentent entre le quart et le tiers de la population active[8]. Lors du glacial hiver de 1995-1996, les sans-logis ont été estimés à 700 000 environ[9]. De 1980 à 1992, le nombre d'enfants

4. GIDE 1898, p. 406.
5. GIDE 1898, p. 413.
6. PNUD 1996, p. 217.
7. Emplois à temps partiel, précaires ou mal payés.
8. Soit entre 30 et 40 millions (THUROW 1996, p. 54-59), alors que les chiffres officiels, pour 1993, sont de 8,7 millions (PNUD 1996, p. 217).
9. *Le Monde*, 14-15 janvier 1996.

délaissés ou maltraités est passé de un à près de trois millions[10].

Au Royaume-Uni, la mise en œuvre des thérapies libérales a suscité à la fois un regain de croissance et de prospérité et un élargissement de la pauvreté : en 1994, un quart des ménages et un tiers des enfants vivaient dans la pauvreté[11]. Avec l'amoindrissement des services publics, chômage et exclusion se traduisent par de profondes dégradations, pour les catégories touchées, des conditions d'éducation, de logement et de santé.

En France, l'installation durable du chômage massif et l'accentuation systématique de la précarisation des emplois se sont accompagnées d'une nouvelle vague de pauvreté[12] et de l'apparition de naufragés de la société moderne — sans emplois, sans logements, sans attaches et finalement, pour beaucoup, sans capacité de surnager seuls. Le CERC (Centre d'étude des revenus et des coûts) avait clairement établi le lien entre la situation de travail et la pauvreté économique[13] ; il avait aussi fait ressortir la relation entre chômage, pauvreté économique, vulnérabilité et marginalisation[14].

Inégalités et puissants intérêts dominent notre monde. Et c'est à la nouvelle fatalité des mouvements des marchés et des rapports d'argent que sont confrontés travailleurs indépendants, salariés et retraités : régions dévastées par la mort d'une activité ; décision brutale, venue d'en

10. *International Herald Tribune*, 8-10 octobre 1995.

11. Government Statistical Service, *Households Below Average Income*, 1994, cité *in Le Monde*, 30 juillet 1994.

12. Candidat à la présidence de la République, Jacques Chirac avait dénoncé la fracture sociale : « Cinq millions de nos compatriotes vivent dans la précarité ; des centaines de milliers de jeunes cherchent en vain de quoi nourrir ce qui leur reste d'espérance. Les pauvres s'appauvrissent, les bas salaires stagnent » (J. CHIRAC, *La France pour tous*, Paris, Nil, 1994, p. 10).

13. Les « pauvres » ou « très pauvres » représentent 5,6 % de ceux qui ont un emploi stable non menacé, 12,4 % de ceux qui ont un emploi stable menacé, 19,4 % de ceux qui ont un emploi instable, 26,6 % des chômeurs de moins de deux ans, 40,2 % des chômeurs de plus de deux ans (CERC 1993, p. iii).

14. Le risque de marginalité concerne de façon immédiate ou assez probable 3,4 % de l'ensemble des actifs (chômeurs compris). Il concerne de façon forte ou très forte 65,2 % des chômeurs de plus de deux ans (CERC 1993, p. 93). Créé en 1966 par le général de Gaulle, le Centre d'étude des revenus et des coûts a été supprimé en mai 1994 par le gouvernement Balladur.

haut, d'ailleurs, de fermer un établissement, de vendre ou liquider une entreprise, d'acheter ou non une récolte. Montée du chômage : si un P-D.G annonce d'importants licenciements, le cours de l'action de son entreprise monte ; et si le taux de chômage baisse aux États-Unis, Wall Street fait grise mine.

Dans les villes et les banlieues des pays riches, des cadres licenciés, endettés avec villa, voitures et téléphones sont en risque de sombrer. Des groupes et des bandes ont appris à vivre aux dépens de sociétés qui n'ont pas su leur faire place. Dans des hangars, des caravanes ou de modestes appartements bien tenus meurent chaque année, de faim ou de froid, personnes âgées ou jeunes adultes.

Téléphone coupé, mobilier ou maison saisis, compte bancaire arrêté. Certains s'en tirent. D'autres s'enfoncent doucement. Parfois, un écho dans la rubrique « faits divers » : un cadre licencié (un ouvrier, un technicien, un gérant...) a, dans la nuit, tué ses enfants et sa femme avant de se suicider ; ultime pavé de désespoir ; puis, à la surface de la mare, les cercles s'effacent.

Là encore, un arc-en-ciel de pauvretés. Et, comme il y a cinquante ans, « il y a des voisins, des assistantes sociales, des Docteur Gillespie et des philosophes à domicile qui ont le cœur sur la main et qui interviennent généreusement auprès de chaque individu pour faire de la détresse perpétrée par la société des cas individuels guérissables[15] ». Menacées par les forces centrifuges des marginalisations, nos sociétés s'appliquent à traiter leurs marges. Or c'est en leur cœur qu'elles sont atteintes.

Richesse et pauvreté : deux faces de la même médaille ?

« Il y a toujours eu des riches et des pauvres. » Pris à la lettre et au premier degré, cet adage énonce un constat difficilement réfutable, sauf à évoquer l'abondance frugale des sociétés de l'âge de pierre ou d'idylliques communautés égalitaires. Au-delà, il implique qu'il y aura toujours des riches et des pauvres : manière commune de justifier

15. HORKHEIMER et ADORNO 1944, 1996, p. 159.

égoïsmes et iniquités et de s'accommoder des misères du monde. Moyen aussi de refuser de s'interroger sur les pauvretés contemporaines. Or, par-delà la continuité, celles-ci sont largement nouvelles.

Dans les sociétés traditionnelles, la pauvreté résultait principalement de la médiocre efficacité du travail et des prélèvements effectués par différentes castes sur la faible production réalisée. Dans le monde contemporain, une partie de la pauvreté s'explique encore par de bas niveaux de productivité qui caractérisent de larges zones rurales de « pays en développement ». Cette pauvreté est aggravée de deux manières : d'abord par le déséquilibre entre croissance démographique et ressources (terres, eau) ; ensuite par le gonflement des besoins qu'engendrent les mutations actuelles.

Mais, dans les pays et régions caractérisés par des techniques efficaces et de hauts niveaux de productivité du travail, les sources de la pauvreté sont autres : il y a d'abord les processus de création destructrice qui entraînent l'incessante mise en difficulté de secteurs ou unités de production à moindre productivité ; il y a ensuite les multiples prélèvements opérés par les groupes industriels et financiers et les États, bureaucraties, technocraties, méritocraties, oligarchies et autres classes et couches dirigeantes ; il y a enfin la puissante dynamique de création de besoins nouveaux, qui transforme la course au bien-être en supplice de Tantale. Ainsi, c'est dans le cours même de son expansion que la machinerie sociale à produire des richesses crée de la pauvreté.

Dans les sociétés traditionnelles, la frontière passait entre l'ensemble des puissants et des riches et la grande masse des producteurs qui réussissaient, tant bien que mal, à assurer leur subsistance — avec une marge de « sans terre et sans ressources », condamnés à la mendicité et à l'errance. Dans nos sociétés, il y a toujours une minorité de puissants et de riches ; mais, dans le reste de la population, c'est une autre frontière qu'est en train d'instaurer la généralisation des rapports d'argent : une frontière entre les détenteurs de ressources monétaires qui réussissent, plus ou moins, à assurer la satisfaction de leurs besoins et de leurs désirs et ceux qui, sans ressources monétaires, ne réussissent pas à satisfaire leurs besoins fondamentaux et tendent à être, plus ou moins radicalement, plus ou moins massivement, marginalisés ou exclus.

Au total, dans le monde actuel, seul un petit nombre de sociétés vivent en osmose avec l'économie moderne, obligées de s'adapter à ses incessantes mutations, de larges couches des populations accédant au flot toujours renouvelé des marchandises tandis que d'autres subissent manques et frustrations. D'autres sociétés paraissent délaissées, comme débranchées, déconnectées, alors que, de diverses manières, elles subissent les effets de remous des développements capitalistes mondiaux. D'autres encore présentent de profondes distorsions, avec des fragments de villes et des activités en prise avec le monde riche et de larges zones, urbaines et rurales, marginalisées. D'autres enfin sont engagées dans un intense effort, dont les charges et les fruits sont inégalement répartis, mobilisant ressources, richesses, potentialités pour l'industrialisation, la modernisation, l'insertion dans l'économie moderne et finalement l'accès aux flots de la consommation.

Repères effacés, règles oubliées ou transgressées, familles et groupes — lieux essentiels de la reproduction humaine — disloqués. Surnage l'Argent, valeur commune, Être suprême. L'argent circulant, vecteur omniprésent, langage universel, source potentielle de tout, lien essentiel. Mais la fracture est dans le lien.

L'engrenage des inégalités et des croissances

Des fortunes immenses sont accumulées, des revenus insensés sont perçus. A l'opposé, des familles se retrouvent sans ressources, ni monétaires, ni productives. Débordant ce que les chiffres permettent de mesurer, les inégalités actuelles tendent vers l'infini.

Selon les chiffres publiés par la Banque mondiale, les revenus individuels annuels moyens par pays s'inscrivent en 1994 dans une fourchette allant de 80 à 100 dollars pour le Rwanda, le Mozambique et l'Éthiopie à 37 930 dollars pour la Suisse : soit un écart de 1 à 400[16]. Autrement dit, le « Suisse moyen » a pour revenu *quotidien* plus que le revenu *annuel* de l'« Éthiopien moyen »[17].

TABLEAU 5.1. L'INÉGALITÉ EN INDE, AU BRÉSIL ET AUX ÉTATS-UNIS (PART DE CHAQUE QUINTILE [a] DANS LE REVENU OU LA CONSOMMATION)

	Inde (1992)	*Brésil (1989)*	*États-Unis (1985)*
Quintile le plus riche	43 %	67 %	42 %
4e quintile	21 %	16 %	25 %
3e quintile	16 %	9 %	17 %
2e quintile	12 %	5 %	11 %
Quintile le plus pauvre	8 %	2 %	5 %

a. Un quintile désigne une tranche d'un cinquième d'une population classée par rapport à un critère, ici le niveau de revenu (ou de consommation) par tête (ou par ménage).

Source : BANQUE MONDIALE 1996, p. 228-229.

Ces inégalités entre pays sont démultipliées par les inégalités propres à chaque pays. Toujours selon les chiffres de la Banque mondiale, le cinquième le plus pauvre de la population ne reçoit qu'une faible part des revenus (ou de la consommation) :

— dans les pays à faible revenu, entre 2 % et 10 % ;

— dans les pays à revenu intermédiaire, entre 2 % et 12 % ;

— dans les pays à revenu élevé, entre 4 % et 9 %.

A l'inverse, le cinquième le plus riche de la population

16. BANQUE MONDIALE 1996, p. 220-221.

17. On sait qu'entre formations sociales profondément différentes, dans la durée historique ou dans l'espace, les comparaisons se heurtent à des difficultés méthodologiques difficiles à surmonter. Cependant, dans un monde où les processus de marchandisation et de monétarisation transforment profondément l'ensemble des sociétés, l'indicateur du produit ou du revenu permet de dégager des ordres de grandeur significatifs.

reçoit une part bien plus élevée des revenus (ou de la consommation) :
— dans les pays à faible revenu, entre 39 % et 62 % ;
— dans les pays à revenus intermédiaires, entre 31 % et 68 % ;
— dans les pays à revenu élevé, entre 36 % et 49 % [18].

Chacun dans sa catégorie, le Brésil et les États-Unis apparaissent particulièrement inégalitaires (tableau 5.1).

Inégalités entre pays et inégalités au sein de chaque pays se combinent en se démultipliant. La « coupe mondiale de l'inégalité » a été évaluée et dessinée, pour 1989, par le PNUD (Programme des Nations-Unies pour le développement). Prenant en compte chaque quintile, du plus pauvre au plus riche (du bas vers le haut), elle se présente ainsi (voir page ci-contre) pour l'ensemble de la population mondiale,
— les 20 % les plus pauvres reçoivent un et demi pour cent du revenu mondial ;
— les 20 % des populations les plus riches reçoivent 82,5 % [19].

A l'échelle du monde, le cinquième des humains les plus riches reçoit une « part de gâteau » cinquante-cinq fois plus grande que celle que reçoit le cinquième des humains les plus pauvres. Le cinquième le plus riche, cela fait un milliard de personnes : ce qui englobe bien sûr les titulaires de grandes fortunes et de revenus élevés de tous les pays de la planète ; mais aussi l'ensemble des classes vivant dans l'aisance et le confort dans les pays riches et des groupes et couches vivant selon les standards occidentaux dans les autres pays. Le cinquième le plus pauvre, un autre milliard, appartient pour une part essentielle aux trois milliards d'habitants vivant dans les pays à faible revenu.

Soulignons que, d'après les calculs les plus récents du PNUD, ces inégalités s'accentuent : la part dans le revenu mondial du cinquième le plus pauvre de l'humanité est passée de 2,3 % en 1969 à 1,1 % en 1994 ; dans le même

18. Banque mondiale 1996, p. 228-229.
19. PNUD 1992, p. 40.

SCHÉMA 5.1. – L'INÉGALITÉ DU MONDE EN 1989
Répartition du produit mondial en %, par quintiles
de la population mondiale classée par niveaux de revenu

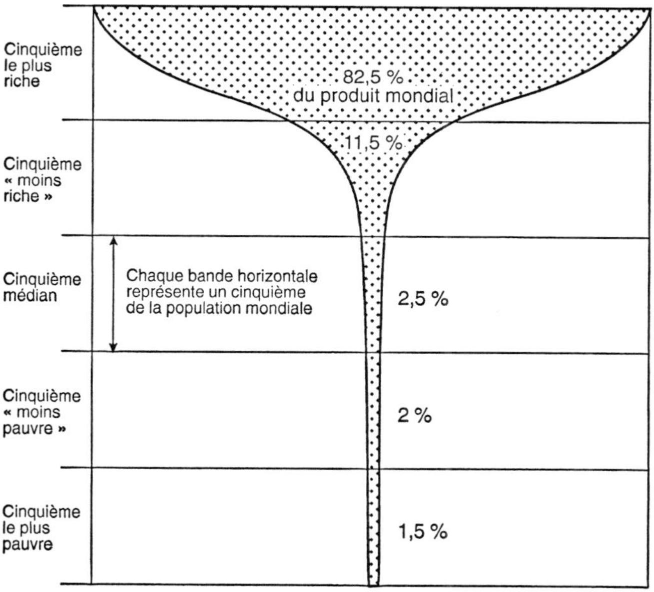

La « coupe ombrée » représente le produit mondial en 1989
et sa répartition entre les cinq quintiles
Source : D'après PNUD 1992, p. 39 et 40.

temps, celle du cinquième le plus riche est passée de 69 % à 86 %.

Ces calculs sont significatifs en ce qu'ils portent sur des ensembles faisant masse ; mais ils gomment les extrêmes. Si l'on évoque des situations individuelles extrêmes, on se rapproche en un sens du réel, mais on s'écarte des voies recommandées par l'analyse statistique. Prenons-en le risque[20].

20. A la fin du XIXᵉ siècle, Charles Gide observait qu'aux États-Unis certaines

Ainsi, aux États-Unis, entre l'ouvrière qui gagne 65 cents de l'heure dans un atelier clandestin de Brooklyn[21] et le président d'IBM qui a reçu en 1995 un revenu de 17,8 millions de dollars[22], l'écart est (selon la durée de travail de l'ouvrière) de 1 à 10 000 ou 15 000. En 1996, si l'on prend en compte leurs gains financiers, c'est en dizaines de millions de dollars que se comptent les revenus de divers dirigeants de firmes américaines, avec un maximum dépassant cent millions de dollars[23] : ce qui porte l'écart à un à plusieurs dizaines de milliers.

A l'échelle mondiale, les écarts entre revenus extrêmes sont abyssaux : quelques dollars par an pour les plus pauvres des pays les plus pauvres ; un plancher de dix millions de dollars pour les patrons américains les mieux payés[24] : l'écart de un à un million est aisément dépassé. Sans même parler des très grandes fortunes du monde, des titulaires de très hauts revenus du monde riche reçoivent l'équivalent monétaire de ce que consomment un nombre immense — des centaines de milliers, un million ? — de familles très démunies du monde pauvre.

On peut discuter la prise en compte d'écarts entre des extrêmes. On peut préférer les calculs établis sur les parités de pouvoir d'achat à ceux faits sur la base des taux de change. On peut mettre en avant les indicateurs du développement humain établis depuis quelques années par le PNUD. Cependant, dans leur brutalité et leur sécheresse même, ces chiffres sont significatifs d'un degré d'inégalité tel... qu'il est presque malséant de le mettre en lumière. Et pourtant, il s'agit là d'écarts mesurables qui s'inscrivent, il faut le redire, dans une inégalité qui tend vers l'infini. C'est

---

fortunes dépassent le milliard de francs, ce qui, note-t-il, « représente pour un seul homme un revenu égal à celui qui pourrait faire vivre 40 000 ou 50 000 familles. Personne n'oserait prétendre pourtant, pas même un quelconque de ces milliardaires eux-mêmes, que leur intelligence ou leurs capacités fussent 50 000 fois plus grandes que celles de la moyenne de leurs contemporains » (Gide 1898, p. 400-401).

21. *Le Monde*, 26 juillet 1996.

22. *International Herald Tribune*, 16-17 mars 1996.

23. *Business Week*, 21 avril 1997.

24. *Fortune*, 23 avril 1990, *Le Monde*, 7 septembre 1990 et *Newsweek*, 26 février 1996.

donc d'une fêlure, peut-être déjà d'une fracture, de l'humanité qu'il s'agit.

Traversant le Nord comme le Sud, traversant maintenant presque tous les pays, une faille sépare une petite minorité privilégiée qui tend à se situer « au-dessus » de la société, et des masses de plus en plus nombreuses vouées au dénuement et à l'exclusion — tandis que le reste de la population vit, selon les pays, dans l'espoir de sauvegarder ses ressources ou d'améliorer son mode de vie, ou dans l'angoisse d'en être dépouillé. Un tel degré d'inégalité, dans un monde de plus en plus peuplé et interdépendant, est explosif. S'il devait perdurer, ce ne pourrait être que dans le cadre d'une sorte d'apartheid mondial, dont nous pouvons déjà voir se mettre en place les premiers éléments[25]. Est-ce une telle Humanité que nous souhaitons ?

Plus concrètement, toute réflexion sur les grands problèmes de notre monde comme tout effort en vue de définir des stratégies d'action sont vides de sens s'ils n'intègrent pas ce problème crucial de notre temps : la profonde, l'insupportable inégalité du monde et de la plupart des sociétés.

Engrenages

Marshall Sahlins rapporte que, discutant les idées de Destutt de Tracy, Marx admettait que « dans les nations pauvres les gens sont à leur aise », alors que dans les nations riches « ils sont généralement pauvres »[26]. Ce paradoxe correspondait probablement assez bien à la situation du XIXe siècle.

Les « sociétés riches » étaient en cours d'industrialisation. De nombreuses activités étaient déstabilisées ou détruites et le prolétariat mobilisé dans l'industrie était soumis à de très dures conditions salariales : beaucoup de gens étaient pauvres. Quant aux sociétés pauvres, c'étaient encore des sociétés où les activités de subsistance avaient gardé leur place : et beaucoup pouvaient s'y sentir à l'aise.

25. Voir *infra*, chapitre 7.
26. Cité par SAHLINS 1972, 1976, p. 38.

Aujourd'hui, il y a encore des pauvres dans les pays riches ; mais, dans les pays pauvres, il y a de plus en plus de pauvres, et qui se sentent de plus en plus pauvres.

Croissance des populations, croissance des besoins et inégalités du monde se conjuguent : leur combinaison rend impossible tout retour en arrière et suscite des besoins de croissance économique dans pratiquement toutes les sociétés — besoins de croissance qui en quelque sorte verrouillent la soumission des sociétés à l'économie et contribuent à transformer en nécessité historique ce que nous avons nommé la « fatalité économique ».

Croissance des populations : de deux milliards en 1927 à six en 1999, l'essentiel de cet accroissement aura eu lieu dans l'ex-tiers monde.

Croissance des besoins : en un siècle et demi, un nouveau mode de vie s'est mis en place en Occident et étendu dans pratiquement toutes les aires de richesse et de pouvoir des autres régions du monde. Il est devenu une norme pour les classes moyennes et les salariés de presque tous les pays. Il fascine les plus pauvres, et notamment les jeunes, dans le monde entier. Cela signifie qu'il existe actuellement une immense masse de besoins, plus ou moins vivement ressentis, non satisfaits et donc un énorme besoin potentiel de croissances qui, avec les technologies actuelles aggraveraient considérablement les dégradations environnementales. Mais, en même temps, qui, parmi ceux qui bénéficient de ce mode de vie, oserait dire que les autres — quatre milliards et demi aujourd'hui, six, huit ou dix milliards demain — n'ont pas vocation à y accéder ?

Ne prenons qu'un exemple : l'automobile, produit culte des croissances fordistes des années vingt et cinquante/soixante-dix. Elle a encore devant elle, à travers le monde, quelques nouvelles décennies glorieuses (tableau 5.2).

Et il n'y a pas que l'automobile : pensons à l'équipement des foyers, aux équipements urbains, aux chemins de fer et aux aéroports, au téléphone, au multimédia, à la santé, à la culture... Ainsi s'impose partout l'« impératif de croissance » : sauf bouleversements brutaux, la croissance économique va constituer une nécessité historique pour encore plusieurs décennies ; et sauf actions volontaristes fortes ou

TABLEAU 5.2. PARC DE VOITURES EN CIRCULATION (EN MILLIONS), 1913-2020

Dans 44 pays (1913-1973) [a]				
	États-Unis	*17 autres pays développés*	*26 pays du tiers monde*	*Total*
1913	1,2	0,3	—	1,5
1950	40,3	8,6	1,7	50,6
1973	102,0	103,9	13,4	219,3
Dans le monde (1985-2020) [b]				
	Amérique du Nord	*Autres pays développés*	*Ex-tiers monde*	*Total*
1985	140	192	43	375
2020	165 [c]	367 [c]	685[c]	1 217[c]

a. MADDISON 1995, p. 76.
b. Benjamin DESSUS et François PHARABOD, *Quels systèmes énergétiques pour un développement durable ?*, doc. CNRS-PIRSEM multigraphié, Paris, sd.
c. Prévisions.

inflexions majeures, ce sera un type de croissance que nous connaissons bien, qui engendre ensemble richesses et pauvretés, exacerbe les besoins, dégrade l'environnement et suscite finalement de nouveaux manques, de nouvelles difficultés et de nouveaux besoins de croissance.

Une course sans fin ?

Dans les pays pauvres, innombrables sont ceux qui aspirent à accéder à l'essentiel, à sortir du dénuement, tandis que les oligarchies cherchent à s'enrichir autant et aussi vite que possible. Dans les pays dits « émergents », l'argent circule à flots dans les classes dirigeantes, tandis que des fractions croissantes des populations aspirent à accéder au mode de vie des pays industrialisés riches. Mais dans ces derniers pays, la croissance ne peut se soutenir qu'en suscitant de nouveaux besoins, donc en transformant sans cesse le mode de vie.

Bien plus, confrontés au chômage, au renouveau de la pauvreté, au délitement du tissu social, c'est la croissance que se donnent comme principale perspective les pays les plus riches du monde, leurs dirigeants, leur firmes et leurs places financières. Ainsi, le candidat Bill Clinton, en 1992, lors de sa première campagne pour la présidence des États-Unis, promettait de doubler le produit national d'ici à 2005 pour guérir les maux de la société américaine. Et un des thèmes de la campagne qui permit sa réélection en 1996 a été le pont à construire entre le présent et le futur : au cœur du dispositif proposé, une « stratégie pour la croissance et l'élévation du niveau de vie[27] ».

Ainsi, une nouvelle fois, ce sera par la création de nouveaux besoins et par la transformation du mode de vie des couches et classes à pouvoir d'achat élevé que passera principalement la croissance. Croissance qui, loin de les faire reculer, s'accompagnera d'un renouvellement des pauvretés.

Riches ou aspirant à l'être, les sociétés sont comme prises dans les rouages et les spirales sans fin d'une machinerie économique à produire, distribuer et détruire des richesses. Une machinerie planétaire, c'est-à-dire à la fois locale, nationale, multinationale et mondiale. Une machinerie qui concerne presque la totalité de l'Humanité, et dans laquelle chacun ou presque est rouage : agent, bénéficiaire et/ou victime. Multitudes de victimes ; petit nombre de très grands bénéficiaires ; mais des classes et des couches de plus en plus nombreuses, à la fois victimes et bénéficiaires, qui n'ont d'autre choix pour subsister que de participer au fonctionnement de l'ensemble.

Titanesque machinerie, dont les laudateurs ne voient que les emplois et les richesses qu'elle crée, tandis que ses contempteurs ne voient que les chômages et les détresses qu'elle suscite. Alors que sont indissociables ces deux aspects.

Machinerie faite d'hommes et de sociétés à l'œuvre, qui a pu être maîtrisée à l'échelle nationale il y a quelques décennies, dans le cadre soit d'efforts de guerre, soit des compromis sociaux-démocrates, mais qui aujourd'hui, dans sa dynamique multinationale/mondiale, paraît devoir échapper à toute maîtrise.

La concurrence stimule, mais ses astreintes sont

27. US DEPARTMENT OF COMMERCE 1995, p. 15 *sq.*

pesantes : pour s'en défaire, l'innovation permet, grâce aux nouveaux produits, procédés et marchés, de reconstituer des aires monopolistes. Les marchés se saturent, les besoins des détenteurs de pouvoir d'achat s'émoussent : il faut les réveiller, créer de nouveaux besoins, en faisant, s'il le faut, appel à la technoscience.

Nouveaux marchés, nouvelles croissances, nouveaux besoins, nouvelles marchandises, nouvelles pauvretés, nouvelles frustrations, nouveaux chômeurs. Et donc besoin de nouvelles croissances, de nouveaux besoins, de nouvelles marchandises et de nouveaux marchés... A l'antipode de l'état stationnaire porteur de la possibilité pour l'homme, libéré de la nécessité, de développer d'autres dimensions de son humanité, nous sommes entraînés dans une course sans fin — qui à l'argent pour l'argent, qui à l'argent pour la subsistance, qui à la survie pour la survie.

Dès lors que l'économie domine les sociétés, les inégalités de notre monde et les dynamiques de l'inégalité rendent inexorable l'engrenage sans fin des croissances. Et dans un monde et des sociétés très inégalitaires, les dynamiques de l'économie reproduisent, souvent aggravent, pauvreté, chômage et exclusions.

La Terre en danger

Les Kew Gardens de Londres présentent la longue évolution dans le temps de la végétation terrestre. Avant l'entrée dans notre ère, on trouve ce panneau : « En moins de 300 000 ans, l'espèce humaine a bouleversé ce que la nature a mis des milliards d'années à construire[28]. » En fait, l'essentiel de ce bouleversement a eu lieu dans les trois cents dernières années, et le plus brutal, à l'échelle de l'ensemble de la planète, dans le dernier demi-siècle.

La Terre et les sociétés

Avec l'apport des rayonnements solaires, les cycles physico-chimiques, puis les cycles physico-chimico-biolo-

28. Cité par Vincent TARDIEU, « Les végétaux ont mis 3,5 milliards d'années pour coloniser la planète », *Le Monde*, 13 juillet 1995.

giques, la Terre s'est reproduite à travers des millions de millénaires : reproduction à échelle constante, mais non reproduction à l'identique puisqu'elle a été le support de ruptures, de mutations, d'évolutions majeures. L'exubérance, la prolifération de la vie, parfois dévastatrices ou autodestructrices, ont été modérées par divers processus autorégulateurs.

Tant qu'elles sont demeurées peu nombreuses et limitées dans leurs capacités d'action, les sociétés humaines se sont insérées dans cette reproduction à échelle constante. Pour celles qui ont dégradé leur milieu et leurs ressources, le prix a été le déclin, la recherche d'autres territoires ou l'extinction. Presque toujours des équilibres ont été trouvés, auxquels contribuèrent connaissances accumulées, modération des besoins et régulation démographique. Quelles qu'aient été l'ampleur de ses œuvres et la gravité de ses dégradations, l'homme demeurait faible et dépendant sur sa Terre, terrible et nourricière.

Depuis deux millénaires, et d'une manière particulièrement marquée depuis cinq ou six siècles, des ruptures de rythme ont eu lieu. Des processus interdépendants se sont alimentés les uns les autres et ont débouché sur de fulgurantes accélérations : élargissement et approfondissement des savoirs, renforcement des capacités techniques démultipliées par la mécanisation, la motorisation et le traitement électronique des données ; multiplication et intensification des échanges, division du travail, élévation des productivités, augmentation des productions, des prélèvements et des rejets ; croissance des populations, démultiplication des besoins. L'accélération donne le vertige : en deux siècles, tout a changé d'échelle. Même s'il lui arrive d'en subir encore les dérèglements et les fureurs, l'homme, à travers les dynamiques de ses sociétés disparates et inégales, porte atteinte aux équilibres vitaux de la Terre[29].

On peut mettre en cause le capitalisme : depuis deux siècles, le développement de tout un ensemble d'activités,

29. Voir notamment BEAUD et *al.* (dir.) 1993, première partie : « Les hommes et la planète ».

mené dans la perspective de la rentabilité immédiate de chaque firme, s'est accompagné de ce que les économistes appellent joliment des « déséconomies externes » : gaspillages de ressources, destructions ou altérations graves de paysages, accumulation de déchets plus ou moins nocifs et pollutions de différents types. Cela continue sous de multiples formes, malgré d'indéniables efforts, inégaux selon les pays, de législation et de réglementation.

Sont à la source des pollutions toute la gamme des entreprises (industrielles, agricoles, énergétiques, de transport, de commerce, de construction et de tourisme), mais aussi les villes, les administrations, les forces armées. Plus largement, il faut également mettre en cause l'étatisme : dans la course au « rattrapage », industrialisation ou développement, les programmes et production étatiques ont aussi été à l'origine d'atteintes graves et profondes à l'environnement. Et cela aussi bien dans le cadre du « modèle soviétique » que sous la férule de dictatures de l'ex-tiers monde.

Enfin, dans certaines régions de pays à faible revenu, des populations vivent des situations d'extrême dénuement : les besoins essentiels ne sont pas satisfaits ; la croissance de la population conduit à une surexploitation du milieu (surpâturage, cultures intensives, recherche de bois de feu) et à une destruction des ressources (forêts, eau, sols) créant de graves handicaps pour le futur. Dans certaines zones de montagnes (Andes, Asie du Sud-Est), la destruction des sols liée à la déforestation peut être irréversible. Ailleurs (Afrique tropicale), les dommages sont amplifiés et aggravés par la désertification à laquelle ils peuvent contribuer.

Ainsi, la Terre est mise en danger à une échelle massive, planétaire, d'abord par les prélèvements, rejets et gaspillages irresponsables et imprévoyants liés au mode de vie « moderne », mais aussi, en d'autres lieux, par les efforts pour survivre de populations abandonnées dans le dénuement et le manque des ressources essentielles.

Depuis quelques décennies, l'ensemble des pays riches et démocratiques, mais aussi nombre de pays non démocratiques et de pays à revenus bas ou intermédiaires, ont adopté des législations et réglementations « pro-environnementales » : celles-ci visent à restreindre les effets externes négatifs des activités productrices sur l'environnement. Ce qui se traduit, d'une manière ou d'une autre, au moins dans un premier temps, par des coûts supplémentaires pour les entreprises. Face à ces contraintes, certaines firmes anticipent et s'engagent dans des voies pro-environnementales novatrices[30]. D'autres respectent la réglementation (plus ou moins strictement). D'autres encore échappent à cette réglementation de diverses manières (chantage à la fermeture et au chômage, recours à des sous-traitants ou fournisseurs qui « se débrouillent », délocalisation dans des pays à « faibles contraintes environnementales » ou appel à des fournisseurs de tels pays).

Il ne faut donc pas trop se fier aux apparences ni à la « communication » des grandes firmes : une façade exemplaire, une réalisation modèle ou une fondation cultivant l'image de la nature et de son respect cachent encore trop souvent un ensemble de pratiques directement ou indirectement néfastes et destructrices. Ce qui n'est pas sans conduire à un certain nombre de contradictions : des viticulteurs (dont certains abusent des traitements chimiques) redoutent poussières et fumées ; les firmes d'eaux minérales (qui nous inondent de bouteilles et emballages en plastique) veillent à ce que leurs sources ne soient pas polluées ; et des villes et des promoteurs souhaitent que les autres respectent un paysage, que leurs propres développements souvent dégradent...

Au total, les forces qui concourent à l'aggravation des problèmes environnementaux sont puissantes et profondes : certains se bornent à mettre en cause l'augmentation, indéniable, du nombre des hommes ; mais jouent un rôle encore plus considérable le gonflement des besoins, les engrenages de croissance dans lesquels sont prises toutes les sociétés, et la profondeur des inégalités, tant entre les pays qu'au sein de chaque pays. La Terre supporte de moins en moins nos croissances, alors que nos sociétés

---

30. Par exemple, la conception de véhicules automobiles dont la production serait peu polluante, dont l'utilisation serait économe en énergie et peu polluante et qui, en fin de vie, pourraient être quasi intégralement recyclés.

en ont de plus en plus besoin : car elles « marchent à la croissance ».

S'est donc engagé un véritable conflit entre la reproduction des sociétés humaines et la reproduction de la Terre. Les premiers symptômes se sont manifestés de plus en plus fortement au cours des dernières décennies. Depuis la seconde moitié des années quatre-vingt, nombreux sont ceux qui proclament la Terre en danger[31]. Dans la première moitié des années quatre-vingt-dix, les décisions à la mesure des enjeux n'ont pas été prises. Le conflit ne peut, dans les décennies qui viennent, que tendre à s'élargir et à s'aggraver.

Face à la pression des urgences, des nécessités, des rapacités, la Terre a toute chance de perdre, et, avec elle, les générations futures. Comme il résonne curieusement aujourd'hui, ce verset de l'Apocalypse : « Ils seront détruits, ceux qui détruisent la Terre. »

De nouveaux marchés

Dans le mouvement de généralisation des marchés et d'extension du capitalisme à tous les domaines, la dégradation de l'environnement — comme la maladie, la solitude, l'angoisse, l'insécurité, le manque d'eau — est devenue une occasion d'affaires. Pour bien des firmes les atteintes à l'environnement peuvent être à l'origine de marchés rentables. Après le traitement de l'eau, le recyclage et la valorisation des déchets, la dépollution des sols et le traitement des anciens sites industriels, le désamiantage des bâtiments sont devenus des activités rémunératrices.

Pour l'eau, il y a eu passage progressif d'un service (public ou marchand) de livraison d'eau par canalisations à domicile au service (payant) d'une livraison d'eau traitée industriellement : le prix de celle-ci tend à augmenter, à la fois du fait de la détérioration de la ressource (qu'une « bonne économie » aurait dû conduire à ne pas gaspiller et ne pas dégrader) et du fait de l'élévation des normes.

---

31. « Endangered Earth » affirmait la couverture du numéro de *Time* consacrant la Terre « planète de l'année » (« Planet of the Year », 2 janvier 1989).

Pour les déchets et les sites industriels, ce sont principalement les normes et réglementations qui créent un marché potentiel sur lequel vont, ou ne vont pas, s'exprimer les demandes solvables. Quant à l'amiante, le chiffre d'affaires du désamiantage en France devrait se situer entre cent et cent cinquante milliards de francs et l'activité du traitement de l'amiante devrait être soutenue dans les prochaines années.

Comme dans le cycle destructions de guerre-reconstruction, dans l'engrenage pollution-dépollution, ni la Terre ni les sociétés humaines ne gagnent. Seules des firmes en tirent profit. C'est la prévention et la mise en place de procédés productifs (de transport, de logement, etc.) non agressifs pour l'environnement qui doivent fonder une civilisation technique « durable ». Cette orientation a d'ailleurs ouvert de nouvelles perspectives de marché, dans lesquelles se sont déjà situées un certain nombre de firmes. Mais rien n'est joué ; beaucoup va dépendre d'une multitude de comportements, alors que chacun est souvent éclaté entre différentes attitudes : celle du consommateur (soucieux du prix et de la qualité, mais pas forcément de l'environnement), celle du membre d'une famille (attaché à sa santé), celle du citoyen (désirant un cadre de vie agréable), celle de l'automobiliste (qui exige voies rapides et parkings), celle du pollueur et celle de l'écologiste. Bien difficile de dire qui prendra le dessus.

Car elles ne manquent pas, les firmes qui continuent sous de multiples formes à minimiser leurs coûts en produisant d'une manière non respectueuse de l'environnement ou en fabriquant des produits qui eux-mêmes contribuent à polluer. Ne manquent pas non plus les experts qui sous-estiment les problèmes de pollution ou de santé, ni les techniciens et les scientifiques qui accréditent l'idée qu'on saura bien un jour « régler tout ça » : sans jamais dire ni à quel coût ni à quel risque.

Dans certains cas, il peut même y avoir convergence d'intérêts entre firmes polluantes et firmes dépolluantes : ainsi pour les emballages et suremballages de produits, source importante des déchets ménagers. Dans certains pays, les pouvoirs publics ont imposé aux producteurs et distributeurs de biens de consommation de réduire au strict minimum nécessaire ces emballages et suremballages. Dans d'autres, comme en France, la réglementation est plus lâche : y trouvent leur compte et les fabricants d'emballages et suremballages, et les entreprises de traitement des déchets.

Tout désormais est l'enjeu d'intérêts. Quand une firme électronucléaire s'émeut, à pleine page de publicité, du problème de l'effet de serre, il est difficile d'être dupe. Quand la même firme présente la voiture électrique comme une voiture propre, sans parler ni des déchets ni des risques nucléaires, certains risquent d'être abusés. Quand des éleveurs industriels, après avoir adondamment pollué en Bretagne, notamment l'eau, forment le projet de s'installer dans le Massif central, il y a de quoi s'inquiéter. Et quand la Commission européenne adopte une directive rendant obligatoire le remplacement de l'ensemble des canalisations en plomb pour l'eau potable — un marché de 220 milliards de francs pour l'ensemble de l'Europe, dont la moitié en France —, on peut s'interroger : d'abord, parce que le lobby industriel de la plasturgie (notamment allemand) a fortement poussé en faveur de cette directive ; ensuite, parce que le comportement à moyen et long terme des canalisations appelées à remplacer le plomb est mal connu[32]. Peut-être faudra-t-il les changer à nouveau dans quelques décennies.

Qu'y gagne la Terre ? Et qu'y gagnent les sociétés humaines ?

Prise de conscience

22 avril 1970, aux États-Unis : premier Jour de la Terre (Earth Day).

1972, Stockholm : première conférence internationale des Nations unies sur l'environnement.

1979, Genève : première conférence internationale sur l'homme et le climat.

---

32. *Le Monde*, 13 décembre 1996.

1985, Vienne : convention en faveur de la protection de la couche d'ozone.

1987, Montréal : protocole pour la protection de la couche d'ozone.

1987, rapport de la commission mondiale sur l'environnement et le développement : *Our Common Future*, traduit en français *Notre avenir à tous*.

1989, La Haye : déclaration de vingt-quatre chefs d'État ou de gouvernement « Notre pays, c'est la planète ».

1989-1990 : première conférence de Londres, conférence d'Helsinki et deuxième conférence de Londres pour la protection de la couche d'ozone.

1992, Rio de Janeiro : conférence des Nations unies sur l'environnement et le développement ; convention sur les changements climatiques.

1995, Berlin : conférence sur l'effet de serre.

1997, Kyoto : conférence prévue sur l'effet de serre, où devrait être adopté un protocole, notamment sur les émissions de gaz carbonique.

A l'échelle de l'histoire et compte tenu des pesanteurs intellectuelles et institutionnelles, la prise de conscience et la mobilisation de la communauté internationale face aux risques environnementaux globaux ont été rapides.

Mais on peut raconter l'histoire autrement.

Menaces sur l'ozone

Depuis des millénaires, la « couche d'ozone[33] » filtre les rayonnements solaires ultraviolets. Par là, elle a contribué à rendre possibles l'apparition et la reproduction de différentes formes de vie, du plancton à de multiples espèces végétales et animales.

Compte tenu de la fragilité de cette couche, de premières inquiétudes ont été formulées, dans les années soixante, face aux projets d'avions supersoniques civils. En 1974,

33. En réalité, la présence à faible densité de molécules d'ozone dans l'atmosphère, entre 10 000 et 40 000 mètres d'altitude.

dans un article de *Nature*, deux chimistes[34] mettaient en cause le chlore contenu dans les chlorofluorométhanes comme susceptible de détruire les molécules d'ozone. La mise en cause s'élargit assez vite à la famille des chlorofluorocarbones (CFC), produits que l'industrie chimique avait développés dans les années cinquante pour leurs qualités en matière de sécurité et de non-dangerosité. Très vite, l'industrie chimique américaine, menée par le premier producteur mondial DuPont de Nemours, entra en campagne pour combattre ces thèses.

Les observations mises en place montrant une « érosion » régulière de la « couche d'ozone » et les pressions écologistes s'intensifiant, quelques gouvernements prirent des mesures ponctuelles. Mais la constatation, en 1985, de l'existence d'un « trou d'ozone » (forte réduction de la densité — déjà faible — de l'ozone) au-dessus de l'Antarctique créa un véritable choc psychologique, tant chez les scientifiques que dans l'opinion publique. Signé en 1987 par les principaux pays producteurs et consommateurs, le protocole de Montréal prévoyait un gel à partir de 1989, puis une réduction des productions et consommations de CFC. Mais en 1988, DuPont, qui avait très tôt engagé des recherches de produits de substitution et qui, du fait de leurs résultats positifs, bénéficiait d'une avance technologique, annonçait son intention de raccourcir l'échéancier de Montréal et de viser la suppression de ses productions de CFC d'ici à la fin du siècle. S'ensuivit un coup d'accélérateur. Malgré leurs manœuvres de retardement, les autres entreprises américaines et européennes durent s'aligner. Quant aux objections émises par de grands pays du Sud du fait du surcoût qu'allait entraîner pour eux le recours aux nouveaux procédés, elles furent progressivement prises en compte lors de trois conférences tenues en 1989. Des échéanciers d'arrêt de la production de différentes catégories de CFC furent adoptés, avec deux concessions en faveur des pays du Sud : d'abord, des délais supplémentaires de dix ans sur l'ensemble des dates de l'échéancier ;

34. L'Américain Frank S. Rowland et le Mexicain Mario Molina ont, pour ces travaux précurseurs, reçu en 1995 le prix Nobel de chimie.

ensuite, un soutien financier pour prendre en charge le surcoût tenant aux nouvelles technologies.

Pour autant, la menace est loin d'être écartée. D'abord, les CFC sont des molécules stables qui ne se dissocient qu'en haute altitude sous l'effet des rayonnements solaires ultraviolets. Un spécialiste a estimé que « 35 % seulement des CFC produits depuis 1950 étaient en 1992 parvenus dans la stratosphère[35] ». Une fois arrêtée la production des CFC, la détérioration de la couche d'ozone se poursuivra pendant encore plusieurs décennies.

Ensuite, les pays de l'ex-tiers monde utilisent les délais qui leur ont été accordés pour produire des CFC, et parfois créer ou agrandir leurs capacités de production. Plus grave : selon divers indices, certaines firmes du Nord (et donc soumises dans leur pays aux échéanciers adoptés) sont associées (à travers des sous-filiales ou des partenaires) à des productions de CFC dans le Sud. En outre, un commerce clandestin de CFC est en train de se développer en Amérique du Nord. Enfin, certains substituts aux CFC sont suspectés d'être encore dangereux pour la couche d'ozone, tandis que s'allonge la liste des autres produits (à base de chlore, de brome, etc.) eux aussi dangereux.

Ainsi, malgré l'exceptionnelle rapidité de la prise en compte du problème, la couche d'ozone demeure en danger. En un sens, il s'agit d'un véritable cas d'école. D'abord, les activités humaines modernes portent atteinte à l'intégrité de la planète dans un domaine bien précis : la couche d'ozone ; et cela met en danger des espèces vivantes, y compris les hommes (cancers de la peau, atteintes aux yeux).

Ensuite, le problème est assez vite pris en charge par des mouvements pro-environnementaux, puis par quelques pays à sensibilité écologique. Mais ce sont les enjeux économiques qui vont être déterminants : la première réaction des industriels producteurs — avec DuPont et avec le soutien de leurs appareils étatiques (américain, britannique, français) — a été de nier le problème. Mais dès que

35. Gérard MÉGIE, « Effets retard et effets de digue », *in* BEAUD et *al.* (dir.), 1993, p. 92-93 ; MÉGIE 1992.

DuPont, avec des substituts, s'est trouvé en position de reconquérir une avance technologique, il a changé de posi tion, devenant même un partisan de la prohibition rapide des CFC. Et le front industriel s'est, pour un temps, disloqué.

Enfin, le clivage Nord-Sud est très vite devenu déterminant. Les grands pays du Sud ont facilement pu dire au Nord : « Ce sont vos CFC qui sont à l'origine des dégâts et ce n'est donc pas à nous d'en supporter les conséquences en termes de contraintes et de charges supplémentaires pour un développement qui est déjà suffisamment difficile à réaliser. » Mais là où les choses prennent une teinte de noire ironie, c'est quand des firmes du Nord utilisent des facilités accordées au Sud pour poursuivre d'autres manières leurs productions de produits à la dangerosité reconnue.

Conflits de reproduction imbriqués : entre les sociétés d'opulence, quelques grandes firmes et la Terre, avec des risques pour le vivant et les hommes ; entre les firmes entre elles ; entre les grands pays du Sud et des pays du Nord ; et peut-être, demain, entre les sociétés du Sud et la Terre.

Changement climatique ?

L'histoire des risques d'un changement climatique est assez différente, même si l'on retrouve les mêmes enjeux fondamentaux. La Terre bénéficie d'un « effet de serre naturel » : des rayonnements reçus du soleil et qui se réfléchissent sur la surface terrestre et les océans sont renvoyés par des couches nuageuses et gazeuses de l'atmosphère, ce qui a contribué à l'établissement du système de climats et de températures qui a permis le développement de la flore, de la faune et de l'Humanité.

Depuis l'industrialisation et l'utilisation massive d'énergies fossiles, les activités humaines se sont traduites par l'émission de gaz qui contribuent à accentuer cet effet de serre, ou, pour reprendre le jargon des spécialistes, suscitent un « effet de serre additionnel d'origine anthropique[36] ».

Pressentie ou prédite par différents scientifiques depuis la fin du XIXᵉ siècle, l'accentuation de l'effet de serre fait l'objet d'études systématiques depuis les années soixante-dix. Tout au long de la période 1980-1995, malgré des voix discordantes, un consensus a convergé sur un diagnostic, auquel s'est ralliée la quasi-totalité de la communauté scientifique concernée : les activités humaines récentes contribuent à accentuer l'effet de serre. D'ici à 2100, l'augmentation moyenne de la température devrait être comprise entre 1 °C et 3,5 °C, avec comme valeur la plus probable 2 °C ; l'élévation du niveau des océans devrait être comprise entre 15 et 95 cm, avec comme hauteur la plus probable 50 cm, ce qui est préoccupant pour les îles au ras de l'eau et les basses terres des grands deltas, souvent très peuplées.

Ce changement climatique s'inscrit dans le mouvement long des évolutions des climats[37] : il n'est donc pas aisé à déceler avec certitude[38]. En outre, il devrait s'accompagner de la multiplication d'événements météorologiques anormaux. Quant à ses impacts par régions, ils seront hétérogènes (accentuation de la pluviosité ou de la sécheresse, relèvements relativement accentués ou atténués des températures) et demeurent encore largement imprévisibles.

Les petits États îliens et des pays pauvres d'Asie (Bangladesh, Viêt-nam) sont les plus menacés, mais ils pèsent peu dans le concert international. Aux États-Unis, les lobbies de l'automobile et du pétrole ont étouffé toutes les velléités de réduire la consommation pétrolière. Les pays pétroliers du Golfe soutiennent la même position. Et les pays producteurs de charbon (comme la Chine, l'Inde et l'Afrique du Sud) sont contre toute limitation des consom-

36. C'est cet « effet de serre additionnel d'origine anthropique » que l'on nomme couramment « effet de serre ». Parmi les « gaz à effet de serre » d'origine anthropique, les uns se trouvent déjà dans les cycles biochimiques de la planète (bioxyde de carbone CO_2, méthane CH_4, oxyde nitreux N_2O) et d'autres non (notamment les CFC et leurs substituts).

37. DUPLESSY et MOREL 1990.

38. ROQUEPLO 1993.

mations de combustibles fossiles, en tout cas pour le Sud. Rien de contraignant n'a donc été décidé ni à Rio en 1992, ni à Berlin en 1995, les discussions devant reprendre à la conférence de Kyoto de 1997.

Vers le milieu du XIXe siècle, un grand économiste britannique, Stanley Jevons, avait annoncé une grave pénurie de charbon pour le milieu du XXe siècle. Un peu plus tard, certains s'inquiétaient de la croissance de la circulation hippomobile dans les villes et prévoyaient que Londres serait submergée par l'accumulation de crottin. Ne tombons pas dans ces erreurs : de nouvelles énergies seront certainement mises en œuvre. Mais tout aussi certainement, la masse des gaz à effet de serre que nous avons émis dans le dernier demi-siècle et de ceux que nous émettrons dans les prochaines décennies va entraîner un certain réchauffement, donc un ensemble de changements climatiques. En soi, ce n'est peut-être pas dramatique, mais, s'ajoutant aux nombreuses sources de tensions et de difficultés existantes, cela aggravera certainement les difficultés de telles ou telles régions du monde.

Là encore, conflits imbriqués de reproduction : entre les sociétés de consommations du Nord, des firmes et des pays producteurs d'énergies fossiles et la Terre, qui n'est guère défendue que par quelques mouvements et pays à sensibilité écologique, ainsi que par les pays les plus manifestement menacés (avec l'encombrant soutien de l'électronucléaire). Mais aussi conflit entre l'ensemble du Nord, responsable de l'essentiel de l'effet de serre d'origine anthropique jusqu'à nos jours, et l'ensemble du Sud qui est susceptible d'y contribuer très puissamment dans les prochaines décennies.

Le principe de précaution[39] ne pèse guère Un petit nombre de puissants intérêts l'ont jusqu'ici emporté, avec le soutien d'un petit nombre de puissants pays. Pauvre planète !

39. Voir GODARD (dir.) 1997.

L'enjeu Nord-Sud

Couche d'ozone, effet de serre : en ces deux domaines, comme en beaucoup d'autres, l'enjeu Nord-Sud va être décisif.

Le Nord a incontestablement été la principale source de prélèvements, de pollutions et de déséquilibres environnementaux. Depuis une vingtaine d'années, et d'abord sous la pression du mouvement écologique, il a commencé à réduire les atteintes les plus brutales, ce que facilitent le reflux du capitalisme industriel et la délocalisation de certaines activités dans des pays de l'ex-tiers monde. Le capitalisme technologique s'annonce moins polluant, même si l'on peut redouter certains effets des nouvelles technologies, manipulations de la vie et de la matière notamment. Double responsabilité du Nord, donc : pour les atteintes provoquées par les pollutions de l'ère industrielle, et pour les risques à venir découlant des nouveaux procédés de l'ère technologique.

Mais c'est désormais des pays du Sud, avec leurs populations nombreuses et industrieuses, leurs nouvelles croissances, l'urbanisation, la modernisation, l'attrait pour la société de consommation, que va, dans les prochaines décennies, se développer l'essentiel des processus déstabilisateurs. Les dirigeants de ces pays ne sont pas prêts à freiner ou infléchir leurs dynamiques de développement pour contribuer à la sauvegarde d'une planète, dont les équilibres ont jusqu'ici été principalement mis à mal par l'insouciance et l'égoïsme des pays les plus riches.

D'ailleurs, même si elles paraissent endiguées, les pollutions du Nord restent massives. Bien plus, une partie des pollutions localisées dans le Sud sont en fait, d'une manière ou d'une autre, de la responsabilité de firmes du Nord : déchets (urbains, industriels, chimiques ou nucléaires) « exportés » dans des pays pauvres du Sud ; délocalisations d'activités polluantes ou dangereuses ; vente de produits ou mise en œuvre de procédés interdits au Nord.

Mais le cœur du problème est ailleurs : le mode de consommation et de vie « moderne », sous sa forme actuelle, n'est pas « soutenable ». Il ne peut ni se perpétuer dans les pays qui en bénéficient, ni s'étendre à tous les hommes et femmes du monde qui en rêvent ou le souhaitent ; cependant que, dans tous les pays du monde, des couches ou des classes sociales tentent d'y accéder ou y aspirent.

Une seule illustration qui, par elle-même, forme argument : les habitants des pays à revenu élevé consomment, en moyenne 5,2 tonnes d'équivalent pétrole par tête ; les habitants des pays à revenu intermédiaire, 1,6 tonne ; et les habitants de la Chine et de l'Inde, 174 kilos[40]. Si chaque humain consommait autant qu'un habitant du Nord, la consommation mondiale annuelle serait de 29 milliards de tonnes d'équivalent pétrole, près de quatre fois la consommation mondiale effective.

Pas plus que celles des pays riches, sur lesquelles elles sont calquées, les croissances du Sud ne sont soutenables. Mais, pas plus que le Nord n'est prêt à remettre en cause son mode de vie, les pays du Sud ne sont prêts à renoncer à leurs croissances. C'est un nouveau cours qu'il aurait fallu choisir et mettre en œuvre dans les années quatre-vingt-dix. Disposant des principales ressources financières, industrielles, techniques et scientifiques, les pays à revenu élevé auraient dû engager les efforts nécessaires pour promouvoir un autre mode de consommation et de vie. Ils auraient dû élaborer et proposer une stratégie mondiale pluridécennale d'équipement en matériels à haute efficacité énergétique pour limiter les risques, économiser de l'énergie et laisser la planète en meilleur état dans quelques décennies. Ils auraient dû en assumer l'essentiel des charges, soit au titre de la compensation des dégâts qu'ils ont causés à la planète, soit tout simplement du fait de leurs capacités financières. C'était une des perspectives ouvertes lors de la

---

40. Autre manière de décrire la même réalité et autre manière de saisir l'inégalité du monde : les 850 millions d'habitants des pays à revenu élevé, 14 % de la population mondiale, consomment en 1994 plus de la moitié (54 %) de l'énergie commerciale mondiale. Face à cela, 1,6 milliard d'habitants des pays à revenu intermédiaire, 28,6 % de la population mondiale, consomment 30,8 % de cette énergie ; et les 2,1 milliards d'habitants de la Chine et de l'Inde, 37,5 % de la population mondiale, en consomment 12,3 % (chiffres BANQUE MONDIALE 1996, p. 220-221 et 234-235).

Conférence de Rio de 1992. Mais les hommes d'État et de gouvernement et les dirigeants des grandes firmes et des grands organismes mondiaux n'ont eu ni la vision ni le courage de cela.

Face à des problèmes touchant la planète entière, et dont les effets sont multiples et incertains, le principe de précaution aurait dû prévaloir. Mais ce sont les intérêts de certaines firmes, de certains pays et de quelques dizaines ou centaines de millions de consommateurs qui l'ont emporté… pour conduire à ne rien faire. Nos pays ont été deux fois capables, dans ce siècle, de mobiliser en quelques mois, pour la guerre, 40 % de leurs capacités productives. Ne serions-nous pas capables d'en mobiliser la moitié pour l'avenir de la Terre, du vivant et des hommes ?

Avons-nous besoin d'une catastrophe ? Malheureusement, si elle se produisait, la note à payer serait infiniment plus lourde et la réaction risquerait fort d'être : chacun pour soi !

6

Enjeux majeurs

Savant et philosophe des Lumières, Condorcet écrivait en 1793 : « Tout nous dit que nous touchons à l'époque d'une des grandes révolutions de l'espèce humaine. [...] L'état actuel des Lumières nous garantit qu'elle sera heureuse ; mais aussi n'est-ce pas à condition que nous saurons nous servir de toutes nos forces[1] ? » A l'évidence, nous n'avons pas su « nous servir de toutes nos forces » : nous nous en sommes mal servis et devrions aujourd'hui les appliquer à donner sens aux bouleversements en cours.

Une question clé est celle de l'inégalité. D'abord parce que, nous l'avons vu, le degré d'inégalité atteint est extrême. Ensuite parce que la question de l'inégalité rejaillit sur tous les problèmes contemporains, comme sur leurs solutions. Certes, presque toutes les sociétés humaines ont été inégalitaires ; mais aucune n'a fonctionné en privant durablement un nombre élevé de ses membres de l'accès aux moyens de subsistance. Alors qu'aujourd'hui, en s'élargissant, la machinerie économique détruit des formes sociales et leurs capacités productrices, jusqu'à laisser sans subsistance de très nombreux hommes et femmes. En outre, toutes les sociétés inégalitaires avaient développé des systèmes de solidarité et de redistribution. Les nôtres sont en train d'affaiblir ou de démanteler ceux qu'elles avaient construits.

Au total, les inégalités anciennes se situaient, pour l'essentiel, dans des sociétés où l'extension des rapports

1. CONDORCET 1793, 1988, p. 89.

marchands et d'argent était limitée : les pauvres avaient accès à des biens gratuits (eau, bois) et à des biens communs (pâtures, forêts) et avaient la possibilité de produire hors marché l'essentiel de leur subsistance. Avec la généralisation des rapports marchands, tout cela — biens gratuits et communs, autosubsistance — tend à disparaître. L'inégalité change de nature : elle fait partie du fonctionnement même de la machinerie économique qui sans cesse reproduit des disparités au sein des diverses populations participant à son fonctionnement et son développement. Elle conduit à un clivage entre une société d'opulence et de consommation et des lambeaux de sociétés marginalisés, avec, à la limite, le risque d'un apartheid fondé sur l'argent.

En un sens, le spéculateur George Soros et les sœurs de Saint-Joseph se rejoignent. George Soros met en cause les sommes excessives que peut gagner un spéculateur : « Je reconnais qu'il y a quelque chose d'obscène dans le fait qu'on puisse, comme moi, gagner autant d'argent avec de l'argent par comparaison avec le salaire d'un ouvrier[2]. » Quant aux sœurs de Saint-Joseph, tout comme une organisation syndicale américaine (le NLC, National Labor Committee), elles mettent en cause l'écart faramineux entre les bas salaires payés par des sous-traitants de Disney à Port-au-Prince et les revenus du président de l'entreprise[3].

Dans les prochaines décennies, les inégalités peuvent encore s'aggraver. Mais elles peuvent aussi être réduites. C'est un enjeu décisif à l'échelle du monde comme dans chaque société. Des choix qui seront faits dépend la manière dont sera assuré l'ordre des sociétés, dont seront résolus les problèmes environnementaux, et refondée la cohérence au monde.

---

2. SOROS 1995, 1996, p. 33.

3. Selon le NLC, « Michael Eisner, le P-DG de Disney, a gagné 203 millions de dollars en 1993, 325 000 fois le salaire d'un ouvrier haïtien » (*Le Monde*, 28 janvier 1997).

La nouvelle alliance du capitalisme et de la technoscience

Une nouvelle mutation

On a parlé de crise du fordisme, de désindustrialisation. D'autres évoquaient la troisième révolution industrielle. Certains, après Colin Clark, ont estimé qu'on entrait dans l'ère du tertiaire[4] ; d'autres ont mis l'accent sur les services, l'immatériel, l'information ou la connaissance[5]. Chacune de ces interprétations éclaire un aspect de la réalité, mais aucune ne va à l'essentiel.

Les pays industrialisés, les pays capitalistes développés sont à l'évidence en train de sortir de l'ère industrielle. La part de l'industrie dans l'emploi total est tombée entre 1950 et 1992, aux États-Unis de 33,6 % à 23,3 %, au Royaume-Uni de 44,9 % à 26,2 %, en Hollande de 40,2 % à 24,3 %[6]. Comme cela a été le cas pour l'agriculture, la place de l'industrie, tant dans l'emploi que dans la production, est, dans les pays occidentaux, en train de passer au deuxième rang. Mais la mutation en cours a d'autres dimensions.

D'abord, après celle de l'Antiquité et celle des XVIIIe-XIXe siècles[7], s'est engagée une nouvelle phase de la division du travail et de la marchandisation : celles-ci touchent désormais l'ensemble des activités qui visent à assurer tant l'entretien et le bien-être des hommes eux-mêmes, la marche des entreprises, le fonctionnement des systèmes d'information et de décision, que la gestion du politique, des systèmes urbains, de l'environnement. Dans tous ces domaines apparaissent et se développent des activités de plus en plus spécifiques, de plus en plus fines, utilisant le plus souvent de récentes avancées technologiques.

---

4. CLARK 1940, 1960.

5. Ces thèmes ont fait l'objet de nombreux débats ; nous ne les aborderons pas ici, nous réservant de les examiner dans un prochain ouvrage.

6. En France (de 43,9 % à 28,1 %) et en Allemagne (de 43,0 % à 37,8 %), le recul est moindre. Dans le même temps, la part de l'emploi industriel progresse au Japon (de 22,6 % à 34,6 %) et très fortement en Chine (de 7,0 % à 22,0 %). Cf. MADDISON 1995, p. 38.

7. Voir SMITH 1776 et DURKHEIM 1893.

En même temps, la plupart des activités déjà existantes connaissent de profondes transformations : de l'agriculture aux transports, des industries aux différentes activités tertiaires (santé, culture, information, loisirs, administrations, etc.). Partout sont mobilisés de nouveaux savoirs scientifiques et techniques (concernant la matière, l'énergie, le vivant, l'électromagnétique, et particulièrement le stockage et la transmission des informations) et se multiplient, souvent liés à un grand système technique, les équipements intégrant de récentes avancées technoscientiques. L'aspect central de la nouvelle mutation est donc la transformation de la quasi-totalité des activités sociales et de pratiquement tous les aspects de la vie (individuelle, familiale, sociale), par le recours à de nouveaux produits, équipements et procédés façonnés par l'intégration ou l'insertion d'un nouveau savoir technique à base scientifique.

Troisième révolution industrielle, diagnostiquent certains. Pour l'essentiel, la première révolution industrielle — avec le charbon, la métallurgie, la mécanisation et le moteur à vapeur — avait fondé le passage du capitalisme manufacturier au capitalisme industriel du XIXe siècle. Et la deuxième révolution industrielle — avec l'électricité et le pétrole (et donc les moteurs électriques et à explosion), avec les télétransmissions et la chimie dure — a donné ses traits au deuxième capitalisme industriel, qui a dominé ce « court XXe siècle » allant de 1917 à 1987[8]. Et effectivement, au lendemain de la Seconde Guerre mondiale, on a pu penser qu'avec le nucléaire, le moteur à réaction, l'électronique et l'informatique, les innovations de la chimie et de la biologie, s'était engagée une nouvelle révolution industrielle.

En fait le changement est plus profond : il constitue le passage de l'ère industrielle — qui privilégiait la mobilisation d'énergies et de techniques dures pour la production de biens et équipements matériels — à une ère dominée par le couple science-technologie. La science orientée vers les applications technologiques, la technoscience, est en effet au cœur de la mutation en cours : non pas la tech-

8. BONNAUD 1992 (*Les Tournants*) p. 220.

noscience considérée comme force exerçant d'une manière autonome ses effets dans les transformations économiques et sociales et l'évolution de la civilisation [9], comme dans la « révolution scientifique et technique » vue par Richta à la fin des années soixante ; mais une technoscience de plus en plus systématiquement mobilisée par les grandes firmes, comme Karpik l'avait observé dès le début des années soixante-dix [10]. Ainsi s'est engagé le passage du deuxième capitalisme industriel à un capitalisme qui doit être qualifié de « technoscientique [11] » et qu'il nous arrivera d'appeler, pour alléger, « néotechnologique » ou tout simplement « technologique [12] ».

En fait, à l'échelle du monde, comme les stades de développement économique sont très disparates, plusieurs transitions sont en cours simultanément : des activités manufacturières aux activités (capitalistes ou étatistes) industrielles ; des premières industrialisations déjà réalisées vers la mise en place (capitaliste ou étatiste) de la deuxième industrie ; et enfin de l'industrie moderne vers le capitalisme technologique. Ainsi s'accentue encore la disparité du monde : ce qui fournit aux très grandes firmes mondiales un damier toujours plus diversifié permettant un jeu toujours plus fin et plus mobile.

Le capitalisme technologique

Au cœur du capitalisme technologique, il y a une nouvelle marchandise. Ni simple produit matériel (comme un marteau, une machine à écrire, une voiture ou un ordinateur personnel) que l'on peut utiliser en toute autonomie dès lors qu'on en a la jouissance, ni simple service (comme

---

9. Voir RICHTA 1968, 1974.
10. Voir KARPIK 1972.
11. Cf. *supra*, chapitre 3, p. 86, note 42.
12. Tout en sachant qu'utiliser une pierre cassée est déjà une technologie. Mais de même que le mot industrie avait au XVIIIe siècle le sens très large d'activité (industrie agricole, industrie marchande, etc.) et a pris au XIXe son sens moderne, de même, le mot technologie, tout en gardant son sens le pus large, a déjà commencé à prendre un nouveau sens se référant aux technologies les plus récentes : les « hautes technologies », qui ont un contenu fondé dans les savoirs scientifiques nouveaux.

celui que l'on peut acheter à un laveur de carreaux, un réparateur ou un notaire), cette nouvelle marchandise est une marchandise complexe : produit(s) matériel(s) et service(s), liés par une combinaison de technologies que maîtrisent et renouvellent sans cesse un petit nombre d'entreprises (très grandes ou très pointues). Il peut s'agir d'un ensemble de marchandises (matériels, logiciels, abonnements à des réseaux, contrats connexes divers, etc.) que l'on peut se procurer séparément mais dont aucune ne vaut sans les autres ou qui ne peuvent fonctionner qu'insérées dans un grand système technique qui leur impose sa structure, sa logique et ses normes.

Les « macrosystèmes techniques » de l'ère industrielle (électricité, chemins de fer, télécommunications, transports aériens) [13] avaient ouvert la voie. Les nouveaux « macrosystèmes techniques » reposeront plus largement sur la technoscience et seront donc entièrement dépendants des groupes et grandes firmes qui en ont la maîtrise. Par exemple, en matière de santé sont diffusés des matériels intégrant la numérisation de l'information et qui peuvent être rattachés à des réseaux offrant de nouveaux services : télémaintenance (des appareils et des logiciels), télédiagnostic (du patient) et bientôt téléintervention d'équipes spécialisées (sur le patient).

Ce capitalisme est porté par les nouvelles vagues technologiques qu'il contribue à susciter et à entretenir : informatique (avec la gestion des systèmes complexes), télétransmission (avec les nouvelles perspectives de la numérisation), biotechnologies (avec les cartographies et thérapies génétiques) — technologies qui, pour de nombreuses applications, peuvent ou doivent se combiner.

Dès lors, être à la pointe de ce capitalisme généralisé implique d'être maître des nouvelles avancées technologiques ou de leurs combinaisons. Ainsi existent deux espaces stratégiques qui se recoupent de multiples manières : l'espace des technologies mères (informatique, télécommunications, biotechnologies et notamment génie génétique, sciences de la matière, etc.) et l'espace de leurs combinai-

13. Voir GRAS 1993.

sons, conçues pour des marchés porteurs de demandes solvables exprimées ou potentielles (spatial, information et multimédia mondialisé, santé, anti-pollution, etc.).

Dans l'un et l'autre de ces espaces, seules de très grandes firmes (liées de diverses manières à de puissants États) sont en mesure de mobiliser, maîtriser et orienter la technoscience pour la conception, la réalisation, la mise en œuvre des systèmes techniques et des diverses marchandises qui leur sont liées. Car ce nouveau processus productif et la nouvelle compétition technologique dans laquelle il s'insère impliquent des investissements sans cesse plus lourds, pour la recherche, les équipements, la formation des hommes.

Dans chaque secteur stratégique domine un petit nombre de firmes : pour le matériel médical seulement sept firmes, et pour les gros ordinateurs dix firmes assurent neuf dixièmes de la production mondiale ; pour la commutation publique, quatre firmes couvrent sept dixièmes du marché mondial ; pour les services informatiques, huit firmes représentent 54 % du marché mondial [14].

Ces firmes ne pèsent pas seulement sur les productions et les marchés : elles orientent les recherches, conçoivent les produits, structurent les systèmes, suscitent les demandes, et finalement prédéterminent les modes de vie et les formes des sociétés à venir. Elle le font, guidées par la seule cible de besoins solvables, existants ou anticipés. Cette nouvelle alliance du capitalisme et de la science risque donc d'accentuer encore la projection dans l'à-venir et d'aggraver la fracture de l'Humanité entre détenteurs et non-détenteurs de pouvoirs d'achats.

Un capitalisme sans limites ?

Bien sûr, le capitalisme industriel ne disparaîtra pas : comme toujours dans la grande évolution par stratifications successives des sociétés humaines, les anciennes strates (des capitalismes manufacturier et industriel) vont simplement s'amenuiser, tandis que va se renforcer la nouvelle strate (du capitalisme technologique).

14. CHESNAIS 1994, p 73, 74, 149, 169.

Parallèlement se produit un nouvel élargissement du capitalisme, peut-être l'émergence d'un « capitalisme généralisé ». Déjà est en place le terreau, la « généralisation de la marchandise » : la marchandisation de l'homme (santé, commerce du sang, des organes, de la procréation, avec, pour demain, le marché de la gestion génétique de toute l'existence d'un individu) ; la marchandisation des fonctions sociales (éducation, loisirs, information, connaissance et gestion de l'opinion, avec les marchés de la gestion de la décision politique, des tensions et des conflits) ; la marchandisation des activités humaines supérieures (recherche scientifique, élaboration des savoirs, des œuvres intellectuelles et artistiques, avec déjà l'exploitation marchande des sentiments humanistes et humanitaires, des principes et des valeurs) ; la marchandisation des relations à la nature (antipollution, production et urbanisation non polluantes, avec les marchés de l'eau, de l'air, du vivant et de la gestion de la nature et de la planète)...

Dans certains de ces domaines, où la reproduction ne se heurte pas aux contraintes du monde matériel (l'informationnel, le culturel, le traitement et la transmission de l'information et de l'image), l'abondance était à la portée d'une Humanité qui aurait hiérarchisé ses fins et maîtrisé ses besoins. Dans d'autres, c'était un nouveau souffle de la démocratie et un nouveau type de services publics qui auraient été souhaitables. Dans d'autres encore, la mise en œuvre du principe de précaution et une attitude de responsabilité et de respect de la Terre auraient permis d'éviter dégradations et pénuries.

Mais les firmes ont su créer de nouvelles raretés, exacerber et multiplier les besoins, susciter des demandes solvables, imposer des monopoles. Et nous voici pris, à nouveau, dans presque tous les moments de notre vie dans la dépendance de nouveaux matériels, de nouveaux logiciels, de nouveaux besoins d'information, de nouvelles attentes, de nouveaux espoirs, qui nous enserrent dans des rets innombrables : nouvelles dépendances, nouvelles aliénations.. Ce « nous », on l'a vu, concerne une part limitée de la population mondiale : s'il y a 1,3 milliard de téléviseurs et 680 millions d'abonnés au téléphone dans le monde, seulement 200 millions de téléviseurs sont câblés (et 60 millions branchés sur un bouquet numérique) et il y a 200 millions d'ordinateurs, dont 30 millions connectés à Internet [15].

Il y a plus : la plupart de ces nouvelles activités recèlent des risques encore inconnus. La course à l'innovation et à l'avance technologiques conduit la plupart des firmes à ne pas respecter les principes de prudence et de précaution. Ainsi, quand des risques, s'étant concrétisés, finiront par être reconnus par le pouvoir techno-industriel, des firmes, peut-être celles-là qui en auront été cause, proposeront d'en chercher et d'en vendre les remèdes. Et s'il le faut, de nouveaux remèdes pour les maux qu'auront causés les précédents.

Plus largement, les risques, les périls, les dangers de la modernité sont devenus porteurs de fructueux marchés. Et, quand un nouveau péril est mis en avant par un laboratoire ou une firme, il est de plus en plus difficile de savoir si c'est pour tirer profit d'inquiétudes peu fondées ou pour combattre un fléau qui réellement menace.

Là où il aurait pu s'enliser, le capitalisme a trouvé un nouveau souffle. C'est l'ensemble des domaines des reproductions des individus et des sociétés, du vivant et de la Terre, ce sont les champs infinis de la connaissance, du beau, du spirituel, de l'idéal, de l'angoisse, de la solitude, de la vie et de la mort, qu'est en train d'investir le capitalisme technologique. Et c'est d'une manière encore plus brutale qu'avant que se concrétise la double tendance du capitalisme à se projeter dans le futur, fût-ce au détriment du présent [16], et à négliger les besoins non solvables [17].

---

15. Ignacio RAMONET, « Apocalypse médias », *Le Monde diplomatique*, avril 1997.

16. RACHLINE 1993.

17. Une seule illustration : 92 % des personnes infectées par le virus du sida sont dans les pays dits « en développement » ; 90 % des moyens de lutte sont mis en œuvre dans les pays industrialisés (*Libération*, 8 juillet 1996). Dit autrement : que peut signifier le développement de thérapies qui coûtent des milliers ou des dizaines de milliers de dollars, pour des pays où les dépenses publiques annuelles de santé par tête sont d'un ou de quelques dollars ?

L'incessante prolifération des besoins

La pauvreté dans l'opulence

Né en 1873, Charles Péguy écrivait des temps de son enfance : « Dans ce temps-là, on ne gagnait, pour ainsi dire, rien. Les salaires étaient d'une bassesse dont on n'a pas idée. Et pourtant tout le monde bouffait. Il y avait dans les plus humbles maisons une sorte d'aisance dont on a perdu le souvenir [...]. Il n'y avait pas cette espèce d'affreuse strangulation économique qui à présent d'année en année nous donne un tour de plus. On ne gagnait rien ; on ne dépensait rien ; et tout le monde vivait. Il n'y avait pas cet étranglement économique d'aujourd'hui, cette strangulation scientifique, froide, rectangulaire, régulière, propre, nette, sans une bavure, implacable [...], où il n'y a rien à dire, et où celui qui est étranglé a si évidemment tort[18]. »

Après la Première Guerre mondiale, il y a eu la Grande Crise, au cours de laquelle la « strangulation économique » a joué à large échelle. Il y a eu la Seconde Guerre mondiale et l'après-guerre et les privations qui les accompagnèrent.

Crise et guerre ont-elles été des écoles de frugalité ? En France, dans les années quarante, presque tout le monde se privait. Très peu d'argent circulait, mais on ne jetait rien ; enfant ou adulte, on avait peu, mais on en prenait soin. Les besoins se réduisaient à l'essentiel : manger, s'abriter, se vêtir. Et chaque fois que possible, on cherchait à y répondre sans dépenser. Chaque dépense était comptée, jaugée, décidée au plus juste. Presque tout le monde vivait ainsi, chacun, sans doute étant soutenu par le souvenir d'un parent mort, la pensée d'un proche prisonnier ou simplement une muette réaction à la présence des troupes d'occupation — et, les années suivantes, par la mémoire vive des années noires.

Un demi-siècle plus tard, la France s'est considérablement enrichie : le produit par tête a plus que triplé de 1950

18. PÉGUY 1913, 1948, p. 12.

à 1992[19] ; le confort matériel, les moyens de transport et de communication ont connu plusieurs vagues de novations et se sont largement diffusés dans la population ; l'argent paraît abonder. Et pourtant, un quart à un tiers de la population connaît la pauvreté ou la gêne, n'a pas accès au confort standard et doit rogner jusque sur les dépenses d'alimentation et de santé ; un tiers à une moitié a accédé au niveau de vie qui constitue le standard généralement admis dans la période, mais demeure à la merci d'un accident économique et s'interdit nombre d'achats ou de dépenses de loisirs et de consommation qui lui sont proposés. Non seulement la « strangulation économique » met en profonde difficulté une forte minorité de la population, mais encore la menace qu'elle représente inquiète, parfois jusqu'à l'angoisse, de très nombreuses familles.

Dans l'ensemble, on vit plus confortablement. Qui peut dire si l'on vit mieux ? Le stress quotidien, l'inquiétude du lendemain, l'incertitude pour l'avenir pèsent, dans certaines couches, encore plus lourdement que les manques. Et il y a ces pauvretés qui coexistent, nouvelles ou anciennes, dans un pays plus riche que jamais.

Il en est de même dans tout l'Occident riche : de 1500 à 2000, la production par habitant aura été multipliée par plus de cinquante (par 3,5 de 1500 à 1820 et par plus de 14 de 1820 à 1992[20]). Ces chiffres sont lus ou entendus, aujourd'hui, comme n'ayant rien d'exceptionnel : des statistiques parmi d'autres. Alors qu'ils sont, dans la longue chaîne de millénaires de l'histoire humaine, proprement exceptionnels. Aurait-on annoncé à un économiste libéral ou à un réformateur social, au tournant des XVIIIe et XIXe siècles, que la production par tête allait être multipliée par plus de dix en moins de deux siècles, on se serait heurté à un mur d'incrédulité. Aurait-on insisté, certains se seraient laissés aller à rêver : qui à des sociétés d'opulence, qui à l'accession à une nouvelle plénitude humaine, qui à un état stationnaire[21] de bien-être généralisé.

19. D'après MADDISON 1995, p. 20
20. D'après MADDISON 1995, p. 20, et BANQUE MONDIALE 1996.
21. Si David Ricardo évoquait la perspective d'un état stationnaire, qu'il

Avec de telles richesses, il ne pouvait plus y avoir place pour la pauvreté. Or nous avons aujourd'hui l'opulence et la pauvreté : de multiples pauvretés dans nos sociétés d'opulence. Cela tient en partie au fait que nos sociétés sont demeurées inégalitaires mais en partie aussi à la diversification et la multiplication des besoins. Car les besoins subis ou ressentis par chacun ont très probablement crû aussi vite, peut-être même plus vite, que la production par tête.

Nature et sources des besoins

Curieusement, la question des besoins, cruciale dans nos sociétés, a largement été éludée par les économistes. Elle aurait pourtant dû être approfondie par les tenants de la science économique réductionniste, actuellement prédominante : les choix du consommateur constituant un pilier important de cette approche et l'indépendance des choix étant un de ses postulats majeurs, ses théoriciens auraient dû s'intéresser aux besoins et examiner si le producteur peut, ou non, influencer leur formation. Mais ils évitent ces points. Même Raymond Barre, qui pourtant ne s'enferme pas dans l'économie réductionniste, posait au début de son manuel d'économie : « La notion économique de besoin est éminemment subjective : c'est l'individu et lui seul qui décide s'il y a besoin et dans quelle mesure il y a besoin [22]. »

Certes, quelques-uns, de l'économiste Carl Menger [23], fondateur du marginalisme autrichien, au philosophe radical germano-américain Herbert Marcuse [24], ont essayé de distinguer vrais et faux besoins. Mais cette piste débouche sur des impasses. L'anthropologue britannique d'origine polonaise Bronislaw Malinowski ouvre une piste plus fructueuse en distinguant « trois ordres de besoins — biologiques, dérivés et intégrants [25] » ; hélas, cette typologie

voyait découler d'un ralentissement du progrès économique, c'était pour s'en inquéter (RICARDO, 1817, 1992, p. 128).

22. BARRE 1957, vol. 1, p. 7

23. MENGER 1871, 1923.

24. MARCUSE 1964, 1968, p. 30.

25. MALINOWSKI 1944, 1970, p. 147.

paraît trop succincte pour rendre compte des besoins dans les sociétés capitalistes modernes. Pour l'essentiel, c'est à Lao-tseu, Platon, Marx et Veblen qu'il faut revenir.

Comme on l'a vu[26], Platon avait esquissé la distinction entre les désirs nécessaires et les désirs superflus, parmi lesquels il qualifiait certains de légitimes, d'autres de déréglés et illégitimes[27]. Cela ouvre deux pistes :

— l'une, sur le caractère extensible des besoins humains : « L'homme se distingue de tous les autres animaux par le caractère extensible et illimité de ses besoins[28] », a écrit Marx en travaillant au *Capital* ;

— l'autre, sur une classification des besoins entre ceux qui sont vitaux (fondamentaux, nécessaires, essentiels) et ceux qui sont superflus (inessentiels, illégitimes) ; mais autant il est aisé de donner des exemples des uns et des autres, autant il est difficile de faire entrer *tous* les besoins dans l'une de ces deux catégories.

C'est que, comme l'avait souligné Marx, « nos besoins et nos jouissances ont leur source dans la société ; la mesure s'en trouve donc dans la société, et non dans les objets de leur satisfaction. Étant d'origine sociale, nos besoins sont relatifs par nature[29] ». De ce fait, les besoins de chacun « sont déterminés par sa situation sociale, laquelle dépend elle-même de l'organisation sociale tout entière[30] ». Troisième piste.

Cependant, malgré l'énormité du travail et de l'effort d'analyse de Marx, il faut bien reconnaître avec Marshall Sahlins qu'autant il a bien mis en lumière la relativité des besoins de société à société[31], autant il a laissé ouverte la question du *système des besoins* propre à chaque société[32], de sa formation et de son évolution. Dans cette perspective, Thorstein Veblen, économiste institutionnaliste américain d'origine norvégienne, ouvre et explore une qua-

26. Voir *supra*, chap. 3, « Besoins essentiels et inessentiels ».
27. PLATON 1988, p. 318-319 et 333 *sq.*
28. MARX 1963 et 1968, vol. 2, p. 1676.
29. *Ibid.*, vol. 1, p. 217.
30. *Ibid.*, vol. 1, p. 18.
31. SAHLINS 1976, 1980, p. 170.
32. *Ibid.*, p. 214

trième piste : dans la construction du système des besoins de chaque société, une classe, la « classe de loisir », joue un rôle éminent. En effet, on tend à rapporter « les diverses normes de consommation aux habitudes de comportement et de pensée en honneur dans la classe la plus haut placée tant par le rang que par l'argent — celle qui possède et richesse et loisir. C'est à cette classe qu'il revient de déterminer, d'une façon générale, quel mode de vie la société doit tenir pour recevable ou générateur de considération[33] ». Dès lors, pour une large part de la société, « le confort matériel une fois assuré », ce qui va orienter les choix, c'est « le désir de vivre conformément à une norme conventionnelle, prescrivant ce qui décemment se consomme en qualité et en quantité[34] ».

Ces analyses de Veblen constituent un apport marquant à la compréhension des besoins dans nos sociétés, même s'il faut l'amender quelque peu pour la période actuelle. D'une part, la norme de consommation ne se diffuse pas seulement dans le cadre d'une société, d'un pays, mais aussi, à partir de certains pays, à l'échelle mondiale. D'autre part, dans les sociétés plus diversifiées qui sont les nôtres, il y a d'autres couches sociales qui, avec la classe la plus haut placée par le rang et l'argent, sont à l'origine de la diffusion de la norme : le groupe des stars médiatiques des mondes de la culture, du spectacle et du sport et, pour certains besoins (on pense à l'ordinateur individuel, à Internet) une partie de l'intelligentsia universitaire et scientifique.

En outre, d'autres causes contribuent au foisonnement des besoins.

D'abord, et c'est une cinquième ligne de réflexion, la transformation même de la société est source de besoins nouveaux. La transformation des structures matérielles des sociétés (par exemple la constitution d'agglomérations de très grandes dimensions), comme la dégradation de ressources essentielles ou d'aménités, les pollutions et la naissance de nouveaux périls suscitent de nouveaux besoins,

---

33. VEBLEN 1899, 1970, p. 69.
34. *Ibid.*, p. 68.

qui s'imposent à nous avec autant de force que les besoins biologiques vitaux.

Ensuite, et c'est la sixième ligne de réflexion, le capitalisme, avec ses dynamiques liées d'innovation et d'élargissement des aires de la marchandise, avec le crédit, la publicité et les stratégies modernes de communication, contribue aussi à la prolifération des besoins. Mais, plutôt que de création *ex nihilo*, il s'est surtout agi, jusqu'ici, d'exploiter au mieux les différents gisements de besoins résultant des sources évoquées plus haut, en incitant les consommateurs à décider l'achat de telle ou telle marchandise. Les choses sont probablement en train de changer avec l'émergence du capitalisme technologique où la conception d'une nouvelle marchandise va souvent être indissociable de l'« invention » de besoins nouveaux.

Enfin, septième et dernière ligne de réflexion, on ne peut s'en tenir aux seuls consommateurs individuels. Une large part des besoins sont couverts par des dépenses collectives, semi-publiques ou publiques. Or, dès lors qu'associations, fondations, sociétés d'économie mixte, collectivités locales, administrations étatiques, organismes internationaux peuvent contribuer à répondre à des besoins, ils peuvent tout aussi bien contribuer à en faire émerger, voire à en susciter. Et il est probablement bien des organismes dont l'existence tient à ce que continue d'être reconnu le besoin auquel ils sont en charge de pourvoir.

Cette pluralité des sources et des processus de création des besoins devrait aider à comprendre leur foisonnement.

Typologie des besoins

Ainsi, les besoins, trop souvent présentés ou tenus comme une réalité qui ne mérite guère qu'on s'y attarde, sont diversifiés, hétérogènes, relatifs et, à l'image de nos sociétés dont ils sont partie intégrante, en incessante évolution, diversification et expansion.

En outre, ils s'inscrivent dans trois dimensions : une dimension de nécessité, d'exigence voire de contrainte (biologique, matérielle ou sociétale), une dimension marquée par la détermination sociale (donc par la place, la fonction, le rôle dans la société) et une dimension individuelle ou familiale (liée à la dynamique propre de chaque famille et de chaque personne). Ces trois dimensions sont à un degré ou à un autre présentes dans tout besoin, quelle que soit la nature de sa (ou ses) source(s).

On peut avancer encore dans l'analyse de ce champ foisonnant, en y portant deux regards distincts : le regard humaniste et le regard économiste réducteur. Dans l'approche humaniste s'impose comme une évidence l'existence de deux pôles qui structurent le monde complexe des besoins : le pôle des besoins vitaux ou essentiels et celui des besoins superflus ou inessentiels. Dans l'approche économique réductrice, seules importent les demandes solvables (c'est-à-dire susceptibles de se traduire par des dépenses monétaires) qui n'expriment que les seuls besoins solvables.

Ainsi doivent être croisées deux typologies : la distinction entre besoins solvables et besoins non solvables ; et la distinction des besoins vitaux et des besoins superflus, avec entre les deux un fouillis d'autres besoins.

Les besoins solvables sont ceux pour la satisfaction desquels peut être engagée une dépense monétaire. Les besoins non solvables sont ceux pour lesquels le manque de ressources ne permet pas d'engager cette dépense : en leur sein, on doit encore distinguer ceux qui peuvent être satisfaits sans dépense monétaire (accès à des biens gratuits, autoproduction) et ceux qui restent insatisfaits.

TABLEAU 6.1. GRILLE DE LECTURE DES BESOINS

	Besoins solvables	*Besoins non solvables*	
		Satisfaits hors dépense monétaire	*Non satisfaits*
Pôle des besoins vitaux	11	21	31
Fouillis des autres besoins	12	22	32
Pôle des besoins inessentiels	13	23	33

Pour l'économiste réducteur, comme pour l'entrepreneur, le marché et le capitalisme, seuls comptent les besoins solvables (11 + 12 + 13) ; les besoins non solvables ne valent que comme gisement potentiel de besoins solvables (pour les cas où une réaffectation des ressources ou une injection de pouvoir d'achat engendrerait de nouvelles demandes monétaires).

Pour l'humaniste, méritent d'être pris en compte avant tout les besoins vitaux (11 + 21 + 31). Et il paraît non éthique que les besoins de la case 13 (inessentiels mais solvables) soient satisfaits et même cultivés, entretenus, alors que des besoins de la case 31 (vitaux mais non solvables) demeurent non satisfaits ; or, dans la mesure où la case 21 tend à se rétrécir dans un monde où se généralisent les relations marchandes, la case 31 tend à grandir.

Ce tableau permet déjà d'éclaircir un malentendu : du fait qu'il constitue une puissante machinerie sociale à produire des richesses, certains pensent ou disent que le capitalisme constitue le meilleur moyen de satisfaire les besoins. Mais ce n'est pas si simple : par essence, il ne répond qu'aux besoins solvables ; donc, dans une société très inégalitaire, il privilégiera les besoins solvables de la petite minorité riche. Le champ des besoins non solvables lui est extérieur.

Par ailleurs, la distinction entre besoins solvables et besoins non solvables ne prend son plein sens que par rapport à une économie où prédominent les rapports monétaires et marchands. Dans les sociétés où ne régnait pas ce type d'économie, une part des besoins qui, dans ce tableau, entrent dans la colonne « non solvables » (colonne 21-22-23) étaient satisfaits soit par l'accès direct aux biens (chasse, cueillette, eau du puits ou de la fontaine), soit par une production non marchande (familiale, communautaire, collective). Et une des causes de pauvreté dans le monde aujourd'hui est que sont détruites des formes sociales assurant ces types de satisfaction des besoins sans que soient créées des ressources monétaires équivalentes . d'où un élargissement des besoins essentiels auxquels il n'est possible de répondre d'aucune manière (case 31).

Enfin, dans les sociétés marchandisées et monétarisées

inégalitaires, les besoins vitaux sont multipliés et se diversifient au cours de l'évolution de la société. Ainsi, même avec une progression des « pouvoirs d'achat » de couches ou groupes pauvres, il peut y avoir, pour eux, élargissement de l'aire des besoins vitaux non solvables : donc une certaine forme d'appauvrissement relatif.

En fait, dans nos sociétés développées et plus largement dans le monde, coexistent deux dynamiques des besoins :

1) la dynamique des besoins solvables, qui concerne au premier chef les couches ayant prééminence par l'influence et par le rang, les classes et couches détentrices de pouvoir d'achat, les administrations et institutions disposant d'importantes ressources ; elle est essentielle, en ce sens qu'elle est à la charnière de la société et de la machinerie économique ;

2) la dynamique des besoins vitaux, qui dépend, avec une certaine inertie, de toute l'histoire de la société et des sociétés plus riches ; elle est essentielle pour les couches ou classes modestes ou pauvres : car c'est d'elle que dépend leur vie quotidienne, leur degré d'aisance ou leurs difficultés de subsistance et le fait d'être prises (ou non) dans les engrenages de la gêne, du dénuement et de l'exclusion.

Ainsi s'explique mieux pourquoi, dans une société dominée par le capitalisme, la pauvreté accompagne l'opulence et pourquoi la croissance, par elle seule, ne suffira jamais à faire reculer la pauvreté.

Pour autant, rien n'est définitivement scellé. Avec des économies capitalistes, le compromis social-démocrate avait contribué à faire se recouvrir au mieux ces deux dynamiques, en solvabilisant autant que possible l'ensemble des besoins vitaux ; solvabilisés, ces besoins étaient désormais pris en considération par les entreprises. Au contraire, le regain libéral en cours et le creusement des inégalités accentuent les discordances entre ces deux dynamiques : d'où l'aggravation de la pauvreté et de l'exclusion dans des sociétés qui s'enrichissent.

Croissances des besoins

Nous avons à diverses reprises, dans cet ouvrage, parlé de la création, de la multiplication ou de la prolifération des besoins. Comme ces idées sont loin d'être admises dans l'univers des économistes, donnons-en une présentation plus complète.

Les causes de la croissance des besoins sont multiples. Certaines tiennent tout simplement à la croissance des populations. D'autres tiennent aux transformations du mode de vie, aux fantaisies, désirs et fantasmes des couches prééminentes, puis aux nouvelles normes qui se diffusent, d'une part, dans chaque société, de la classe prééminente vers les autres et d'autre part, à travers le monde, de la société prédominante vers les autres.

L'évolution des modes d'organisation et de fonctionnement des sociétés contribue aussi à susciter ou accroître des besoins. Ainsi de la structuration matérielle de la société : tant que, dans les agglomérations, les distances se comptaient en un petit nombre de kilomètres, on pouvait s'y déplacer à pied ; mais dès lors qu'elles se comptent en dizaines de kilomètres, les transports motorisés deviennent des besoins fondamentaux, tant pour le travail que pour toutes les activités sociales. De même, tant que les maisons étaient construites selon des conceptions adaptées au climat et en matériaux adéquats, elles permettaient, pour l'essentiel, d'y vivre toute l'année ; mais dès lors que l'on met en place des immeubles de très grande hauteur avec larges surfaces vitrées, sont créés des besoins particuliers de chauffage, climatisation et approvisionnement en air respirable.

Changement de la configuration spatiale, évolution des normes et complexification de la vie sociale contribuent de manières liées à créer de nouveaux besoins : c'est ainsi que les chômeurs, dans les années quatre-vingt-dix, ont besoin pour retrouver du travail d'utiliser téléphone, micro-ordinateur et imprimante, fax (ou courrier électronique), voiture, tous biens dont beaucoup sont privés au bout d'une certaine durée de chômage.

En outre, les destructions causées et les périls suscités

par les croissances et les inégalités de nos sociétés engendrent aussi des besoins : l'insécurité crée le besoin de sécurité (qui peut donner lieu à des actions publiques ou à des dépenses privées) ; la pollution des nappes phréatiques et des cours d'eau suscite le besoin incontournable de traiter les eaux ; la pollution par le bruit oblige à construire des murs antibruit ou à insonoriser plus encore les immeubles.

Plus largement, l'ensemble des activités nucléaires, passées ou en cours, va imposer à des dizaines ou des centaines de générations l'astreignante nécessité d'entretenir les installations en place et les systèmes d'armes et de gérer les zones contaminées et les stocks de déchets. De même les pollutions chimiques des sols et des océans, les risques liés à la réactivation encore mal expliquée des virus et prions, la menace de probables « accidents » découlant de manipulations génétiques conduites sans la prudence et la patience nécessaires vont créer de nouveaux « besoins » auxquels individus et sociétés seront bien obligés de faire face. Les croissances conduites sans esprit de responsabilité créent donc des « anti-richesses » : des charges qui vont peser sur les prochaines décennies et les prochaines générations.

Mais les entreprises aussi concourent, par les publicités, mais surtout par leurs stratégies de création et de diffusion des marchandises, à créer, entretenir, aviver les besoins. Cela ne signifie pas que des entreprises peuvent créer des besoins *ex nihilo* : pour l'essentiel, elles travaillent sur l'ensemble des besoins qui se forment par les différents canaux évoqués plus haut et elles visent surtout à susciter chez le détenteur de pouvoir d'achat, la décision de consacrer des ressources pour répondre à tel besoin pour lequel elles proposent des marchandises. Ainsi, sauf « niches » très particulières, le capitalisme industriel a moins mis au cœur de sa stratégie la création de besoins nouveaux que l'accompagnement de la formation et du développement des besoins solvables[35].

35. Mais on retrouve là une contradiction qu'avait mise en lumière Marx. Chaque entreprise cherche à réduire ses frais salariaux, donc le pouvoir d'achat distribué. Alors que l'intérêt de l'ensemble des entreprises est qu'un large pou-

Mais il peut en aller différemment avec le capitalisme technologique : en effet, dès lors qu'entreprises et équipes scientifiques travaillent ensemble pour innover et créer une situation monopoliste, la nouvelle marchandise technique peut aussi bien constituer une nouvelle réponse à un besoin préexistant et ressenti comme tel, qu'être la réponse à un besoin aujourd'hui non ressenti parce que encore inconcevable. Dès lors, les projets de recherche sur de nouvelles marchandises technoscientiques seront indissociablement des projets visant aussi à imaginer, concevoir, inventer de nouveaux besoins. Encore faudra-t-il que ceux-ci soient solvables : il s'agira donc principalement de concevoir de nouveaux besoins susceptibles d'être ressentis et pris en charge par des couches et groupes détenteurs de pouvoir d'achat. C'est ensuite dans un processus unique que seront conçus et définis le besoin, la marchandise destinée à y répondre et les marchés correspondants.

Au total, si l'on admet que, parallèlement aux processus de croissance des populations, des productions et des richesses, il y a aussi croissance et diversification des besoins, on comprend mieux que, dans un monde inégal, des croissances réalisées peuvent très bien à la fois permettre d'accroître les pouvoirs d'achat et entraîner un plus large accès au confort matériel, sans pour autant faire reculer significativement la pauvreté et même parfois en accentuant l'insatisfaction et la pauvreté.

Comme l'aurait peut-être dit Monsieur de La Palice, s'il s'agit de faire reculer la pauvreté et l'insatisfaction, que ce soit dans la croissance ou avec un « atterrissage en douceur » sur un éventuel état stationnaire, la question de l'inégalité demeure décisive.

---

voir d'achat soit distribué, ce qui permet de susciter une demande soutenue, portée par des besoins devenus solvables. C'est ainsi qu'au lendemain des deux guerres (qui sont de puissantes opportunités, pour les grandes firmes, d'être assurées de demandes massives et durables et dont les reconversions qui les suivent sont difficiles pour le capitalisme) la mise en place du compromis fordiste aux États-Unis puis des compromis sociaux-démocrates en Europe a ouvert un immense « gisement » de besoins solvables pour les industries du bâtiment et des biens de consommation dans ces deux régions du monde. Monde du travail et patronat y ont chacun trouvé leur compte.

L'inaccessible fin du travail

De l'utopie à la réalité : la réduction de la durée du travail

En 1833, Grignon, ouvrier tailleur, membre de la Société des droits de l'homme, élabore un projet d'association où il est proclamé : « Il faut que nous puissions arriver progressivement à ne plus travailler que pendant dix heures au plus [...]. Bien des gens se récrieront [...] [et] trouveront notre demande exorbitante[36]. » Cette demande se nourrit à deux sources : d'abord la réaction à des durées de travail quotidiennes insupportables, pouvant atteindre quatorze ou seize heures ; ensuite la tradition utopique, pour laquelle le travail nécessaire ne devait occuper qu'une place mineure dans une société humaine.

Dans l'*Utopie* (1516) du très catholique Thomas More, qui fut chancelier d'Angleterre, six heures par jour d'un travail soigné suffisent. Dans la *Cité du soleil*, texte de 1602 du moine dominicain Campanella, hommes et femmes travaillent quatre heures. Quant à Fourier, contempteur de la « fausse industrie, morcelée, répugnante et mensongère », au début du XIXe siècle, il prône l'association et préconise huit séances, courtes et diversifiées, de travail par jour.

Cette tradition se prolonge avec Paul Lafargue, gendre de Marx, qui, dans la conclusion du *Droit à la paresse* (1880), exhorte la classe ouvrière à se lever « dans sa force terrible », « non pour réclamer le *Droit au travail* qui n'est que le droit à la misère, mais pour forger une loi d'airain, défendant à tout homme de travailler plus de trois heures par jour » ; et il enchaîne : « La Terre, la vieille Terre, frémissant d'allégresse, sentirait bondir en elle un nouvel univers... Mais comment demander à un prolétariat corrompu par la morale capitaliste une résolution virile[37] ? »

D'une certaine manière, le plus important économiste de notre siècle, John Maynard Keynes, le rejoint : estimant, au début des années trente, qu'« à supposer l'absence de

---

36. Cité *in* BEAUD 1982, 1985, p. 43.

37. LAFARGUE 1880, 1969, p. 149 ; les italiques et les points de suspension sont de Lafargue.

grandes guerres et d'importants progrès démographiques, le *problème économique* peut être résolu ou que sa solution peut au moins être en vue d'ici à cent ans[38] », il prévoit, pour satisfaire le « besoin de travail » qui est en nous, « trois heures de travail chaque jour par roulement ou une semaine de quinze heures » (p. 137) ; ainsi, n'ayant plus à faire face au problème de la subsistance, « pour la première fois depuis sa création, l'homme fera-t-il face à son problème véritable et permanent : comment employer la liberté arrachée aux contraintes économiques ? » (p. 136).

Dans les années soixante-dix, des syndicalistes et intellectuels français publient, sous la signature collective Adret, *Travailler deux heures par jour*. On peut y parvenir, pensent-ils, en réduisant la production, en augmentant la productivité, en transformant du travail lié en travail libre et en augmentant la population active[39].

On pourrait multiplier les citations : toutes ces prises de position expriment la conviction que, pour faire face à l'essentiel, on pourrait travailler beaucoup moins. Mais toutes font l'impasse sur la croissance des besoins. Or, comme on l'a vu, depuis un siècle et demi, et particulièrement dans les dernières décennies, il y a eu foisonnement des besoins. Et malgré la croissance des productions, destinées à satisfaire la partie solvable de ces besoins, la durée de travail des salariés a sensiblement baissé.

En France, la durée annuelle moyenne de travail dans l'industrie, qui était de plus de 3 300 heures en 1836, tombe en dessous de 3 000 à la fin du siècle, de 2 600 en 1913 et de 1 800 en 1938 ; remontée au-dessus de 2 000 heures après la Seconde Guerre mondiale, elle est de 1 673 heures en 1989, la moitié de ce qu'elle était un siècle et demi plus tôt. Parallèlement, cette durée annuelle de travail a moins reculé dans l'agriculture : elle est passée de plus de 3 000 heures dans la première moitié du XIXe siècle, à 2 228 en 1989[40].

38. KEYNES 1931, 1978, p. 134 ; les italiques sont de Keynes.
39. ADRET 1977, p. 173.
40. MARCHAND et THELOT 1991, p. 190.

Le mouvement est le même dans l'ensemble des pays capitalistes industriels.

TABLEAU 6.2. NOMBRE D'HEURES ANNUELLES DE TRAVAIL PAR PERSONNE DISPOSANT D'UN EMPLOI

	1870	*1938*	*1992*
France	2 945	1 848	1 542
Allemagne	2 941	2 316	1 563
Royaume-Uni	2 984	2 267	1 491
États-Unis	2 964	2 062	1 589
Japon	2 945	2 391	1 876

Source : MADDISON 1995, p. 266.

Dans la dynamique du développement des capitalismes de ces pays, ces réductions de la durée du travail sont, pour l'essentiel, dues au mouvement ouvrier qui, à travers luttes et épreuves, a obtenu par étapes des améliorations, tant pour la longueur de la journée de travail que pour le congé hebdomadaire et les congés payés. La mécanisation, la motorisation, le progrès technique, l'automatisation en ont facilité la mise en œuvre. Mais les travailleurs en ont aussi largement supporté le prix avec toutes les méthodes permettant d'augmenter intensité de l'effort, cadences et productivité : l'organisation scientifique du travail et, pour certains emplois, la rigoureuse astreinte de la chaîne.

Le tourment[41] et la nécessité : travail et capitalisme

N'oublions pas. Il y a un siècle et demi, alors que le processus était déjà bien engagé au Royaume-Uni, l'industrialisation capitaliste commence à transformer la France. L'industrie entre en compétition avec l'artisanat. Un monde ouvrier se développe à l'écart des beaux quartiers, très largement à partir du monde paysan mais en rupture avec lui : longues journées de travail, insalubrité, sous-alimentation, travail des enfants, maladies, accidents, la misère ouvrière de cette époque a maintes fois été décrite.

41. Travailler vient du latin *tripaliare*, « torturer, tourmenter avec le *tripalium* » (*Dictionnaire Robert*, 1964, vol. 6, p. 825).

De l'ouvrier, un médecin de Nantes écrit : « Vivre, pour lui, c'est ne pas mourir. Au-delà du morceau de pain qui doit nourrir lui et sa famille, au-delà de la bouteille de vin qui doit lui ôter un instant la conscience de ses douleurs, il ne prétend à rien, il n'espère rien[42]. »

Face à une telle situation, des artisans menacés, des ouvriers instruits, typographes notamment, aspirent à un monde meilleur. Parmi eux, l'ouvrier tailleur Grignon, déjà cité, souhaite que son projet d'association, élaboré en 1833, permette d'assurer, outre la journée de dix heures, « 1) un salaire qui permette des économies pour la morte-saison et les dépenses accidentelles ; 2) le temps de repos nécessaire à la santé et à l'instruction ; 3) des rapports d'indépendance et d'égalité avec nos maîtres[43] ».

C'est très largement dans la solidarité quotidienne, à l'usine et dans le voisinage, dans les organismes d'entraide, fraternités et mutuelles, dans le mouvement syndical et coopératif, dans des luttes ignorées ou de grandes grèves historiques, que se crée la culture ouvrière, faite d'esprit collectif, de fierté du travail, d'attachement à l'outil de production, de conscience d'appartenir à une classe. Le travail est à la fois la condition première de la vie (le travail salarié), et la référence, la valeur commune d'une classe par beaucoup d'aspects hétérogène. Et c'est aussi en référence au travail que se mettent en place tant le réformisme social que le paternalisme et la participation.

Le travail est donc au cœur de presque tous les projets de société nouvelle. Charles Noiret, ouvrier de Nantes, écrit en 1841 : « Le travail étant l'unique source de toute production, chacun doit avoir en entier, à lui, le fruit de son labeur [...]. Cela ne peut se faire qu'en nous associant entre nous pour, nous-mêmes, recueillir les matières premières, les préparer, les travailler et les livrer à la consommation. » Proudhon, dans le *Manuel du spéculateur à la Bourse*, de 1857, oppose à la « féodalité industrielle »

42. A. GUÉPIN, *Nantes au XIXe siècle*, 1825, cité par DOLLÉANS 1936, t. 1, p. 16-17.
43. Cette citation et les deux suivantes sont reprises de BEAUD 1982, 1985, p. 43 *sq*.

d'alors le projet d'une « démocratie industrielle » qu'il qualifie ainsi : « Commandite du travail par le travail, ou mutualité universelle — fin de la crise. » Et pour le Marx des *Manuscrits de 44*, dans la phase supérieure de la société communiste, « le travail ne sera pas seulement un moyen de vivre, mais deviendra lui-même le premier besoin vital ». On n'est, en un sens, pas loin de Fourier qui, en établissant en 1835-1836 l'esquisse du *Phalanstère*, proclamait l'avènement de « l'Industrie [activité] naturelle, attrayante, véridique »... Ceux qui rejetaient la logique d'une économie qui tendait, pour instrumentaliser le travail, à se soumettre les travailleurs, se rejoignaient dans l'espérance d'une société construite autour du travail, par les producteurs.

Aujourd'hui, la société française a été radicalement transformée, à la fois par les multiples conquêtes du monde du travail et par le développement capitaliste de l'industrie et l'extension à de nombreux autres domaines (loisirs, culture, information, santé, recherche) de la logique du marché et du profit. Ceux qui ont entre quinze et trente ans considèrent comme allant de soi l'école publique, les soins gratuits, la protection sociale, la législation du travail, les congés, les loisirs et les retraites. Et, comme ils ont grandi avec la montée du chômage, la multiplication des emplois précaires et l'installation du chômage massif, ils acceptent sans réserve la qualification d'« âge d'or » appliquée à la période de l'après-guerre, dont on ne retient que la croissance, le plein emploi, l'amélioration du pouvoir d'achat : les « trente glorieuses » de Jean Fourastié, le « cercle vertueux fordiste » des économistes régulationnistes.

Mais n'idéalisons pas ces « trente glorieuses ». N'oublions pas qu'à la fin des années soixante 11 % seulement des ouvriers sont mensualisés : l'écrasante majorité d'entre eux est encore payée au temps ou au rendement (avec de multiples systèmes de primes). Parmi les ouvriers des industries de transformation, trois sur dix travaillent en équipe et un sur dix à la chaîne[44]. Et l'automatisation commence à entraîner la multiplication d'emplois déquali-

44. BEAUD 1983, p. 161 *sq.*

fiés tant dans l'industrie que dans diverses activités tertiaires.

« Métro-boulot-dodo » : c'est l'engluement dans une vie sans horizon qu'ont dénoncé les soixante-huitards. Ce qui s'exprimait alors, c'était le rejet d'un travail devenu pour beaucoup insupportable : cadres pris dans l'ordre implacable des entreprises géantes[45] ; mineur vivant comme une libération l'accident auquel il devait de ne pas redescendre au fond (« J'étais délivré. C'est comme si j'étais sorti de Buchenwald[46] ») ; ouvriers de l'aluminium dénonçant, dans un tract, leur situation (« Les conditions de travail à Pechiney-Noguères ont fait, d'hommes de 35 à 40 ans, des invalides. Des travailleurs jeunes et en bonne santé sont entrés dans cette entreprise avec leurs illusions. Après quinze ans, ils se retrouvent usés, malades, diminués, handicapés, désabusés[47] ») ; ouvrières du textile soumises aux « cadences infernales » (« J'avais peur de me réveiller, j'étais angoissée, je me disais : ça va recommencer, est-ce que je vais tenir ? Hier, je n'ai pas gagné assez : il faut que je fasse plus d'efforts[48] »).

C'est que, fille de Fayol et de Taylor, l'organisation scientifique du travail avait atteint en France un degré élevé d'application. Et l'accentuation de la concurrence internationale, la recherche d'une productivité toujours plus élevée à la fin des années soixante et dans les années soixante-dix[49] en avaient durci la mise en œuvre, suscitant une flambée de luttes sociales qu'étoufferont peu à peu les effets conjugués des concessions patronales, de l'automation et de la montée du chômage. Et des intellectuels radicaux reprenaient les termes de Marx pour dénoncer la « division capitaliste du travail » qui « bouleverse la base

45. René-Victor PILHES, *L'Imprécateur*, Paris, Seuil, 1974.

46. Louis LENGRAND, *Mineur du Nord*, Paris, Seuil, 1974, p. 133.

47. Cité par LENGRAND, *ibid.*, p. 20.

48. Jean-Pierre BAROU, *Gilda je t'aime, à bas le travail !*, Paris, Les Presses d'aujourd'hui, 1975, p. 14-15.

49. Les progrès de la productivité apparente du travail (par actif occupé) sont tout à fait exceptionnels dans la période 1949-1973 : plus de deux fois supérieurs à ce qu'ils avaient été dans la période 1896-1930, plus de quatre fois supérieurs à ce qu'ils avaient été entre 1821 et 1896 et entre 1931 et 1949 (voir MARCHAND et THÉLOT 1991, p. 143 *sq.*).

de toutes les anciennes conditions de production et de commerce [...], estropie l'ouvrier et fait de lui une espèce de monstre : [...] subdiviser un homme, [...] c'est l'assassiner... La subdivision du travail est l'assassinat d'un peuple[50] ».

Apparemment, de semblables situations ont reflué en France et en Europe. Mais ce n'est qu'en partie sous l'effet de la mise en place de modes moins oppressants d'organisation de la production ; pour le reste, leur ont trop souvent été substitués des délocalisations qui permettent, dans des pays pauvres et émergents, d'utiliser sans limites une main-d'œuvre sans parole et sans droits, ou tout simplement, en pleine opulence occidentale, le repli dans les zones obscures d'« usines de la peur », d'ateliers clandestins, du travail à domicile ou à la tâche et de toutes les formes du travail noir. Ainsi, comme la richesse, comme la pauvreté, comme l'exclusion, comme la précarité — et avec elles —, la surexploitation du travail progresse jusque dans ses formes les plus brutales et les plus dégradantes dans le monde d'aujourd'hui et, trop souvent, dans des filières productives dominées par des firmes du Nord. Et qui, des internés des prisons-usines de Chine ou d'ailleurs aux jeunes campagnardes des pays pauvres échouées dans un bidonville, des immigrés illégaux aux grands handicapés de la précarisation et de l'exclusion, pourrait prendre le risque de se plaindre ?

Contrairement à ce qu'affirme Viviane Forrester, il n'y a pas « une logique planétaire qui suppose la suppression de ce que l'on nomme le travail, c'est-à-dire des emplois[51] ». Il y a une fois de plus dans l'histoire du capitalisme une mutation qui détruit des emplois et en crée d'autres (désindustrialisation du Nord, plus ou moins liée au rôle nouveau de la technoscience ; destructions de formes agricoles dans le Sud, plus ou moins liées aux processus de modernisation et d'industrialisation). Il y a les bouleversements entraînés par les stratégies de pouvoirs économiques d'une puissance

50. Cité *in* GORZ (dir.) 1973, p. 9. Déjà Adam Smith avait indiqué cet effet de la division du travail.
51. FORRESTER 1996, p. 14.

jusqu'ici inégalée, par le jeu d'une compétition rendue sans règles par la disparité des situations et des trajectoires, par la nouvelle vague d'un capitalisme sauvage dont les dégâts sociaux et humains avaient déjà marqué l'Europe des XVIIIe et XIXe siècles, puis l'Amérique des XIXe et XXe siècles, et qui s'étend aujourd'hui au monde entier.

Fin du travail : le nœud du problème

Face au chômage et à l'exclusion, à la mutation des activités, à la diversification des formes de mobilisation du travail, la question de la fin du travail a été à nouveau soulevée vers le milieu des années quatre-vingt-dix. Elle l'a été avec suffisamment de fracas pour qu'elle émerge quelque temps du brouhaha médiatique. Y ont contribué le titre du livre de Jeremy Rifkin, *La Fin du travail* (titre quelque peu provocant d'un ouvrage sur les mutations de l'emploi), et quelques exclamations de *L'Horreur économique* de Viviane Forrester pour qui, entre autres, le travail « n'est plus aujourd'hui qu'une entité dénuée de substance » (p. 10).

L'affirmation n'est pas mince : une page serait désormais tournée non seulement sur quelques siècles de nécessité économique mais sur des millénaires de nécessité productive. Moment crucial de l'évolution humaine, tant a été importante la place du travail dans la structuration des sociétés et la vie des individus. Freud lui-même l'avait souligné : l'individu, « dans son travail, est solidement attaché à une partie de la réalité : la communauté humaine. Le travail a d'importantes conséquences au moins autant en donnant (par lui-même et par les relations humaines qu'il implique) l'occasion d'une décharge considérable aux impulsions fondamentales de la libido [...] qu'en dispensant à l'individu ses nécessaires moyens de subsistance et en justifiant son existence dans la société[52] ».

Le travail, « entité dénuée de substance » : le propos est insignifiant tant il est excessif. Mais dans le désarroi actuel, il risque de marquer des esprits, crédules ou malléables, de jeunes adultes confrontés à la galère de la précarité et de

52. FREUD 1930, 1934, p. 18-19.

l'exclusion, d'étudiants, de lycéens ou de collégiens. Il faut donc en débattre.

Hannah Arendt avait déjà exprimé une semblable crainte face aux effets du progrès technologique dans une société dominée par les rapports marchands : « C'est une société de travailleurs qu'on va délivrer des chaînes du travail et cette société ne sait plus rien des activités plus hautes et plus enrichissantes pour lesquelles il vaudrait la peine de gagner cette liberté [...]. Ce que nous avons devant nous c'est la perspective d'une société de travailleurs sans travail, c'est-à-dire privés de la seule activité qui leur reste. On ne peut rien imaginer de pire[53]. »

Et effectivement, il y a, aujourd'hui, le chômage, massif dans certains pays riches. Il y a, dans d'autres pays riches, les bas salaires, tellement faibles qu'au lieu d'inciter à travailler, ils en dissuadent. Il y a la précarisation et le retour de beaucoup d'employeurs aux pires pratiques du capitalisme sans règles. Mais rien de tout cela ne signifie la fin du travail. Il s'agit au contraire essentiellement des conséquences de l'affaiblissement du monde du travail face à un pôle dur du patronat qui tire tout le parti possible des mutations économiques en cours, des opportunités offertes par la mondialisation et de l'émergence des nouvelles technologies.

Mais toute mutation économique signifie, sauf pour les pays qui se résignent au déclin, non seulement destruction, mais aussi création d'emplois. De même, l'émergence de nouvelles technologies s'est toujours accompagnée d'une accentuation de la division du travail, qui engendre de nouvelles activités et de nouveaux emplois. Rien, là, qui permette d'entrevoir la fin du travail. A l'inverse, il y a au moins trois raisons déterminantes pour que le travail demeure, encore pendant des décennies et probablement des générations, une composante majeure de nos sociétés.

D'abord, la généralisation des rapports monétaires et marchands implique pour chacun l'obtention d'un revenu monétaire. Or aucun pays riche n'est en mesure d'assurer

53. ARENDT 1958, 1961, p. 11-12.

à l'ensemble (ou à une très large part) de sa population une rente monétaire ou un revenu garanti à la hauteur des aspirations à consommer. Le travail demeure donc la principale source de revenu. Et, si les emplois offerts dans les secteurs officiellement patentés ne suffisent pas à accueillir tous ceux qui souhaitent l'être, ce sont les secteurs « informels » qui se développent, de la zone grise de la débrouille individuelle ou familiale à la zone noire où prédominent mafias et trafics criminels.

Ensuite, comme on l'a vu, plusieurs phénomènes, liés pour partie aux transformations de modes de vie et pour partie aux dynamiques de la marchandise et du capitalisme, concourent au foisonnement des besoins : besoins solvables dès aujourd'hui, auxquels ce sont bien des emplois et des activités qui vont répondre ; et, engendrés par les précédents, besoins qui vont demeurer non satisfaits parce que non solvables, mais dont certains se traduiront un jour, sur la base de la formation de nouveaux pouvoirs d'achats, par des demandes monétaires auxquelles répondront encore travail et activités. L'immense masse actuelle de besoins non solvables non satisfaits et l'incessante croissance de toutes les catégories de besoins interdisent pour longtemps d'envisager la fin du travail.

Enfin, les pays, les continents qui sont en train d'émerger ou de réémerger dans le champ de l'économie, de s'industrialiser, de se moderniser, le font en mobilisant des travailleurs par dizaines ou centaines de millions. La plupart de ces travailleurs n'ont guère le choix, mais beaucoup acceptent de sacrifier une large part de leur vie pour atteindre — eux-mêmes ou leurs enfants — de meilleures conditions de vie.

Dans un tel contexte, il y a un sérieux risque de malentendu à parler de « fin du travail » dans des pays où les créations d'emplois sont insuffisantes, et c'est une confusion dangereuse que de considérer comme équivalent, à l'instar de Viviane Forrester, manque d'emplois, fin des emplois et fin du travail[54].

Certes, ils ont en un sens raison ceux qui disent qu'avec

54. *Op. cit*, p. 14.

les moyens technologiques dont nous disposons, nous pourrions, dans les pays riches, sans travailler beaucoup, satisfaire tous les besoins essentiels. Mais, dans un monde où l'achat de marchandise est devenu la principale manière de répondre à chaque besoin et où le pouvoir d'achat monétaire est la condition non seulement du « vivre » mais encore du « subsister », la croissance multiforme des besoins renouvelle sans cesse et renforce la soumission des hommes et des sociétés à l'économie.

Alors que s'élargit l'empire de la marchandise et de l'argent, alors que rien n'est fait pour limiter la destruction des ressources essentielles et des productions non marchandes, alors que se poursuit la multiplication des perils et des besoins dans un monde de plus en plus complexe, il y a grand danger à remettre en selle l'utopie de la fin du travail. Car nos sociétés sont aujourd'hui intégrées dans la machinerie économique, hétérogène et mouvante, du capitalisme national/mondial ; c'est dans cette machinerie que se créent et se distribuent emplois et revenus, insertion ou exclusion, besoins, chômage, opulences et pauvretés. Les hommes et les sociétés conservent des marges de manœuvre et des possibilités de choix ; mais, dans les engrenages où ils sont pris, la plupart des changements qui font reculer les besoins de travail, loin d'apparaître libérateurs, accentuent l'emprise de la nécessité économique[55].

Pour parler sérieusement de la fin du travail, il ne suffit pas de dire qu'avec les moyens techniques disponibles une manière d'abondance est à portée de main sur la base d'une très faible durée de travail. Il conviendrait aussi de dire qu'il faudra non seulement modérer nos besoins, mais tailler très vigoureusement dans leur foisonnement ; et qu'il faudra aussi engager un processus durable de réduction des

55. Hannah Arendt pressentait le risque d'un « retour de la nécessité à son niveau le plus élémentaire », avec ce paradoxe « que l'émancipation du travail à l'époque moderne non seulement échoue à instaurer une ère de liberté universelle, mais aboutisse au contraire à courber toute l'humanité pour la première fois sous le joug de la nécessité » (ARENDT, 1958, 1993, p. 146 et 147). Selon nous, l'émancipation du travail n'est ici qu'un révélateur ; c'est la généralisation de l'empire de la marchandise, de l'argent et du capitalisme qui est à l'origine de la nouvelle nécessité économique.

inégalités sur une base qui assure la satisfaction des besoins fondamentaux : ce qui implique de se dégager de l'emprise quasi totale de la marchandise, des rapports d'argent et de la logique du profit. On mesure l'ampleur des remises en cause que de tels choix signifient.

Les classes riches et très riches bénéficient de l'abondance, une abondance fondée sur l'inégal partage des ressources, mais aussi du travail, du chômage, de l'exclusion, du bien-être et de la sécurité. Pour elles, il n'y a rien à gagner, mais beaucoup à perdre, à s'engager dans une telle voie.

Cependant, la bifurcation existe. Sur la lancée actuelle, avec les dynamiques de l'inégalité et de la création de besoins pour les détenteurs de pouvoir d'achat, on va vers un monde et des sociétés profondément fracturés, avec la perspective ultime d'un nouvel apartheid. L'autre voie est celle d'un monde plus humain, non dominé par l'argent et la marchandise : le temps consacré au travail contraint et à tout ce qui l'environne pourrait encore se réduire fortement, laissant du temps pour les autres ordres d'activité. Mais, redisons-le, cela implique une très forte réduction des inégalités, l'arrêt de la prolifération des besoins, le renoncement à un certain nombre de besoins superflus, l'arrêt des gaspillages, des destructions et dégradations de ressources et de la multiplication des menaces et périls liés à la fuite en avant techno-industrielle.

Il est donc faux de penser que la voie d'une société où le temps consacré au travail aurait fortement reculé pour laisser plus de place au temps de vivre est parsemée de pétales de roses. Cette voie, si elle existe, sera difficile. A supposer qu'on sache l'ouvrir et qu'on s'y engage, elle sera ardue, ne serait-ce que parce que le monde dans lequel nous sommes est un monde dur, et qui va encore se durcir. En outre, elle impliquera plusieurs décennies de sacrifices et de désintoxication pour ceux (individus, groupes, sociétés) qui vivent pour consommer (au lieu de consommer pour vivre).

Mais elle offrirait, comme première perspective, un monde moins déchiré, moins inégal, donc moins agressif et moins violent ; et, comme perspective ultime, les chances d'accéder à un nouvel épanouissement des hommes et de l'Humanité. Dividendes certes bien lointains pour des pouvoirs myopes et timorés placés devant des décisions difficiles à prendre.

Une irresponsabilité illimitée ?

Menaces des temps présents

« La peur panique de midi, moment où les hommes prenaient conscience de la nature comme d'une totalité, a trouvé son équivalent dans la panique prête à surgir à tout moment aujourd'hui : les hommes attendent que ce monde sans issue soit mis à feu par une totalité qu'ils constituent eux-mêmes et sur laquelle ils ne peuvent rien[56]. » Disposant d'énormes moyens techniques et financiers, l'Humanité a surmonté bien des craintes et maîtrisé bien des menaces du passé, mais se trouve confrontée aux nouveaux périls nés de sa nouvelle puissance.

Longtemps ce fut la peur de la guerre nucléaire, aujourd'hui lovée quelque part dans les profondeurs de l'inconscience. Aujourd'hui, pour les hommes d'affaires les plus en vue, comme pour des fragments de familles réduits à dormir sous des porches, c'est l'insécurité de tous les instants. Les sociétés riches s'inquiètent de risques pour la santé, même infimes en probabilité, provenant de systèmes d'alimentation ou de soins. Des sociétés pauvres, en cours d'industrialisation et de modernisation, commencent à découvrir les menaces, pour la santé ou la vie, de pollutions ou d'accidents industriels, de malfaçons dans les constructions ou d'usage de matériaux ou de produits dangereux.

Il y a aussi les risques sociétaux, tenant aux effets des guerres et des chaos armés, aux nouveaux comportements des générations des pays riches qui ont été rejetées durablement dans le chômage et la précarité, aux nouveaux comportements des générations des pays pauvres qui ont

56. HORKHEIMER et ADORNO 1944, 1996 p. 45.

grandi dans la misère, la lutte pour la vie et la violence ; et aussi les risques tenant aux dégénérescences de la démocratie (engagements non tenus, enrichissement personnel des élus, détournement des moyens publics, corruption)...

En outre, depuis plusieurs années, des responsables d'organismes internationaux, des experts laissent percer, en termes choisis, l'inquiétude que leur inspirent de possibles crises sur les marchés monétaires et boursiers. Le spéculateur George Soros, orfèvre en la matière, est plus explicite : « L'histoire a montré qu'il arrive bel et bien que les marchés financiers s'effondrent, entraînant dépression économique et troubles sociaux[57] ». Et encore : « Les marchés sont fondamentalement instables, contrairement à ce que prétendent les idéologues du laisser-faire [...]. J'affirme que notre système risque de s'effondrer [...]. L'effondrement du marché global serait un désastre dont on ne saurait imaginer les conséquences[58]. »

Et puis, il y a les risques découlant des nouvelles technologies, du nucléaire aux manipulations génétiques. D'autant que l'on sait maintenant que ces technologies ne restent pas strictement enfermées dans des laboratoires jusqu'au jour où leur maîtrise est parfaitement assurée.

On sait aussi que la raison d'État ignore et l'éthique et le principe de précaution. Aux États-Unis, dans les années quarante et cinquante, des expériences ont été faites sur des êtres humains pour tester leurs réactions à la radioactivité ; des enfants handicapés mentaux, des vétérans de la guerre et des civils pauvres et peu instruits ont été utilisés comme cobayes : au total, au moins huit cents personnes. L'administration de la Défense et celle de l'Énergie atomique, des équipes de l'université Harvard et du MIT (Massachusetts Institute of Technology) semblent avoir initié et réalisé ces recherches, dont la plupart ont eu lieu dans le cadre de centres d'hospitalisation et de soins : en bref, l'État a permis l'utilisation d'hommes pour la recherche scientifique. De même, après la guerre et les bombes ato-

57. George SOROS, « L'ennemi, c'est le capitalisme », *Le Nouvel Observateur*, 30 janvier-5 février 1997, p. 79.
58. SOROS 1995, 1996, p. 29, 30 et 37.

miques lancées sur Hiroshima et Nagasaki, les États-Unis ont utilisé, notamment autour de Bikini, des populations civiles du Pacifique pour évaluer les effets sur l'homme d'explosions nucléaires. L'URSS de Staline a fait de même et à une plus grande échelle.

La logique marchande aussi a ses raisons qui ignorent l'éthique. Les avancées de la recherche médicale rendent possible une très large variété de choix dans le domaine de la procréation : possibilité de maternité offerte à des femmes ménopausées, possibilité d'inventorier sur l'embryon des indications concernant des anomalies ou maladies génétiques, mais aussi d'effectuer sur lui des modifications génétiques. Déjà, des femmes ou des couples ont exprimé leurs demandes ; et déjà des médecins, des équipes, des cliniques y ont répondu et se préparent à développer leur offre. Si tout ce qui est techniquement possible est permis et si tout ce qui se traduit par une offre et une demande est légitime, se mettent en place des modes marchands de reproduction des hommes. Avec de multiples risques possibles pour les individus à naître comme pour les sociétés.

Déjà les manipulations génétiques ont commencé à être mises en œuvre à plus ou moins large échelle à travers le monde, pour les végétaux et les animaux. Après le « sang contaminé » et la « vache folle », l'irresponsable complexe sciento-industrialo-étatique est en train de préparer les peurs et les drames des années 2000.

Rappelons-nous l'épidémie (anglo-européenne) d'encéphalopathie spongiforme bovine. Pour produire plus de viande et à un moindre coût, la technoscience a proposé une réponse : substituer à l'herbe et aux fourrages traditionnels des farines justement dosées — fussent-elles produites à partir de cadavres d'animaux. Quelques oligopoles, dont certains qui avaient soutenu les recherches visant à une telle réponse, la mettent en œuvre, en proposant à leurs clients éleveurs nouveaux équipements et nouvelle alimentation du bétail.

Ainsi se constitue un « mégasystème technologique » qui intègre toute une chaîne d'acteurs : éleveurs, abattoirs, producteurs de viande de boucherie (et de ses déchets), fabricants de farines pour élevage, concepteurs-réalisateurs d'installations d'élevage industriel, vétérinaires, éleveurs... Prises dans la double contrainte de ne pas gêner l'activité (le progrès, l'emploi) et de respecter le marché, les administrations, nationales ou européennes, laissent faire dans le cadre de normes plus précises ici, plus laxistes là.

Et lorsque le problème éclate, c'est l'ensemble d'un système qui est mis en cause : les frontières ne sont pas nationales (viande française contre viande anglaise) ; elles passent entre deux conceptions de la modernité : celle qui s'asservit la nature jusqu'à aller contre elle et celle qui recherche une coopération et une coévolution avec elle.

Le paradoxe est que, face aux périls et aux problèmes qu'ils ont suscités, le capitalisme et la technoscience promettent aujourd'hui de trouver et de mettre en œuvre demain les solutions appropriées. Demain, face aux pénuries les plus graves (eau douce, sols, énergies...), aux dégradations les plus sérieuses (pollutions radioactives et chimiques, atteintes à la couche d'ozone, changement climatique...) et aux problèmes environnementaux, de santé publique, d'alimentation ou de société, nés de la mise en œuvre de technologies non contrôlées, de grands groupes mondiaux proposeront de nouvelles réponses technoscientiques. Mais seuls pourront y avoir recours les groupes sociaux, États et organismes internationaux disposant de ressources suffisantes.

Sans doute serait-il plus sage de ne pas s'enfermer dans cet absurde engrenage. Et d'y échapper avant qu'une nouvelle génération désespérée prenne au mot l'appel « DÉMASQUEZ *LES PHYSICIENS*, VIDEZ *LES LABORATOIRES* » qu'avaient signé en 1958 André Breton et ses amis surréalistes : « Rien, plus rien aujourd'hui ne distingue la science d'une menace de mort permanente et généralisée. [...] La pensée révolutionnaire [...] doit se retremper à ses sources de révolte, et, en deçà d'un monde qui ne sait plus que nourrir son propre cancer, retrouver les chances inconnues de la *fureur*[59]. »

59. André BRETON, *La Lampe dans l'horloge*, Robert Marin, Paris, 1948, cité par Annie LE BRUN, « Préface » à « UNABOMBER » 1996, p. viii-ix.

Vous avez bien raison, vous qui occupez des postes élevés à irresponsabilité illimitée, de vous agacer de cette petite inquiétude que vous sentez parfois vriller au fond de vous : cette crainte que dans les prochaines décennies, à la suite d'un grand ravage ou d'une dramatique pénurie, vous vous retrouviez à votre tour mis en cause sur ce que l'on nommait jadis le banc d'infamie. Car les temps qui viennent risquent d'être tragiques, et il n'y a pas de sauveur suprême.

La science ? Mais quelle science ? Celle de la violence faite aux hommes, à la Terre, au vivant ? Celle de in-conscience, ruine de l'âme ? Comment s'en remettre à de savants scientifiques, qui après avoir annoncé un progrès sans dégâts, promettent aujourd'hui des progrès qui réparent les dégâts des précédents progrès, sans savoir ou sans dire de quels nouveaux dégâts ils peuvent être porteurs ?

L'État ? Mais qui ne voit à quel degré les États sont désarmés face à des problèmes nationaux de plus en plus englobés dans des dynamiques mondiales sur lesquelles ils n'ont pas prise ? N'a-t-on pas vu, en 1989, des chefs d'État et de gouvernement se réunir à La Haye pour lancer un appel en faveur de la Terre ? Et à peine l'appel lancé, rentrer chez eux pour vaquer à leurs occupations, soucieux de ne pas trop déranger pétroliers, entreprises de l'électronucléaire, firmes de biotechnologie et chasseurs de tourterelles ?

N'a-t-on pas vu les chefs d'État et de gouvernement du monde entier se réunir en 1992 à Rio, à grands frais d'autoroutes neuves, de ballets aériens et d'orgies de documents et d'images ? L'enjeu de la conférence, l'environnement et le développement, était immense ; un espoir s'était levé. Mais chacun est rentré dans son palais, après discours d'usage, signatures officielles et cadrages de télévision. Volant de continent en continent, des experts largement rétribués dissertent avec modération sur les pustulences de notre modernité. Et moins d'un an après Rio, la Norvège de Mme Brundtland, promotrice du développement durable, soutenait la reprise de la chasse à la baleine.

Les organisations internationales, les ONG ? Après des décennies vouées au développement, elles ont senti tourner au « développement soutenable » et à l'humanitaire le vent des financements. Ne doivent-elles pas vivre des problèmes qu'elles ont en charge ? Pourront ainsi se poursuivre voyages d'experts, colloques, rencontres, rédactions de rapports, avec le chapelet programmé des « sommets » mondiaux.

Les firmes multinationales ? Certes, depuis une quinzaine d'années, elles ont fait de notables efforts pour améliorer leurs images ; elles ont même gommé ou atténué leurs pollutions les plus manifestes là où les citoyens, l'État de droit ou la concurrence l'exigent ; certaines s'offrent des fondations pour glorifier la nature qu'elles détruisent. Mais, dans l'ex-tiers monde, trop d'entre elles ont installé des filiales polluantes, recourent à des sous-traitants sans scrupules ou vendent des installations vétustes, des procédés nocifs, des produits interdits dans les pays riches.

L'Occident, qui détient les quatre cinquièmes des ressources du monde n'a-t-il pas conquis la planète, au nom de Dieu, de la civilisation et du progrès ? N'a-t-il pas pillé, asservi, déporté, soumis les sociétés, disloqué les cultures ? Lui-même est aujourd'hui asservi par son nouveau Dieu : l'argent. Négligeant le bien-être des hommes, il s'est pris, dans un casino planétaire livré aux calculs infantiles et pervers des initiés, au jeu sans fin des rapports entre monnaies, des taux d'intérêt et des cours de bourse. Et pour tenir le monde des pauvres, il s'est assuré le concours des oligarchies les plus brutales, des dictatures les plus féroces, des mafias les plus débridées.

Irresponsabilités associées et complices, enracinées dans l'égoïsme de nos générations.

Irresponsabilité et acratie[60]

A propos de deux ouvrages récents[61], un collaborateur de la revue *Royaliste* commente : ces essais suscitent « un pessimisme inhibant l'action : nous n'avons prise sur rien. Nous ne comprenons plus rien. Nous allons vers le chaos. Alors que simplement nous ne voulons plus rien faire[62] ». Sans doute est-ce là un point décisif. Évidemment, nous ne retirons rien de ce que nous avons dit sur l'empire des logiques sociales et la force des intérêts. Mais l'histoire a montré que ces logiques et ces intérêts peuvent être intégrés, voire mobilisés, dans les efforts ou programmes nationaux : effort de guerre (lors des deux guerres mondiales), politique de reconstruction et de modernisation (après la Seconde Guerre mondiale), compromis social-démocrate et construction de l'État-providence (également dans l'après-guerre). Mais les sociétés les plus puissantes et les plus riches n'ont aujourd'hui pas de projet : prédominent donc le jeu des logiques sociales et les stratégies des grandes firmes.

Pourtant les hommes qui nous gouvernent connaissent bien les problèmes et les menaces. Il suffit de les écouter. Le 8 juin 1992, à la Conférence des Nations unies sur l'environnement et le développement, Michel Camdessus, directeur du FMI, le Fonds monétaire international, prônait pour tous les pays une croissance menée « dans le respect de l'environnement et des ressources naturelles » et englobant « une large gamme d'objectifs sociaux, d'objectifs humains ». Compte tenu de « l'ampleur des investissements nécessaires pour relever ces défis planétaires », c'est un « ajustement universel » qu'il estimait indispensable ; il fallait « réaffecter nos ressources à des fins plus productives et plus utiles », accentuer l'aide publique du Nord au Sud pour atteindre l'objectif de 0,7 % du PIB « avant la fin du siècle », et finalement que « tous — les gouvernements comme les simples citoyens — acceptent de reconsidérer

60. Acratie : incapacité à gouverner, à prendre les décisions, à exercer le pouvoir.

61. BONIFACE 1996 ; SALAMÉ 1996.

62. *Royaliste*, 21 octobre 1996, p. 8.

sérieusement leur style de vie. Voilà ce que j'entends par ajustement universel[63] ! ». En ce début de 1997, l'aide publique au développement fournie par le Nord est à son plus bas niveau historique ; rien n'a été amorcé pour modifier le mode de vie des pays riches ; les problèmes soulevés dans l'allocution demeurent entiers. Et, s'il n'est pas une nouvelle fois reconduit à la direction du FMI, M. Camdessus se verra certainement confier d'autres hautes fonctions.

Lisons Al Gore : alors sénateur des États-Unis, il a publié en 1992 un livre bien charpenté, plein d'humanité, de religiosité et de sens éthique : *Earth in the Balance. Forging a New Common Purpose.* Il y passe en revue les grands problèmes environnementaux et en analyse les causes, au-delà de l'économie, dans les dysfonctionnements de notre civilisation, et il débouche — se référant à l'aide que les États-Unis avaient apportée à la reconstruction de l'Europe — sur la nécessité d'un plan Marshall mondial dont « l'envergure et la complexité » devaient largement dépasser celles du modèle[64]. Depuis, Al Gore a été choisi par Bill Clinton comme vice-président des États-Unis et il a commencé, début 1997, sa seconde vice-présidence. Rien de sérieux n'a été fait pour réduire la contribution des États-Unis — la première du monde — à l'effet de serre et aucun plan Marshall mondial pour la Terre et l'Humanité n'a encore été lancé. Mais on parle d'Al Gore comme candidat possible du parti démocrate à la présidence des États-Unis en 2000…

Victoires de l'irresponsabilité et de l'acratie.

Irresponsabilité : dès lors que le marché pourvoit à tout, c'est au consommateur de faire le bon choix ; dès lors que l'argent est la valeur suprême, ceux qui n'en ont pas sont hors jeu ; dès lors que les marchés, notamment financiers, sont mondiaux, les dirigeants nationaux ont bien des excuses pour « laisser faire ». Firmes, gouvernements, professionnels (de la santé ou de la finance), savants ne lésinent certes pas sur les appels, les déclarations, les codes (de

63. *FMI Bulletin*, 29 juin 1992, p. 193-203.
64. Al GORE 1992, p. 297.

bonne conduite ou d'éthique). Mais, face aux processus en cours qui déstructurent nos sociétés, mettent en péril la Terre, menacent les humains, nul lieu où soit réellement élaborée et mise en œuvre la stratégie pluridimensionnelle dont nous avons besoin.

Acratie : incapacité des hommes au pouvoir à l'assumer réellement, à affronter les enjeux majeurs, les problèmes les plus graves, à définir et engager les stratégies nécessaires et à imposer les efforts que les choix faits impliquent. Et même ceux dont les discours montrent qu'ils ont bien vu l'essentiel se révèlent incapables de le prendre en charge ou de mettre en œuvre les processus ou les procédures qui s'imposent.

Démocratie et acratie

Irresponsabilité et acratie : le mal est sans doute profond. Deux portraits de chefs d'État de notre temps permettent d'en éclairer quelques aspects.

D'abord, Bill Clinton : lors de sa réélection, en novembre 1996, le président du plus puissant pays du monde est décrit par Richard Bernstein comme « formidablement intelligent et encore plus formidablement ambitieux ». « Il a tout du type bien, de celui qui cherche toujours à faire de son mieux et, très souvent, il a été un bon président. Mais il lui manque une boussole morale. Il s'est montré prêt à tout pour gagner. [...] Et puis, une fois installé à la Maison-Blanche, il passe pour n'avoir fait aucun geste, pris aucune initiative qui n'ait eu sa réélection pour objet. Il aura été en campagne pendant quatre ans[65]. »

Quant à François Mitterrand, la complexité de l'homme est reconnue par tous. Les portraits publiés au lendemain de sa mort font ressortir d'autres traits. Ainsi, pour Régis Debray, « Mitterrand tergiverse et compose. Il préfère biaiser avec les effets secondaires que briser avec les causes

65. Richard BERNSTEIN, « Bill Clinton, le « président ado » », *Le Monde*, 7 novembre 1996, p. 16.

premières. Contre les abus, dans le système[66] ». Et pour Jean-Marie Colombani : « Produit [...] d'un demi-siècle ambigu, François Mitterrand le fut aussi lui-même, ô combien. [...] Le bilan peut donc se lire en négatif sans que les seules contraintes objectives excusent les manquements aux promesses. Le lyrisme social a pour envers l'enracinement du chômage ; l'engagement antiraciste, l'installation à demeure du Front national [...] ; la fidélité aux amis, la tolérance à l'égard de dérives où des intérêts privés profitèrent de privilèges publics[67]. » Et l'encre de Debray s'aigrit : « Voir un génie de l'action s'enliser dans l'anodin ; un grand lutteur terminer un long petit règne dans une arène de sous-préfecture, faute d'incarner plus que lui-même, rend triste. [...] De Gaulle avait mille ans d'histoire au-dessus de sa tête, Mitterrand a eu Mitterrand, ce qui n'était pas rien, mais pas assez » ; d'où — après le discours de Cancun, les diatribes contre l'argent ou l'appel de La Haye — l'inexorable enlisement « des moyens sans fin, du pragmatisme sans foi[68] ».

Mais comment mener sans boussole morale le long combat qu'imposent les inégalités et les périls de notre temps ? Comment appeler électeurs et entreprises aux sacrifices si l'on n'a d'autre finalité que sa propre réélection ? Comment obtenir l'inflexion nécessaire du cours de notre histoire si l'on n'est pas prêt à briser avec les causes premières ? Comment trouver le souffle et le courage sans une vision de l'histoire et la capacité de concrétiser dans l'action refus, choix et priorités ?

La démocratie grecque était celle d'hommes libres dans des cités en guerre. La cité était le lieu de la cohésion. La guerre en était l'axe.

Les démocraties villageoises, dont on trouve des formes très diverses dans presque toutes les parties du monde, à presque toutes les époques, étaient des démocraties de paysans. Le village était le lieu de la cohésion. La gestion des

---

66. Ainsi pour Vichy, l'Afrique noire, l'OTAN, l'argent (Régis DEBRAY, « Meilleur géographe qu'historien », *Le Monde*, 12 janvier 1996).
67. Jean-Marie COLOMBANI, « La fin du siècle », *Le Monde*, 12 janvier 1996.
68. Régis DEBRAY, « L'or et le plomb », *Le Monde*, 14-15 janvier 1996.

problèmes et des conflits du village, pris entre des conditions naturelles (plus ou moins favorables) et des pouvoirs (plus ou moins exigeants) en était l'axe.

Les démocraties censitaires des cités ou des petits pays du temps des premiers capitalismes étaient des démocraties de banquiers et de négociants. Leurs intérêts et leur connaissance réciproque en faisaient la cohésion ; avec, quand il existait, des relations complexes avec le pouvoir royal, indispensable soutien face aux concurrents extérieurs.

Les démocraties du suffrage universel de l'ère du capitalisme industriel se sont formées dans des luttes : pour la république ou pour la démocratie. L'État-nation en était le cadre : la cohésion en a longtemps été faible comme en témoignent révolutions, contre-révolutions ou guerres civiles (aux États-Unis comme dans certains pays d'Europe). Guerres extérieures, détestation de l'ennemi extérieur, nationalisme ont contribué à forger des éléments de cohésion. L'enseignement, l'apprentissage du droit et des libertés, la protection sociale et, dans certains pays, la négociation de compromis sociaux durables ont fondé plus solidement les cohésions. Sauf en période de conflits, où l'axe était la guerre, ces cohésions ont principalement eu pour axe la prospérité nationale.

Comme en beaucoup de pays, la démocratie, en France, souffre aujourd'hui de n'avoir plus guère de cadre ni d'axe.

Le cadre : il y a comme un trop-plein. Simplement pour la démocratie politique : la commune, le canton, le département, la région, l'État national, l'Europe : six niveaux. A quoi s'ajoutent les votes pour les organismes sociaux, les organes professionnels, les syndicats, les copropriétés, les associations, les assemblées d'actionnaires... La commune, le quartier peuvent être les lieux où la vie démocratique est la plus active, mais les enjeux y sont limités ; et très souvent, ce sont des formes présidentielles, monarchiques ou autocratiques de la démocratie qui s'imposent. L'Union européenne n'a pas trouvé sa légitimité démocratique : un président de Commission équilibriste, une escouade de commissaires, des bataillons de technocrates et un Parlement intermittent ne font pas une démocratie.

Reste l'État. Sa souveraineté d'antan est morte. Entre les collectivités territoriales et les organismes internationaux, il n'a pas su retrouver sa mission propre, sauf lorsque est précisément en jeu l'intérêt national ou le rang du pays. Face au développement de la machinerie multinationale/mondiale du capitalisme, il est déstabilisé : ici, il a essayé de soutenir des productions nationales, mais cela coûte vite cher ; ailleurs, il soutient des activités d'avenir, mais cela ne rapporte pas toujours suffisamment pour le pays ; partout, il doit gérer « ses » problèmes, qui sont de plus en plus les impacts sur « son » territoire des jeux et des conflits des très grandes firmes et de la machinerie multinationale/mondiale. Ces firmes, comme les grands opérateurs des marchés financiers, lui demandent beaucoup : de bas salaires et de faibles charges, pas ou peu d'impôts, l'ordre social, des sites d'activité sur un plateau d'argent, des finances saines, une monnaie stable. Elles promettent parfois, mais se sentent déliées de leurs engagements à tout changement de conjoncture.

Mais surtout, il existe une différence radicale, aujourd'hui, entre les firmes mondiales et beaucoup d'États des pays riches de cette fin de siècle. Les firmes ont en permanence un objectif : renforcer, élargir, renouveler leurs marchés pour les prochaines années et les prochains lustres, en réalisant les rentabilités les mieux adaptées ; c'est simple et clair, source d'efficacité. Les États sont comme des truies qui doutent : ils se désintéressent de tout, de leurs enfants et de leur avenir ; ils n'ont plus de projet ; et le tour de force auquel sont contraints les hommes politiques, c'est de faire rêver suffisamment pour obtenir une majorité, mais pas trop pour ne pas susciter de trop brutales désillusions.

A cela s'ajoute que les firmes ont le monde, un monde disparate et fractionné, comme terrain de jeu stratégique. Alors que les États sont irrémédiablement liés à leurs territoires, où ils doivent tout faire : garde-malade, assistante sociale, garde-chiourme, grand frère, conciliateur, bouc émissaire, percepteur, précepteur, renfloueur, aideur universel, porte-fanion de la solidarité et de l'humanitaire, porte-parole et porte-verge. Mais où est donc l'État ?

Une des fonctions des firmes, comme de la spéculation, c'est de faire de l'argent ; et leurs patrons en gagnent autant qu'ils peuvent, certains, aux États-Unis, jusqu'à plusieurs dizaines de millions de dollars par an. Les hommes politiques, s'ils aiment le pouvoir, ne dédaignent pas l'argent ; en outre, il leur en faut beaucoup, de plus en plus, énormément, pour leurs partis, leurs campagnes, leurs équipes, leur communication et leur faux frais. États-Unis, Japon, Corée, Inde, Espagne, Italie, France, Royaume-Uni : les affaires éclatent de toutes parts, dans la classe politique, dans les sphères du pouvoir et alentour. Beaucoup sont étouffées ; d'autres laissent apparaître un morceau plus ou moins grand de l'iceberg. Ce qui se dégage est inquiétant : un *continuum* de relations entre la haute administration, le monde politique, les hauts dirigeants de firmes travaillant avec l'État ou de grandes collectivités territoriales et des milieux d'affairistes en liaison avec le milieu. A l'instar de dirigeants d'entreprise qui font financer par des filiales des travaux dans leurs maisons, des dirigeants politiques font loger leurs familles à bon compte ou font financer leur personnel par des budgets publics. Mais où est la démocratie ?

Un État déglingué. Une démocratie mal en point. Le fond du problème est probablement que nos pays n'ont plus de projets ; ils ne se projettent plus dans l'avenir. Entre des firmes qui courent sans cesse vers le même horizon toujours renouvelé du profit et des pays de l'ex-tiers monde engagés sans frein dans une course à la croissance et à la puissance, les hommes politiques européens gèrent à court terme problèmes et difficultés, tout en tenant compte des sondages, des échéances électorales et du calendrier européen. Là s'enracine l'acratie dont souffre notre temps : les seuls pays qui ont les ressources financières et les moyens scientifiques, techniques, économiques à la dimension des problèmes à traiter sont englués dans le très court terme, incapables de projets et de vision

Dans le vide ainsi créé, les très grandes firmes deviennent les principaux acteurs, efficaces parce que mobilisés sur des combats bien bordés : tenir la dragée haute aux concurrents, gagner des parts de marché, préparer les marchés d'après-demain. Et peuvent se déployer sans frein des logiques du marché, de l'innovation, du profit et de l'inégalité.

Le problème central est bien celui du manque de vision, de projet, de volonté, et de la démission des acteurs qui, jusqu'ici, se sentaient en responsabilité (hommes d'État, intelligentsias, élites modernisatrices).

C'est d'acratie, de l'impuissance du pouvoir, de la perte de volonté politique que souffre fondamentalement notre monde.

L'ombre sur le trottoir

« Il est une photographie, on ne peut plus banale et cependant hallucinante, la plus bouleversante qui nous soit parvenue d'Hiroshima. C'est à deux cents mètres de l'explosion. Deux marches, un petit mur, l'avancée d'un pilastre. Le bas d'une terrasse ? Le contrefort d'un jardin ? Un homme était assis sur les marches. Il a été volatilisé. Mais comme son corps, le temps de se réduire en fumée, a fait écran au rayonnement atomique, son ombre est restée imprimée sur le trottoir. Une forme indécise, une ombre d'homme, la trace obsédante d'une terrifiante absence, un reproche physique à une folie de l'esprit [69]. »

Symbolique, cette ombre résume les périls de notre temps.

Depuis 1945, dans tous les domaines, connaissances scientifiques et capacités techniques se sont multipliées, renforcées, approfondies. Les possibilités d'agir sur les individus, les sociétés, le vivant, la planète s'étendent à l'extrême. Mais manque le sens : après les croyances, peut-être avec elles, s'enlisent valeurs et idéaux.

Dieu sait combien, dans la préhistoire et l'histoire, la monstruosité a pu l'emporter sur l'humanité. Guerres mondiales, camps de la mort et goulags, massacres de civils : avec notre siècle, la monstruosité a, elle aussi, changé d'échelle ; c'est par millions ou dizaines de millions qu'il

69. Emmanuel MOUNIER, « L'ombre qui a perdu son homme », numéro d'*Esprit* consacré à l'arme atomique, janvier 19[illegible] p. 24.

faut compter les victimes. Les arsenaux disponibles peuvent plusieurs fois ruiner l'ensemble de la Terre et nous travaillons sans cesse à de nouvelles armes. Pour satisfaire des besoins systématiquement renouvelés et exacerbés, nous détruisons l'énergie, les espèces vivantes, la matière, souillons l'eau, l'air, les sols, portons atteinte aux équilibres de notre planète.

Apathie, anomie, acratie gangrènent notre monde. Avec la puissance croît l'irresponsabilité. Plus que jamais, la « Voie du Progrès » est indissociablement la « Voie du Pire » : même le sachant, nous continuons d'avancer. Ainsi se creuse le gouffre de tous les périls.

Si advenait l'ultime pire, il resterait peut-être, ici ou là, deux marches, un petit mur, l'avancée d'un pilastre, le bas d'une terrasse, le contrefort d'un jardin, ailleurs des ruines d'autoroutes, d'aéroports, de villes et de centrales nucléaires, des gisements de déchets, des statues souriantes, des lumières et des ombres. Mais nul ne sera là pour déplorer la terrifiante absence des hommes.

7

Pistes (pour la réflexion et l'action)

Il y a deux siècles, Condorcet concédait que « les travaux de ces derniers âges ont beaucoup fait pour le progrès de l'esprit humain, mais peu pour le perfectionnement de l'espèce humaine ; beaucoup pour la gloire de l'homme, quelque chose pour sa liberté, presque rien pour son bonheur [1] ». Il poursuivait, doux-amer : « L'ami de l'humanité ne peut goûter de plaisir sans mélange qu'en s'abandonnant aux douces espérances de l'avenir » (p. 260). Et il précisait : « Nos espérances sur l'état à venir de l'espèce humaine peuvent se réduire à ces trois points importants : la destruction de l'inégalité entre les nations ; les progrès de l'égalité dans un même peuple ; enfin le perfectionnement réel de l'homme » (p. 265-266).

Deux siècles plus tard, l'inégalité s'est accrue tant entre les nations que dans chaque peuple. Si les améliorations matérielles ont été nombreuses, ni le « perfectionnement réel » de l'homme ni l'épanouissement de son bonheur ne paraissent caractériser notre temps. Quant à l'avenir, bien rares sont les « douces espérances » auxquelles il est possible de s'abandonner.

Pourtant, les mises en garde n'ont pas manqué.

1. Condorcet 1793, 1988, p. 260.

De nombreux auteurs ont souligné l'ampleur, la profondeur, la gravité de la mutation en cours.

Horkheimer et Adorno, en 1944 : « L'histoire naturelle ne s'attendait pour ainsi dire pas au joli coup qu'elle réussit en créant l'homme. La capacité de destruction de celui-ci promet de devenir si grande que si cette espèce venait à disparaître il ne resterait rien. Ou bien elle se déchirera elle-même, ou bien elle entraînera dans sa perdition toute la faune et la flore de la Terre et, si la Terre est encore assez jeune à ce moment, il faudra — pour paraphraser un mot célèbre — recommencer toute la chose à un niveau beaucoup plus bas[2]. »

André Breton, peu après Hiroshima : « Cette fin du monde n'est pas la nôtre[3]. »

Emmanuel Mounier, en 1946-1947 : « Jusqu'ici, [l'humanité...] était encore condamnée à un avenir [...]. Maintenant l'humanité comme telle va devoir se choisir et il lui faudra, de toute évidence, un effort héroïque pour ne pas choisir la facilité, le suicide[4]. »

Herbert Marcuse, en 1967 : « Nous pouvons faire du monde un enfer, et nous en prenons le chemin, comme vous le savez[5]. »

Jacques Monod, en 1970 : « Les sociétés modernes, tissées par la science, vivant de ses produits, en sont devenues dépendantes comme un intoxiqué de sa drogue. Elles doivent leur puissance matérielle à cette éthique fondatrice de la connaissance et leur faiblesse morale aux systèmes de valeurs, ruinés par la connaissance elle-même, auxquels elles tentent encore de se référer. Cette contradiction est mortelle[6]. »

Edgar Morin, en 1981 : « Le progrès est [...] un des visages, et un visage incertain, du devenir. Il est remarqua-

---

2. HORKHEIMER et ADORNO 1944, 1996, p. 240.
3. Cité par Annie LE BRUN, « Préface » à « UNABOMBER », trad. fr. 1996, p. vii.
4. *Esprit*, janvier 1947, p. 18.
5. MARCUSE 1967, p. 7
6. MONOD 1970, p. 191-192.

ble que sur la ruine de la providence divine l'humanité laïque, la philosophie des Lumières, l'idéologie de la raison aient pu hypostasier et réifier l'idée de progrès en Loi et Nécessité de l'histoire humaine ; et cette idée a été à ce point désincarnée, détachée de toute réalité physique et biologique, qu'elle a fait ignorer le principe de corruption et de désintégration en œuvre dans « physis », « cosmos », « bios ». Plus aveugle encore fut le mythe techno-bureaucratique du progrès qui régna pendant deux décennies. Il conçut la croissance industrielle comme l'opérateur du progrès humain. Dès lors, la croissance, vouée à progresser indéfiniment, devenait la preuve, la mesure, la promesse d'un progrès généralisé et infini[7]... »

René Dumont, en 1988 : « L'humanité court à sa perte, si elle se montre incapable d'infléchir totalement l'évolution de notre société de consommation ; en somme, si elle continue à se révéler irresponsable [...]. Il nous reste peu de temps pour sauver l'honneur et l'espoir d'une humanité en grand danger[8]. »

Tony Anatrella, en 1993 : « Une ambiance de mort et l'idée d'un univers privé de perspective semblent être le fait de nos sociétés [...]. Entraînés dans cet effondrement, nombreux sont ceux qui se plaignent de "craquer", d'être "vidés", "épuisés" et ne parviennent pas à retrouver leur dynamisme vital. [...] Nos sociétés se sont idéalisées (comme si elles pouvaient être à elles seules leur propre idéal) sans autre vis-à-vis que leur propre image, et dans le credo triomphateur en la science et la technologie. En voulant se libérer de Dieu, elles ont souvent produit des idéologies aliénantes et désespérantes pour l'homme. Mais, au moment de "faire les comptes", l'utopie du progrès a perdu de sa superbe et l'on en a mesuré le coût pour l'homme et son environnement, au présent mais aussi pour les générations à venir[9]. »

Jürgen Habermas, en 1993 : « Nous devrions, sans gémir, nous rendre compte tout à la fois de la tournure iro-

---

7. MORIN 1981, p. 336-337.
8. DUMONT 1988, p. 9 et 282.
9. ANATRELLA 1993, p. 9-10.

nique propre à un progrès social et culturel qui ne cesse de se démentir lui-même, et du prix à payer pour une modernisation à laquelle nous refusons néanmoins de renoncer[10]. »

André Franquin (mort au début de 1997), créateur de Gaston Lagaffe, lors d'un entretien en 1993 : « Avec l'âge et malgré les moments de bonheur, je suis convaincu que l'homme ne sera jamais civilisé. Il se détruira. Mais il ne faut pas le dire, il ne faut pas gâcher la vie des gens[11]. »

Et finalement, on peut dire du monde ce que Murtaza Bhutto, frère du Premier ministre du Pakistan d'alors, disait en 1995 de son pays : « Nous avons rendez-vous avec la catastrophe. Une catastrophe d'une telle dimension que nous n'osons même pas l'envisager[12]. »

Canevas d'un scénario noir

Ce scénario est structuré par quelques caractéristiques majeures de notre monde — sa profonde inégalité, notamment — et quelques tendances lourdes observables. Il vise à décrire une gamme de futurs non seulement, possibles mais fortement probables si rien n'est fait pour les éviter.

Décrire comme noir le monde qui est en train de se faire ne signifie évidemment pas qu'on en souhaite l'avènement. Ni même qu'on pense qu'il se réalisera. C'est au contraire une manière de dire : « Attention, si nous continuons comme ça, voilà comment ça peut finir ! » C'est donc, en quelque sorte, l'expression d'un optimisme fondamental : « Le pire peut encore être évité. »

Tendances lourdes

Gary Becker, « prix Nobel de sciences économiques », s'inquiète de la pénurie d'organes pour des greffes aux États-Unis. C'est dans la rationalité économique unidimen-

---

10. Jürgen HABERMAS, « Entretien », *Le Monde*, 14 septembre 1993.
11. *Le Monde*, 7 janvier 1997.
12. *Le Monde*, 6 septembre 1995.

sionnelle qu'il trouve la solution : « Quand la demande excède l'offre pour des biens ordinaires, explique-t-il, le prix proposé aux offreurs est relevé pour les inciter à accroître les quantités offertes. L'usage de semblables incitations conduirait plus de gens à autoriser qu'après leur mort on utilise leurs organes pour des transplantations » ; dès lors, « pourquoi ne pas accroître l'offre en proposant de l'argent aux donneurs » ? Cela sonne mieux en anglais : « Why not increase the supply by offering money to donors[13] ? »

Certes, Gary Becker sent qu'il touche là à des limites. Il reconnaît que certains pourraient être « horrifiés » par sa proposition et son caractère immoral. Il envisage donc qu'une autorité, désignée par le gouvernement fédéral, soit chargée des achats d'organes et de leur allocation aux hôpitaux et cliniques. Gageons, si cela se fait, qu'avant dix ans un économiste dénoncera la faible efficacité de cette agence publique et réclamera qu'on laisse strictement jouer le marché. Car pour quelques adeptes de l'efficacité ponctuelle, calcul économique réducteur et jeu de l'offre et de la demande sont *la* réponse à tout problème.

Totalitarisme de la marchandise et des rapports d'argent : il n'est évidemment pas pleinement installé, mais il a commencé à se mettre en place, avec le culte de l'efficacité et du gain et le calcul économique appliqué à tout. Hommes, femmes, enfants, organes, sang, tissus humains, vivant breveté, vivant génétiquement manipulé, couples d'espèces protégées, assassinat, protection, tout est à vendre.

L'antisolitude ? C'est une marchandise : au Japon, où des hommes d'affaires solitaires et stressés achètent les joies d'une après-midi ou d'une fin de semaine dans une famille heureuse. La paix de l'âme ? C'est une marchandise : des sectes l'ont bien compris, qui vendent à prix élevés les différentes étapes d'un retour programmé à la sérénité. Le rêve d'éternité ? C'est une marchandise : aux États-Unis, où des sociétés de cryogénisation vendent pour un petit

13. Gary BECKER, « How Uncle Sam could ease the organ shortage », *Business Week*, 20 janvier 1997, p. 10.

million de francs l'éventualité (non garantie) d'une résurrection à venir. Qui dit marchandise, dit offre et demande, donc prix. Et s'il y a prix, achat, vente, calcul économique sont légitimes. Dès lors tout problème peut être traité en termes de coûts et d'avantages.

Dans un monde aux inégalités abyssales, la légitimation du rapport d'échange et d'argent comme premier rapport social débouche sur le fait que tout ne sera qu'affaire de prix. Il y aura de plus en plus d'extrêmes démunis qui seront victimes de touristes sexuels, pédophiles, sadiques ou préleveurs d'organes. Il y aura toujours des pays dont les gouvernants, les administrations, les polices, corrompus ou non, laisseront faire. Il y aura toujours des mafias et des organisations criminelles qui serviront d'intermédiaires. La règle du professeur de l'université de Chicago — « Why not increase the supply by offering money to donors ? » — s'appliquera à tout.

Caracas, années soixante-dix : sur plusieurs centaines de mètres, les baraques agglutinées d'un bidonville réputé très dangereux jouxtent les grilles d'un luxueux ensemble tennis-piscine. A Rio, de lustre en lustre, les murs de protection se surélèvent, les défenses se perfectionnent, les postes de garde s'étoffent. D'année en année, la liste des villes dangereuses en Afrique s'allonge. Aucune partie du monde n'est épargnée, et partout, riches et privilégiés, touristes et voyageurs en mesure de payer ont leurs aires protégées.

République dominicaine, années quatre-vingt-dix. Zone interdite, toute une partie de la côte est enclose de murs : derrière, les propriétés de détenteurs de très grandes fortunes de différentes régions du monde. Ailleurs, sur un immense domaine, a été édifiée une résidence pour clientèle aisée du Nord, avec golfs, tennis et plages ; l'entrée dans l'ensemble résidentiel est strictement contrôlée : carte magnétique de rigueur. Pendant la période de la coupe de la canne, des clandestins haïtiens sont tolérés dans un petit nombre de villages ; après la récolte, ils sont expulsés par dizaines de milliers.

Manille, 1997. Comme beaucoup de villes de l'ex-tiers monde, l'agglomération de Manille a connu une forte croissance ; elle dépasse les 9 millions d'habitants. De larges zones d'entassement dans des baraques insalubres et crasseuses, privées des services essentiels (eau, électricité, voirie, police), subissent la puanteur des immondices et sont livrées à l'insécurité, au chaos et au crime. Mais quelques aires résidentielles ont été aménagées pour les très riches, « enfermées dans un menaçant système de défense qui ne permet l'accès qu'en des points de contrôle placés sous la garde d'agents de sécurité armés. Des murs entourent non seulement toute l'aire, mais presque chaque maison » ; le résident d'une telle aire accueille des invités de Singapour par ces mots : « Bienvenue à Johannesburg[14]. »

Bien sûr, nous ne vivons pas dans un monde d'apartheid généralisé. Mais ici ou là, à vrai dire presque partout, par quartier, par zone, par territoire, il se met en place, à petits pas. On en accepte les contraintes, et parfois, à l'occasion d'un voyage ou de vacances, on est soulagé par la tranquillité qu'il assure.

L'apartheid en gestation s'annonce comme principalement fondé sur l'argent. Il s'installe dans l'ancien tiers monde comme dans les pays dits développés. Il se caractérise par une séparation radicale entre les espaces du pouvoir et des grandes fortunes, ceux de l'opulence, et les zones où sont cantonnés les lambeaux de sociétés rongés par la misère et le manque. Schématisant à l'extrême, le film *Soleil vert* l'avait pressenti.

Pour les végétaux comme pour les animaux, les manipulations génétiques sont mises en œuvre à large échelle, dans le système agroproductif des États-Unis. Elles le sont aussi dans des pays de l'ex-tiers monde soit par des propriétaires de très grands domaines, soit par des firmes multinationales. Les États-Unis ont obtenu en 1996, sous la menace de représailles commerciales, que l'Union européenne accepte l'importation de maïs transgénique : ce maïs est livré mélangé à du maïs ordinaire. De grandes firmes de l'agroalimentaire utilisent des produits transgéniques sans l'indiquer sur l'emballage. Il semble que les firmes concernées cherchent à ce que le consommateur n'ait pas d'information claire sur le caractère génétique-

14. « City Limits », *Far Eastern Economic Review*, 6 février 1997, p. 36.

ment manipulé ou non des produits qu'il achète. Or, ces manipulations génétiques ne sont pas sans risque.

Ainsi, certains gènes sont implantés sur des animaux pour les rendre résistants à des antibiotiques réputés favoriser la prise de poids. Cela ne peut qu'encourager une pratique dont beaucoup pensent qu'elle contribue à rendre des consommateurs de viandes ainsi obtenues résistants à des antibiotiques. En outre ces gènes peuvent se transmettre à de nouvelles générations d'animaux désormais génétiquement résistants à des antibiotiques.

De même, des gènes sont implantés sur des végétaux, le colza par exemple, pour les rendre résistants à certains herbicides. Premier risque, pour le consommateur : que les produits contiennent plus d'herbicide ou des herbicides plus actifs. Second risque, pour les végétaux et les producteurs environnants : que les plantes traitées transmettent le caractère de résistance aux herbicides à d'autres espèces.

Les experts liés aux firmes nient ces risques, ou assurent qu'ils sont infimes. Mais cela fait un siècle qu'ils le font. Et on peut être sûr qu'avant vingt-cinq ans une catastrophe génétique aura lieu. Des firmes auront fait de l'argent avec la mise en œuvre hâtive des manipulations génétiques. D'autres firmes, ou les mêmes, feront de l'argent en vendant des produits ou procédés qui permettront de combattre les fléaux provoqués par elles.

Volonté de faire tout ce que la science et la technique permettent de réaliser, et de vendre tout ce pour quoi peut se former un marché ; non-respect du principe de précaution ; refus d'informer le consommateur ; forcing exercé pour briser les résistances qui tentent de s'affirmer en Europe : redoutables pouvoirs du capitalisme allié à la technoscience.

L'air du temps

Fonctionnaires nationaux, internationaux, plurinationaux et mondiaux, dirigeants et permanents d'organisations non gouvernementales n'en peuvent mais : le rythme des grandes réunions mondiales ne permet plus de souffler — les femmes, les enfants, la pauvreté, la faim, la population, l'environnement et le développement, la ville, l'alimentation, le sida... Avec quelques années de réunions préparatoires et quelques années pour tenter de préciser ce qui a effectivement été dit et comment interpréter les recommandations émises, courriers diplomatiques, télécopies et échanges électroniques foisonnent. Pendant ce temps, les destructions sociales, culturelles, environnementales et humaines se poursuivent.

Sans projet, sans culture, sans valeur et sans goût, les nouveaux riches de la planète prônent le culte de ce qu'ils vendent : le n'importe quoi, l'éphémère, le factice et maintenant le virtuel. Et ils entraînent dans une course effrénée cadres sans repères d'un monde changeant trop vite, jeunesses dorées de toutes les parties du monde, hommes et femmes de communication et intellectuels médiatiques paniqués à l'idée de ne pas être dans le vent. Les plus pauvres s'appauvrissent ; la misère et le dénuement s'étendent. Sauf ici, où des États continuent à assurer le minimum de redistribution indispensable, ou là, où des cultures fortes, souvent des religions, offrent la résistance de profondes cohérences, des sociétés du monde entier se désagrègent.

Si l'on continue à ne rien décider et à ne rien faire de sérieux, dans dix, vingt, trente ans, tout aura encore empiré. Dénoncées dès le début du siècle, les fumées fluorées des usines d'aluminium n'ont été sérieusement combattues en France qu'à partir des années soixante-dix [15], sous la pression des écologistes et d'une opinion mieux informée. Les dangers de l'amiante, connus depuis des décennies par les spécialistes, dénoncés publiquement dans les années soixante-dix, sont pris en compte dans le discours officiel en France dans les années quatre-vingt-dix : à quand la mise en œuvre des mesures annoncées ?

Le premier tiers du XXIe siècle aura à faire face aux effets cumulés de plus d'un demi-siècle de pollution chimique (industrielle, énergétique et agricole) et radioactive, aux catastrophes annoncées dues à l'abus des médicaments (souches microbiennes résistantes), à la dénaturation des

---

15. Voir BEAUD C. 1976.

soins, de l'alimentation et de la santé (virus, prions) et à la diffusion, sans la prudence et la patience nécessaires, d'organismes génétiquement manipulés. En outre, les déséquilibres globaux se manifesteront plus brutalement ; ils seront bien plus difficiles à endiguer et leurs effets se révéleront très coûteux tant à supporter qu'à contrebattre.

Esquisse

A la limite, et en cédant un peu à la tentation de la fiction, une image possible du monde dans la première moitié du XXIe siècle peut être esquissée.

Avec le double mouvement du rééquilibrage géopolitique et de la mondialisation, la réalité des États s'est profondément diversifiée. Moins de dix États-continents ont la capacité de définir des stratégies qui pèsent sur le devenir du monde. Encore quelques-uns, parmi eux, consacrent-ils l'essentiel de leurs capacités d'action à parer aux explosions sociales et aux diverses forces d'éclatement qui couvent en leur sein. La plupart d'entre eux en sont venus à prôner ce qu'ils appellent une « mondialisation positive » : en clair, une mondialisation qui s'impose à l'ensemble des pays petits et moyens, et de laquelle les pays continents tirent le meilleur parti en lui concédant le moins possible. Chaque État-continent assure un soutien sans faille à quelques très grandes firmes à travers lesquelles sont assurés une présence dans le monde, le contrôle économique et financier d'une aire d'influence et des stratégies d'alliance à la fois face aux risques régionaux et globaux et pour le développement de nouvelles applications, très coûteuses, de la technoscience.

Pour les autres États, certains gèrent, avec plus ou moins de malheur, le chaos social légué par des erreurs développementalistes de la fin du XXe siècle ou par la brutale mise en coupe réglée, par ou pour de grandes multinationales, de ressources non ou difficilement renouvelables. D'autres sont devenus les correspondants territoriaux de grandes firmes qui gèrent la principale ressource du pays (tourisme, énergie, sites de lancement de satellites ou de relais télématiques régionaux, production à haut risque, etc.). D'autres encore, grâce à une longue tradition étatique, une solide cohésion nationale et probablement aussi une forme ou une autre d'isolement, assument la mondialisation en en tempérant les effets par une multitude de stratagèmes individuels, collectifs, informels ou officiels. D'autres enfin, mais dont la liste change de décennie en décennie, bénéficient pendant de courtes périodes de conjonctures favorables leur permettant de fulgurants « miracles » liés au développement d'une activité pour laquelle ils sont les mieux placés.

Plus personne ne cherche à évaluer les liens existant entre États et mafias. Comme l'avaient fait avant elles celles des États-Unis, les mafias de la fin du XXe siècle (tant d'Amérique centrale et du Sud, que de l'est de l'Europe et de l'Asie) ont su construire des façades honorables, multiplier les fondations et envoyer les héritiers dans les collèges les plus convenables.

Pour 2,5 à 3,5 milliards d'humains, rien n'est vraiment sous contrôle. La violence règne, entre individus, familles ou voisins, mais aussi entre bandes, groupes ethniques, religieux ou d'affinité, parfois entre régions ou entre pays ; de multiples pouvoirs armés se font ou se défont. Beaucoup de tensions ou d'affrontements sont en fait suscités par les grands acteurs mondiaux. Mais ceux-ci n'interviennent qu'en cas de débordement, c'est-à-dire quand sont menacées des aires d'opulence ou des zones ou activités cruciales. En fait, ce sont les technomercenaires qui agissent et, selon les rares témoins, grâce aux nouveaux moyens biotechnologiques et radiatifs, les populations classées « dangereuses » sont massivement « neutralisées ».

La Ligue pour l'humanisme du XXIe siècle, née de la confédération d'une très grande variété de mouvements antérieurs, a créé un Forum permanent sur la misère et la violence. Ses courants les plus radicaux réclament une commission intercontinentale d'enquête sur la nature et les effets des moyens de « neutralisation » utilisés par les technomercenaires.

Pour 2 à 3 milliards d'humains, rien ne va vraiment mal, mais rien n'est vraiment assuré : le marché juge. Embauche, niveau du revenu, licenciement et chômage dépendent de l'offre et de la demande. Bien sûr, chacun est libre de l'usage de ses gains. Dans l'ensemble, officiellement, les choses vont de mieux en mieux : le rapport annuel du Fonds mondial pour le développement humain, qui a unifié l'ensemble des organismes internationaux autres que monétaires et financiers antérieurs, proclame d'année en année que l'indicateur du développement humain s'est amélioré dans tous les États conventionnés, c'est-à-dire ayant passé une convention avec le Fonds. Certains de ceux-ci, cependant, ont de moins bons résultats du fait qu'il ont maintenu des systèmes de solidarité territoriale ; quelques-uns ont même créé des « réserves humanitaires » pour les exclus qui peuvent justifier de suffisamment de « crédits de reconnaissance territoriale ». Car la règle, pour les exclus des aires d'abondance est, après constat par une juridiction *ad hoc* de leur « auto-exclusion », la relégation dans les zones de violence.

C'est ainsi que les grands acteurs mondiaux — quelques dizaines de très grandes firmes et un petit nombre d'États-continents — gèrent l'opulence et confinent le chaos. Les meilleurs dirigeants des très grandes firmes sont souvent appelés à participer au gouvernement de leur État-continent et, si tout se passe bien, reviennent au conseil de gérance de la firme. Toutes ces firmes ont des relations de coopération/compétition, soumises à des règles très strictes. Ces règles ont été mises en place après le grand krach boursier, monétaire et financier du début du XXIe siècle, krach qui, en appauvrissant sensiblement les États-continents les plus riches, avait facilité l'établissement d'un meilleur équilibre entre grandes puissances et finalement renforcé l'empire des très grandes firmes.

De fait, les très grandes firmes techno-industrielles détiennent l'essentiel du pouvoir. Elles ont imposé leurs conditions lorsque le Conseil des grands États a tenté de les réquisitionner. C'était pendant la crise des Trois Périls, comme l'ont nommée les dirigeants chinois : il fallait tout à la fois assurer les fonctions vitales (l'eau, l'air, l'alimentation, l'assainissement, la télématique mondiale, l'approvisionnement énergétique, etc.), endiguer la montée du chaos et de la violence, et trouver la réponse aux principales menaces planétaires (outre les risques globaux repérés à la fin du XXe siècle, un large spectre de dérèglements biologiques et électromagnétiques encore mal identifiés).

Le Consortium, qui gère l'Union des très grandes firmes et que certains nomment la « Coupole » et d'autres l'« Oligopole », était prêt. Il affirmait pouvoir réussir en trois ans. Mais il exigeait : 1) l'intégration dans les firmes de toutes les équipes scientifiques (pour des raisons de sécurité, compte tenu de l'extrême dangerosité des nouvelles technologies) ; 2) le contrôle de la gestion des ressources financières (une fois affectés aux États leurs budgets d'équipement et de fonctionnement) ; 3) carte blanche pour la mise en œuvre des réponses aux Trois Périls. Après un baroud d'honneur, le Conseil des grands États accepta l'accord (une clause secrète assurant toutefois la circulation des hommes entre directions des firmes, gouvernement des États et conseils de gérance des firmes).

Quoique, pour l'essentiel, elle ne faisait qu'entériner un état de fait, des scientifiques tentèrent de résister à leur intégration dans les firmes. Pour sauver la face, ils exigèrent l'adoption d'une Charte de Heidelberg, qui reprenait certains thèmes de l'Appel de Heidelberg lancé et diffusé en 1992 par quelques-uns de leurs prédécesseurs, déjà soutenus par des firmes des chimio-biotechnologies. La Charte a repris *in extenso* cet alinéa de l'Appel : « Nous soulignons que nombre d'activités humaines essentielles nécessitent la manipulation de substances dangereuses ou s'exercent à proximité de ces substances, et que le progrès et le développement reposent depuis toujours sur une maîtrise grandissante de ces éléments hostiles, pour le bien de l'Humanité [16]. »

Elle a aussi repris l'affirmation selon laquelle les instruments qu'offrent la science, la technologie et l'industrie, « dans la mesure où ils sont gérés de façon adéquate, sont des outils indispensables qui permettront à l'Humanité de

16. « Appel de Heidelberg » du 14 avril 1992 (troisième version) ; texte diffusé par les signataires. A l'« Appel de Heidelberg » (*Le Monde*, 3 juin 1992), il a été répondu de Rio par une quarantaine de scientifiques français (*Le Monde*, 17 juin 1992) et de Paris par un « Appel à la raison pour une solidarité planétaire » (*Libération*, 23 juin 1992).

venir à bout, par elle-même et pour elle-même, de fléaux tels que la surpopulation, la faim et les pandémies[17] ». Le texte de la Charte a allongé la liste des fléaux, y incluant la violence, la misère et les déséquilibres globaux.

Un autre alinéa de la Charte, élargissant ce que l'Appel disait du contrôle des ressources naturelles, précisait que le contrôle de la science, de la technologie et de l'industrie ne pouvait se fonder que « sur des critères scientifiques et non sur des préjugés irrationnels ». Peu après, à la demande du Consortium, le Tribunal des grands États et de l'Humanité, jugea que « les références à l'éthique, à l'humanisme, à de prétendus droits du vivant ou des générations futures, sans pouvoir être taxées de “préjugés irrationnels” ne pouvaient être considérées comme des “critères scientifiques” et donc ne pouvaient être en aucun cas évoquées pour l'évaluation et le contrôle de la Science, de la Technologie et de l'Industrie[18] ».

Enfin, le Consortium fit admettre par le Conseil des grands États, « à titre transitoire et pour une durée maximale de trois ans », le confinement de la violence dans des zones dites d'exception, qui seraient ramenées à la civilisation une fois l'aisance rétablie dans le reste du monde. L'aisance a été rétablie depuis plus de trois ans pour la moitié de l'Humanité ; mais nul ne parle plus de ramener les zones de violence à la civilisation. Selon des rumeurs, de nouveaux procédés de contrôle et de répression y sont massivement et systématiquement expérimentés.

Incertitudes

Cette esquisse de scénario combine les principaux traits du monde qui, selon nous, est en train de se faire. Généralisation des rapports d'argent, inégalités abyssales et domination de la marchandise conduisent à la mise en place d'un nouvel apartheid, fondé sur l'argent. Comités d'éthique et positions morales sont impuissants face à

17. « Appel de Heidelberg » du 14 avril 1992 (troisième version).
18. Arrêt non encore publié ; les capitales sont dans le texte.

l'implacable rationalité du calcul économique. Les destructions sociales, culturelles, environnementales s'élargissent. Les très grandes firmes et quelques États-continents gèrent l'opulence et le chaos du monde. Les très grandes firmes et les équipes scientifiques qu'elles ont intégrées ont carte blanche pour endiguer le pire et préparer un « avenir meilleur ». Dans les archipels de l'aisance prédomine le marché ; ailleurs, excepté un petit nombre de réserves humanitaires, règne la violence, endiguée, s'il le faut, par une violence utilisant les ressources de la technoscience.

Bien sûr, il s'agit de tendances. Les contre-tendances existent, mais on peut craindre qu'elles ne soient pas de nature à infléchir dans son ensemble le cours des choses. Cependant, l'histoire a montré que des changements de climat idéologique et politique peuvent survenir.

Quoi qu'il advienne, le monde va rester multiple et disparate : dans certaines régions, dans certains pays, les forces de solidarité et d'humanité tiendront mieux et peut-être même s'affirmeront sous de nouvelles formes ; ailleurs des intégrismes, des nationalismes s'imposeront au nom de la lutte contre la marchandisation mondialisée.

Mais qui peut dire si les États-Unis vont ou non se laisser encore plus gagner par la logique de l'apartheid, si le sous-continent indien va ou non être déchiré par les affrontements religieux, si l'Afrique va savoir se ressourcer et se reconstruire ou si elle va se laisser dépecer et gérer par les très grandes entreprises. En terre d'Islam, les intégrismes vont-ils continuer à s'étendre ou la tradition humaniste va-t-elle reprendre le dessus ? Et, à des titres divers, bien des questions se posent encore quant aux devenirs de la Chine, de l'ensemble russe, de l'Europe et de l'Amérique centrale et du Sud. Dans presque toutes les régions du monde, beaucoup d'incertitudes subsistent.

Au total, beaucoup dépend encore des décisions qui seront prises, des actions qui seront menées. Certains espèrent en quelque grande catastrophe susceptible de provoquer un réveil des consciences et une mobilisation des énergies ; on peut craindre aussi, si elle devait se produire, qu'elle n'entraîne un durcissement des égoïsmes, des flambées de réactions de chacun pour soi et finalement un renforcement accru des positions des puissants et des riches.

Le futur n'est pas écrit

Plus largement, face aux possibles futurs que l'on vient d'entrevoir, rien n'est fatal. Beaucoup va dépendre de l'esprit de responsabilité, du respect de la Terre, de la conception de l'homme, de la démocratie. Beaucoup va dépendre à la fois du fond de sagesse et de morale de chaque civilisation et de la capacité des hommes de notre temps d'élever l'intelligence et l'éthique au niveau que requièrent les enjeux actuels. Beaucoup va dépendre du sens des valeurs, du vouloir et du pouvoir. Il va falloir choisir, décider, agir, mettre en œuvre des moyens à la hauteur des problèmes et des risques.

Valeurs

Que nous les affichions ostensiblement ou que nous les gardions secrètement dans notre conscience, nous sommes attachés à de multiples valeurs. Respect du vivant, de la Terre, du patrimoine légué et des espoirs ouverts par les civilisations. Sentiment d'être un maillon d'une chaîne humaine ; d'avoir reçu et de devoir sauvegarder, apporter, transmettre. Valeur éminente de l'homme : du mélange exceptionnel de sensibilité d'intelligence, de responsabilité, de spiritualité, d'attachement et de détachement, de connaissance de la mort et de jouissance de la vie, auquel il peut atteindre ; mélange qui s'exprime dans des sourires, des regards, comme dans des paroles, des écrits, des œuvres, des créations et des actions de tous ordres, des silences, des non-agir ; mélange que l'on peut nommer d'un mot : l'humanité.

Cette humanité a connu un premier épanouissement dans l'émergence et la maturation des grandes civilisations. Elle a, depuis, connu plusieurs floraisons, à diverses époques, en diverses régions du monde. Alors qu'elle pourrait connaître un nouvel épanouissement dans un monde ayant réussi à réduire la pression de la nécessité — productive ou économique —, elle paraît risquer d'être submergée par la marée de l'argent et des rapports d'argent.

Avec d'autres valeurs, la prise en compte de la dignité et de l'humanité de l'homme conduit à condamner les inégalités actuelles : car, dans un monde où tendent à prédominer rapports d'échange et rapports d'argent, elles écrasent, excluent, avilissent.

Avec d'autres valeurs, la prise en compte de la dignité et de l'humanité de l'homme nous interdit d'imposer contraintes, handicaps et sacrifices aux générations à venir, du fait de notre acratie ou de nos imprévoyances, de nos gaspillages et de nos rapacités. Plus largement, nous n'avons pas le droit, pour des intérêts limités et de court terme, de porter atteinte durablement à la Terre, au vivant et aux conditions de la vie. Et, si le doute existe, doivent être respectés les principes de prudence et de précaution.

Respect du vivant et de la dignité humaine, équité, solidarité, partage, tant à l'égard des plus démunis de notre monde qu'à l'égard des générations à venir : ces quelques valeurs doivent éclairer notre esprit de responsabilité en ces temps critiques.

Les sociétés humaines se sont fondées sur des principes tels que « Tu ne tueras pas ». La vie internationale s'est établie sur d'autres principes : des droits des peuples, de la souveraineté des États. Ce serait un premier pas, pour notre monde profondément interdépendant, doté de moyens d'action aux effets infinis, confronté à de nouveaux problèmes que nous suscitons nous-mêmes, que d'adopter ce principe : « Nul — État, firme, institution ou collectivité — n'a le droit, en poursuivant des fins particulières, de mettre en péril la Terre, le vivant, les hommes, l'Humanité et le devenir de l'Humanité. »

Responsabilité

« Quand nous disons que l'homme est responsable de lui-même, écrivait Jean-Paul Sartre en 1946, nous ne voulons pas dire que l'homme est responsable de sa stricte individualité, mais qu'il est responsable de tous les hommes. » Car, fondamentalement, « en me choisissant, je choisis l'homme » ; tout particulièrement, « l'homme qui s'engage et qui se rend compte qu'il est non seulement celui qu'il choisit d'être, mais encore un législateur choisissant en même temps que soi l'humanité entière, ne saurait échapper au sentiment de sa totale et profonde responsabilité [19] ».

C'était il y a un demi-siècle, en une époque où l'homme était valeur pour lui-même [20] et l'humanisme une éthique, et où l'engagement n'était ni ridicule ni marqué au sceau de l'opprobre. Dans les années quatre-vingt, la profondeur et la puissance des mutations en cours conduisent le philosophe Hans Jonas à ce diagnostic : « Le Prométhée définitivement déchaîné, auquel la science confère des forces jamais encore connues et l'économie son impulsion effrénée, réclame une éthique qui, par des entraves librement consenties, empêche le pouvoir de l'homme de devenir une malédiction pour lui. La thèse liminaire de ce livre est que la promesse de la technique moderne s'est inversée en menace, ou bien que celle-ci s'est indissolublement alliée à celle-là. Elle va au-delà du constat d'une menace physique. La soumission de la nature destinée au bonheur humain a entraîné par la démesure de son succès, qui s'étend maintenant à la nature de l'homme lui-même, le plus grand défi pour l'être humain que son faire ait jamais entraîné [21]. »

Face aux impacts de la technologie et notamment à « l'ordre de grandeur des actions à long terme et très souvent leur irréversibilité », Hans Jonas affirme avec force : « Tout cela place la responsabilité au centre de l'éthique » (p. 14). S'impose alors le « Principe Responsabilité », qu'il formule en ces termes : « Dans l'ambivalence durable de sa liberté, qu'aucune transformation des circonstances ne saurait jamais abolir, préserver pour l'homme l'intégrité de son

19. SARTRE 1946, p. 24, 27 et 28.

20. « Nous affirmons hautement que l'homme est un absolu. Mais il l'est à son heure, dans son milieu, sur sa terre », pouvait-on lire dans le texte de présentation du premier numéro des *Temps modernes* (1945) (cité par NOUSS 1995, p. 69).

21. JONAS 1979, 1990, p. 13.

monde et de son essence contre les abus de son pouvoir » (p. 15).

Scientifiques, techniques, économiques et financières, les évolutions auxquelles nous participons et qui nous entraînent menacent et le monde, et les multitudes d'hommes, et l'essence de l'homme. Est-il encore temps de nous protéger contre la puissance des dynamiques que nous avons suscitées ?

Sanctions

Mais, dans une période où des dizaines d'automobilistes passent sur un corps humain sans s'arrêter — par peur, ou par souci de ne pas « perdre » quelques instants ; dans une période où des dizaines de voyageurs assistent sans réagir au viol collectif d'une femme dans une voiture de métro ou de train de banlieue ; dans un monde où des pays parmi les plus riches n'ont jamais accepté l'objectif de consacrer 0,7 % de leur PNB à l'aide publique au développement — objectif fixé par les Nations unies en 1970 — tandis que d'autres, l'ayant accepté, ne « réussissaient pas » à l'atteindre ; dans un monde où les sociétés d'opulence laissent se développer la pauvreté en leur sein et la misère en de vastes régions ; dans un monde où les chefs d'État et de gouvernement et les plus hautes autorités financières, industrielles, scientifiques ne réussissent pas à définir et mettre en œuvre une stratégie pour l'environnement et le développement ; dans un tel monde, comment parler de responsabilité ? Comment qui que ce soit pourrait-il se sentir responsable de quoi que ce soit ?

Dans un monde où tendent à se généraliser les critères du profit et du moindre coût, où la technoscience la plus performante est intégrée dans les firmes et où les descendants de Créon vénèrent l'économie, l'affirmation du Principe Responsabilité peut-il être entendu ? L'appel à l'esprit de responsabilité, la perspective d'un nouvel épanouissement de l'humanité de l'homme ont-ils quelque chance de permettre de préserver le monde et l'essence de l'homme contre les abus de pouvoirs dont disposent aujourd'hui les sociétés humaines, et plus particulièrement les très grandes firmes et les grands États ? Sans l'institution d'un système d'obligations juridiques et de sanctions, c'est peu probable.

Aucun citoyen n'aura jamais à choisir entre un méchant qui affirmera vouloir détruire la Terre, spolier les générations futures et laisser mourir dans l'abandon les populations pauvres et un gentil qui promettra l'inverse. De plus, la gamme des enjeux sur lesquels se fait une élection est infiniment plus variée.

Aucun consommateur n'est assuré d'être pleinement informé ; en outre, pris dans une pluralité de systèmes techniques (pour les transports, l'énergie, l'alimentation, la santé, l'information, etc.), il n'a guère le choix. Et s'il sait, comme en France, que les trois quarts de l'énergie électrique qu'il consomme sont d'origine nucléaire, le réseau ne lui offre aucune alternative.

Les gouvernements et les organismes pluri- et internationaux sont soumis aux informations, influences, incitations et pressions des lobbies. Les scientifiques sont dépossédés de la maîtrise de leurs découvertes par les entreprises soucieuses de concevoir et de produire des marchandises qui assurent des profits. Quant aux entreprises, elles sont soumises à la concurrence que leur font ou risquent de leur faire d'autres firmes, avec lesquelles, par ailleurs, elles forment des lobbies pour défendre leurs intérêts communs.

Dans un tel système, la seule évocation du Principe Responsabilité ne peut suffire. Il faudra des lois (éventuellement planétaires), des règles et des sanctions.

On le sait : les actuelles évolutions technoscientiques conduites par les firmes et les États conduisent à la mise en place de mégasystèmes techniques englobant une pluralité d'acteurs. Et ne peuvent être imputés à aucun en particulier les nouveaux périls technoscientiques, quand leurs effets sont révélés et reconnus (sang contaminé, hormone de croissance transmettant une maladie mortelle, farine d'alimentation dangereuse pour les animaux, puis pour les humains qui se nourrissent de leur viande).

Pourtant, entre les crimes bien identifiés par nos droits pénaux nationaux et le crime contre l'Humanité reconnu et appliqué depuis quelques décennies, il va bien falloir qualifier de nouveaux crimes et délits : d'atteinte à la santé humaine, ayant ou non entraîné la mort, de pollutions majeures (locales ou plus larges), de destruction de ressources naturelles (sources d'eau, nappes phréatiques, sol, biotopes, air respirable, espace naturel vivable). Il va bien falloir prendre en compte les collectifs auteurs de ces crimes et délits et les identifier ; il va bien falloir être en mesure de les poursuivre en tout lieu sans qu'aucun État puisse leur accorder protection. Il va bien falloir les juger, évaluer les responsabilités individuelles, prononcer des verdicts et appliquer les sanctions

Ces crimes et délits devront bien sûr s'inscrire dans un nouveau droit mondial, ce qui implique une démarche plus large : la prise de conscience des dimensions à la fois historique, planétaire et plurigénérationnelle de nos responsabilités actuelles. Bien sûr, il serait, pour un humaniste, plus satisfaisant de pouvoir faire fond sur la conscience humaine, le Principe Responsabilité ou l'« heuristique de la peur[22] ». Mais, sans l'arme du droit et de la sanction, ces forces morales paraissent trop faibles face aux dynamiques actuelles axées sur la puissance et l'argent.

Scénario de rêve

A la conférence qui s'est tenue à São Paulo, la première année du XXIe siècle, étaient réunis dans l'Hyperdôme de l'humanité deux cents chefs d'État et de gouvernement, les deux cents dirigeants des plus grandes firmes mondiales et deux cents des scientifiques les plus éminents travaillant avec ces firmes. Soudain, il apparut que l'Hyperdôme était isolé du reste du monde par une infranchissable cosse électromagnétique. Nul ne pouvait entrer ni sortir, ni aucune information. En outre, le temps dut se figer sur le reste de la Terre : car la période qui s'ouvrit alors, et parut longue aux Six Cents, ne laissa aucune trace dans la mémoire des autres six milliards d'humains.

---

22. « Qu'est-ce qui peut servir de boussole ? L'anticipation de la menace elle-même ! [...] Cela, je l'appelle "heuristique de la peur" », écrit Hans JONAS (1979, 1990, p. 13).

Dès cet enfermement réalisé, un message s'afficha sur les écrans intérieurs : « Comme les évêques réunis en conclave pour l'élection du pape, vous ne sortirez qu'après avoir arrêté les grandes lignes du programme qui rétablira le plaisir de vivre sur terre. »

Après d'inévitables atermoiements et diverses initiatives menées sans succès, les Six Cents se mirent au travail. Les chefs d'État proposèrent un moratoire des recherches dangereuses pour la Terre, le vivant et l'homme ; les scientifiques, de ne pas créer de besoins nouveaux pendant une génération ; les hommes d'affaires, de récupérer tous les fonds publics détournés depuis des lustres et de les affecter à un Fonds mondial contre le dénuement. « Accepté, dit un nouveau message. Tout cela part de bons sentiments, mais vous êtes loin de compte. » De fait, la muraille électromagnétique demeurait infranchissable.

Tous se remirent au travail, certains avec l'excitation qu'ils avaient éprouvée, étudiants, devant un défi à relever. Les chefs d'État proposèrent de réduire tous les cinq ans de moitié les inégalités tant entre les pays qu'au sein de chaque pays ; scientifiques et hommes d'affaires, de mobiliser l'essentiel de leurs moyens pour la satisfaction des besoins fondamentaux pendant une génération. « Accepté, dit le nouveau message. Vous êtes sur la bonne voie, mais encore loin de compte. » La coque électromagnétique demeurait infranchissable.

Les Six Cents firent appel aux plus imaginatifs d'entre eux : ils proposèrent de cesser toute production d'armes et de détruire les stocks existants en dix ans, de respecter les cycles de la terre et de la vie sur terre, de remplacer en une génération tous les modes productifs agressifs et destructeurs par des procédés s'inscrivant dans les cycles naturels et de réaménager tous les lieux de vie pour qu'ils soient agréables à vivre et bien inscrits dans leur site. « Accepté, dit le message. Encore un effort. »

Les Six Cents interrogèrent alors les quelques sages, qui, jusque-là, avaient peu parlé. Peut-être, dit l'un d'eux, suscitant l'assentiment général, pourra-t-on proposer à nos concitoyens du monde, de prendre du temps pour se retrouver, pour être ensemble, pour redécouvrir les plaisirs de vivre. « Accepté, dit le message. Maintenant, que chacun rentre en soi-même, respire profondément et imagine le monde en 2100. »

Ainsi firent les Six Cents et — mais nul ne le vit — sur des visages marqués par les luttes et les tourments de l'ambition, de l'avoir et du pouvoir, s'esquissèrent de ces sourires sans pareils, ces rares sourires qui témoignent de l'humanité des hommes.

Fin du rêve.

Nécessité d'une nouvelle « période axiale »

Face au capitalisme, il n'y a plus de grande alternative globale. Le système étatiste a montré ses capacités (industrialisation, économie de guerre, grands programmes industriels et technologiques), mais il a aussi montré ses limites et ses dangers dès lors qu'on lui demande de prendre en charge toutes les activités pour répondre à tous les besoins d'une société.

La social-démocratie, forgée dans le cadre du capitalisme industriel, est désarçonnée face à la mondialisation et à la prédominance de la technoscience.

L'espérance socialiste, au nom de laquelle ont œuvré et les régimes étatistes et la social-démocratie, n'a pas réussi à se concrétiser dans un projet à la hauteur des enjeux contemporains.

Quant à l'« autre mode de développement » dont ont rêvé pour le tiers monde nombre d'intellectuels dans les années soixante et soixante-dix, il ne s'est nulle part concrétisé d'une manière convaincante.

Il y a plus : les grands mythes fondateurs de notre modernité — la Raison, le Progrès, la Croissance — ont épuisé une partie de leurs forces et fait apparaître leurs faiblesses. L'homme a besoin de reprendre sa réflexion.

La « période axiale »

En une période, si l'on en croit l'historien Karl Jaspers[23], une lame de fond de pensée — pensée de l'homme, du monde, de l'insaisissable — toucha l'ensemble des civilisations.

L'aventure avait été longue. Après une évolution de plusieurs centaines de milliers d'années, ont eu lieu, entre 8 000 et 4 000 ans avant notre ère, un ensemble de changements marquants, avec notamment l'agriculture, l'élevage, la construction de maisons et d'agglomérations, une spécialisation par types d'activités. Et, il y a entre 4 000 et 3 000 ans, les cultes agraires, le tissage, la roue puis le char, le bateau à voile, l'irrigation, l'écriture, les mathématiques, l'astrologie, le calendrier, la médecine, le travail du métal. Au cours des IIIe et IIe millénaires avant notre ère, s'épanouirent les premières grandes civilisations : en Égypte, en Mésopotamie et sur les territoires actuels de la Grèce, de l'Inde et de la Chine.

C'est au premier millénaire avant notre ère, entre – 800 et – 200, que s'est située ce que Karl Jaspers nomme la « période axiale » : « Il s'y passe simultanément des choses extraordinaires. En Chine, vivent Confucius et Lao-tseu ; on voit naître toutes les tendances de la philosophie chinoise [...]. Aux Indes, c'est le temps des Upanishads et du Bouddha ; toutes les possibilités philosophiques se font jour, allant jusqu'au scepticisme et au matérialisme, ou, comme en Chine, à la sophistique et au nihilisme. En Perse, Zarathoustra répand son âpre vision d'un univers déchiré par le combat du bien et du mal. En Palestine, se lèvent les prophètes [...]. En Grèce, on trouve Homère, les philosophes [...].

« La nouveauté de cette époque, c'est que partout l'homme prend conscience de l'être dans sa totalité, de lui-même et de ses limites. Il fait l'expérience du monde

23. « Rares sont les savants qui acceptent de prendre au sérieux les considérations de Karl Jaspers sur la "période axiale" de l'histoire, sur les parallélismes eurasiatiques du premier millénaire avant le Christ. Rares sont les savants qui admettent, comme l'admet Jean-Pierre Vernant, qu'il y a là un "phénomène étonnant" un "problème" », estime Robert BONNAUD (1995, p. 41).

redoutable et de sa propre impuissance. Il se pose des questions essentielles[24]. »

« Alors s'élaborèrent les catégories fondamentales, selon lesquelles nous pensons encore aujourd'hui, ainsi que les grandes religions qui soutiennent notre vie. Alors se produisit, dans tous les domaines, le passage à l'universel » (p. 10).

Ainsi, dans cette période s'est mis en place le cadre dans lequel les hommes se sont pensés et ont pensé le monde pendant plus de deux millénaires et dans lequel s'est enraciné le renouveau intellectuel et scientifique des derniers siècles : cadre aujourd'hui en partie inadapté, et dont l'inadéquation nous empêche de penser et les mutations en cours et vers quoi elles conduisent.

Une nouvelle « période axiale » ?

Selon Hannah Arendt, « la pensée en elle-même n'apporte pas grand-chose à la société, bien moins que la soif de connaissance, qui l'utilise comme un instrument pour d'autres fins. [...] Sa signification morale et politique n'apparaît que dans les rares moments de l'histoire où "tout part en miettes, le centre ne peut plus être le soutien, la simple anarchie se répand dans le monde"[25] ». A l'évidence, en cette période de mutation, « tout part en miettes, le centre ne peut plus être le soutien, la simple anarchie se répand dans le monde ».

Mais penser le monde, l'homme sur la planète en une multitude de sociétés disparates et l'avenir de l'ensemble n'est l'affaire ni d'un livre, ni d'un individu, ni d'une caste. Ce ne peut être que le fruit d'une démarche s'opérant dans diverses sociétés, à travers mûrissements, prises de conscience, réflexions critiques, analyses, débats, apports et retouches, avancées et mises en cause.

Par-delà les anciennes, ce sont de nouvelles questions essentielles qu'il convient de poser. C'est de l'immensité de leurs pouvoirs par rapport à la Terre, au vivant et à l'espèce

24. JASPERS 1949, 1954, p. 9.
25 ARENDT 1971, 1996, p. 71.

qu'ils constituent, que les hommes doivent prendre conscience. Ce sont des forces et des dynamiques qu'ils ont eux-mêmes générées et qui sont redoutables pour la Terre et pour leurs propres sociétés, qu'ils doivent s'inquiéter. C'est à penser ces nouvelles réalités, à analyser, évaluer, réfléchir, comprendre, hiérarchiser, clarifier les termes des choix, que nous avons à travailler. Et que chacun accepte d'y contribuer sans s'inquiéter de la disproportion entre ses capacités et l'immensité de la tâche.

Certes, il y faudrait du temps : mais pourquoi, dans le cadre d'un effort pour redonner cohérence et sens à notre monde, et en accompagnement de cet effort, ne pas consacrer quelques décennies, disons une génération, à une réflexion mondiale sur le devenir du monde ? A l'échelle de notre histoire, ce ne serait que quelques instants de retour sur soi et de réflexion planétaire.

Par elle seule, déjà, une telle décision signifierait que l'homme se donne une chance de faire émerger la pensée dont a besoin notre temps et donc, pour reprendre les termes de Jacques Monod, qu'il préfère le Royaume aux ténèbres.

Face à l'ampleur et à la puissance des mutations

L'ampleur des problèmes auxquels nous sommes confrontés, leur complexité et la rapidité des évolutions interdisent de dire : « Voici *la* solution. » Ce livre, on l'a dit, vise à alerter. Demande-t-on habituellement à celui qui donne l'alerte d'organiser aussi les secours et de dire comment éteindre l'incendie ? Cependant, tout diagnostic s'accompagne nécessairement de réflexions, d'idées de remèdes ou de propositions. Il serait absurde de n'en pas faire état. Mais il ne s'agit évidemment pas de *la* réponse, simple et lumineuse.

Car, en même temps que d'un renouveau de la pensée humaine et de la mise en place d'un nouveau système de responsabilité, c'est d'innombrables initiatives, actions, luttes et négociations que se dégageront, année après année — des villages et des quartiers aux régions et pays, des initiatives nationales aux négociations internationales et aux instances mondiales, des programmes continentaux et mondiaux aux réalisations sur le terrain — les réponses nécessaires.

Comme une bouteille à la mer

Beaucoup d'avancées ont été réalisées. Des mobilisations scandinaves aux réalisations villageoises indiennes, des décisions d'arrêter la production des CFC dans les pays du Nord à la mise en œuvre de formes d'énergie renouvelables, des efforts pour donner un contenu à la notion de développement durable à la multiplication des formes de solidarité internationales, les exemples ne manquent pas. Mais les forces qui contribuent aux dégradations, aux déstructurations, à l'exclusion et à l'écrasement des plus faibles continuent de l'emporter.

A toutes fins utiles, comme on jette une bouteille à la mer, voici quelques pistes qui se dégagent des analyses de ce livre. La plupart des lignes d'action doivent être pensées et mises en œuvre à plusieurs des niveaux où se reproduisent les sociétés humaines aujourd'hui : familial, local, régional, national, continental et mondial.

1) *Réduire les inégalités.* — C'est l'impératif premier de notre temps. Cela pourra prendre diverses formes : redistribution, soutien adapté et durable à des efforts de reconstruction de formes productives autonomes comme à des activités marchandes, financement (solvabilisation, disent les économistes) de besoins essentiels non solvables. Un point clé va être que soient de plus en plus largement et fermement condamnées comme illégitimes et immorales les inégalités actuelles.

2) *Renforcer les liens de solidarité.* — Toutes les sociétés se sont reproduites en assurant des relations de solidarité et de redistribution ; ainsi ont aussi survécu les peuples vivant en diaspora. Les systèmes de solidarité existants doivent être sauvegardés, adaptés, développés ; et de nouvelles

solidarités doivent s'instituer, notamment aux niveaux contimental et mondial.

3) Rendre prioritaire la satisfaction des besoins fondamentaux. — Pendant un certain nombre de décennies, il va falloir affirmer et concrétiser la priorité des besoins fondamentaux. Il s'agira essentiellement d'assurer une multitude de soutiens ponctuels, mais suivis, à des efforts entrepris localement dans des pays démunis. Mais il pourra aussi s'agir de programmes plus larges visant l'approvisionnement en eau et l'assainissement de grandes ou très grandes agglomérations et la dépollution de fleuves. Un processus résolu et durable de réduction des dépenses militaires et d'armement peut l'accompagner et en fournir des moyens, ce qui implique que se mettent en place, par grandes régions et au niveau international, de nouvelles procédures garantissant la sécurité et la paix.

4) Sauvegarder les ressources essentielles et les équilibres vitaux. — Cela implique de cesser de gaspiller les ressources et de sauvegarder partout où elles subsistent, restaurer partout où c'est possible, les sources essentielles de vie : eau potable, air respirable, terre arable, fleuves et lacs sains, océans et mers, ainsi que les forêts et les ressources halieutiques, la flore et la faune, etc.

5) Maintenir ou développer des aires de survie, de subsistance ou de vie à l'abri de la machinerie économique multinationale/mondiale. — D'abord, il ne serait pas absurde que soit reconnu à chaque pays, chaque province dans les grands pays, le droit de sauvegarder un noyau productif minimal de subsistance (alimentaire et énergétique notamment) : cela se révélera de la plus grande utilité lors des prochaines grandes crises continentales ou mondiales. Ensuite, chaque société devrait sauvegarder ou recréer des espaces de gratuité (naturels, collectifs, publics) et des formes de production non principalement marchandes (domestiques, communautaires, collectives, publiques) et, plus largement, encourager ou instaurer une pluralité d'arts de vivre, de formes de cohésion et de modes de solidarité non dominés par les rapports d'argent.

6) Pour ceux qui vivent dans l'aisance, limiter le désir de marchandises et le besoin de consommer. — Modérer la croissance des besoins nouveaux : ce choix est indissociable de la réduction des inégalités et de la priorité reconnue aux besoins fondamentaux. Freiner et si possible faire refluer le mouvement de généralisation de la marchandise, en refusant l'engrenage sans fin de la croissance des besoins : les sociétés riches devraient chercher la voie qui permette de passer d'une société de consommation et de frustrations à une société de haute technologie, de frugalité et d'épanouissement, d'une société où l'on existe par le travail à une société où l'humanité, la créativité, la convivialité, l'art de vivre seraient admis comme valeurs supérieures.

7) Limiter l'emprise de la technoscience. — D'abord, lui redonner le sens des priorités, compte tenu des urgences et des déséquilibres de notre monde. Ensuite, énoncer d'une manière plus précise le principe de précaution, en l'intégrant dans des dispositifs réglementaires et juridiques permettant des sanctions à la hauteur des dommages causés. Enfin, on peut imaginer que se créeront ou se renforceront des espaces de cohérence sociale, assurant vie, épanouissement et solidarité tout en se réappropriant ce qui peut être utile des savoirs antérieurs et de ceux de la technoscience.

8) Trouver la voie d'un développement humain durable. — Refuser la voie qui consiste à laisser s'aggraver déséquilibres et dégradations en s'en remettant, pour y remédier, aux futurs pouvoirs des très grandes firmes contrôlant la technoscience. A la limite, la seule voie réellement « soutenable » doit résider dans l'élargissement de modes de production et de vie n'amputant pas gravement les stocks de ressources (tant renouvelables que non renouvelables) et tendant à ne rejeter que ce qui est supportable dans la reproduction (physico-chimique et biologique) de la Terre — tout en faisant reculer les dénuements extrêmes, en réduisant les excessifs écarts entre riches et pauvres et en assurant la satisfaction des besoins fondamentaux.

9) Chercher comment passer de sociétés encastrées dans l'économie mondiale à des société insérées dans le système du monde, mais d'un monde qui aurait ravalé l'économie au rang de servante des hommes.

Il ne s'agit évidemment là que de bribes d'une réflexion qui ne pèsera que si elle se nourrit de tous les cheminements, de tous les savoirs et de toutes les sagesses : tel est d'ailleurs le sens de l'évocation de la nécessité d'une nouvelle « période axiale ».

Des compromis planétaires ?

Au niveau mondial, on peut se réjouir d'une certaine prise de conscience, d'avancées rendues possibles par certaines réunions internationales et de mesures, annoncées ou mises en œuvre, dans quelques domaines. Mais les efforts ne sont pas à la hauteur des problèmes.

Le montant de l'aide publique du Nord au développement du Sud est tombé à moins de 0,3 % du produit brut des pays du Nord, record historique[26]. Les États-Unis n'ont toujours pas engagé une politique résolue de réduction de leur consommation de pétrole. Le nécessaire codéveloppement Nord-Sud, qui permettrait de faire face aux urgences et des sociétés et de l'environnement demeure à un stade symbolique.

Si l'on prend comme référence le compromis social-démocrate qui a permis à quelques pays du Nord de mettre pendant plusieurs décennies la machinerie capitaliste en conformité avec certains idéaux de société (équité, solidarité, cohérence), deux « compromis » paraissent souhaitables au niveau planétaire. L'un et l'autre doivent viser à mettre la machinerie multinationale/mondiale en conformité avec le choix d'un monde vivable, dans le souci de

26. *Le Monde*, 7 février 1997. Évoquer ce point ne signifie pas que cette aide ne doive pas être profondément repensée (voir SCHNEIDER 1996).

faire face aux urgences et de répondre aux besoins essentiels sans sacrifier l'avenir.

D'abord un compromis Nord-Sud. Les pays riches du Nord doivent clairement s'engager à réduire leurs atteintes à l'environnement et à soutenir les politiques d'équipement et de modernisation du Sud assurant la sauvegarde de l'environnement. Pour les pays riches du Nord, il s'agit de :

— réorienter résolument leurs économies dans des voies assurant à chacun les moyens d'une vie digne, réalisant économies d'énergie et de matière et limitant les atteintes à l'environnement ;

— soutenir massivement les efforts faits par les pays en cours d'industrialisation pour adopter techniques et équipements visant ces objectifs ;

— soutenir les efforts des pays pauvres pour reconstruire des activités productives qui assurent la subsistance de chacun et sauvegardent les ressources essentielles (sol, eau, espèces végétales et animales).

Placé sous le signe du codéveloppement, un ensemble d'actions coordonnées dans ce sens peut d'ailleurs constituer un soutien à l'activité et à l'emploi, au Nord comme au Sud, et devrait permettre d'empêcher de profondes dégradations, tant sociales qu'environnementales, qui, si on les laissait s'aggraver, se révéleraient inévitablement plus coûteuses dans quelques décennies.

Simultanément, un autre compromis devrait être passé avec les très grandes firmes. Devraient contribuer à ce compromis des États, des organismes internationaux et des forces représentant le mouvement social et la société civile dans différentes régions du monde. Ce compromis devrait viser à :

— orienter vers des priorités, en suscitant et mobilisant des demandes monétaires, une partie de l'activité de la machinerie multinationale/mondiale ;

— border la fuite en avant technoscientique par une application stricte du principe de précaution ;

— limiter les périls liés à l'intégration de la technoscience dans les très grandes firmes et au développement des mégasystèmes techniques.

Puisque le capitalisme est aujourd'hui la principale logique productive disponible et qu'il est guidé par l'anticipation de demandes solvables, l'idée est de programmer, à différents niveaux, des dépenses massives destinées à la solution de problèmes jugés prioritaires. Les dépenses ainsi programmées le seraient avec le souci de répondre à des besoins fondamentaux, de sauvegarder l'environnement et de limiter les tensions internationales. L'eau pourrait être un des premiers champs d'application de tels programmes.

La porte est dans le mur

Dans le discours qu'il prononça à Stockholm le 10 décembre 1957, à la suite de la cérémonie d'attribution du prix Nobel, Albert Camus constatait : « Chaque génération, sans doute, se croit vouée à refaire le monde. La mienne sait pourtant qu'elle ne le refera pas. Mais sa tâche est peut-être plus grande. Elle consiste à empêcher que le monde se défasse[27]. » Aujourd'hui, le monde est pris dans un puissant processus de décomposition/recomposition. Une des tâches de nos générations est d'empêcher la mise en place d'un totalitarisme de l'argent et de la marchandise et de maintenir ouvertes les voies vers une Humanité plus humaine.

Quelques jours plus tard, le 14 décembre 1957, lors d'une conférence à l'université d'Upsal, Camus formulait cette remarque : « Ne cherchons pas la porte, et l'issue, ailleurs que dans le mur contre lequel nous vivons[28]. » C'est particulièrement vrai aujourd'hui.

Le socialisme est au creux de la vague. Les démocraties sont mal en point. Le mouvement écologiste s'est en partie enlisé dans le jeu politicien. L'humanisme se recroqueville dans l'humanitaire. Pour empêcher le pire et éviter le déroulement de noirs scénarios, il faudrait un puissant sursaut de forces (sociales, intellectuelles, morales, politiques) réunies autour de quelques valeurs essentielles ; mais ces forces sont encore dispersées, démobilisées, pour certaines, démoralisées.

---

27. CAMUS 1965, p. 1073.
28. CAMUS 1965, p. 1096.

C'est dans le mur qu'il faut trouver la porte. Dans notre monde mondialisé et disparate, toute stratégie pour ouvrir ou maintenir ouvertes les voies d'une Humanité plus humaine ne pourra être que plurielle, multiforme, faite d'actions menées à de multiples niveaux, du local au mondial, dans un grand nombre de domaines et avec une très grande diversité d'acteurs. Il faut apprendre à combiner ce qui doit être discuté et décidé aux niveaux continental et mondial et ce qui est à l'œuvre dans des mouvements multiples, impulsés tant dans des villages de pêcheurs ou des vallées de montagne, que dans des villes et leurs banlieues, des laboratoires de recherche ou des réseaux de très grandes firmes.

Rien n'interdit d'imaginer que, face à l'aggravation des remous et à la montée des périls, sous la pression des opinions publiques et de multiples mouvements, les grands acteurs soient amenés à débattre ensemble des urgences, des priorités et des finalités et à élaborer une coordination de stratégies (ou, plus précisément une métastratégie englobant une pluralité de stratégies coordonnées, là encore, dans une grande diversité d'espaces du local au mondial).

L'enjeu est énorme puisqu'il s'agit de travailler à surmonter les trois crises de notre temps : crises des sociétés, des relations entre sociétés et des relations entre les hommes et la Terre, en recherchant des voies et moyens qui sauvegardent ou amorcent un nouvel épanouissement humain.

Cela implique une mobilisation d'une ampleur comparable à celles des dernières guerres mondiales. Mais une mobilisation contre la pauvreté, le mal-développement, les destructions des ressources et de l'environnement, avec une remise en cause de nos modes de vie, des inégalités, du gaspillage, de la surconsommation et de la course à la satisfaction de besoins toujours renouvelés.

L'adoption et la mise en œuvre d'une telle stratégie impliquent que la responsabilité du Nord (qui est très largement à l'origine de l'état actuel du monde et qui dispose de l'essentiel des moyens financiers, scientifiques, techniques, industriels) soit pleinement assumée. Elles impliquent aussi que soient amputées les richesses des classes et castes riches du Nord et du Sud et que les classes et groupes aisés modèrent l'expansion et le renouvellement de leurs besoins. Rien de tout cela ne va de soi. Rien de tout cela n'est hors de notre portée.

Le soleil noir d'une fin du monde annoncée produirait l'effet inverse, avec l'enfermement des très puissants et très riches dans des biosphères de survie, qui fonctionnent aujourd'hui à titre expérimental et dont le marché exploserait soudain. La promesse d'un nouveau monde de bonheur et de paix est difficilement crédible, car trop d'annonces et de promesses de ce type ont été faites depuis deux ou trois siècles. Restent, puisqu'il faudra une mobilisation innombrable et diversifiée sur des objectifs communs, l'éthique, l'esprit de responsabilité et les différents humanismes de nos civilisations. Mais, comme l'avait noté John Maynard Keynes, « ce qu'on prévoit ne se réalise jamais. Ce qui se produit, on ne l'avait pas prévu ».

Il est donc permis de rêver. Peut-être, au lendemain de la plus grave crise (boursière, monétaire, financière, économique et étatique) qu'aura jamais connue le capitalisme, des régions du monde n'ayant pas été trop marquées ni par l'opulence ni par la dégradation de nos modernités se révéleront-elles les plus aptes à réapprendre aux humains déboussolés le sens de l'essentiel et de la vie.

Ou encore, qu'il y ait ou non une telle crise, des sociétés d'Asie inspirées par le bouddhisme pourraient réussir à réduire le capitalisme à ce qu'il aurait dû toujours rester : un instrument des hommes, comme la pierre taillée, la houe ou le tracteur. A le réduire, ou le dépasser : c'est un des consultants les plus en vue au Japon, Yukio Funai, qui formule ce diagnostic : « Le capitalisme cessera d'exister ; il est bourré de contradictions et contre la providence de la nature[29]. »

Mais on peut aussi imaginer que les nouvelles générations se rebiffent contre celles qui accaparent emplois, ressources et pouvoir ; qu'elles se retrouvent dans un grand mouvement « essentialiste » — revenir à l'essentiel — et

29. « Capitalism will cease to exist ; it's full of contradictions, and against the providence of nature » (*Far Eastern Economic Review*, 30 janvier 1997, p. 42).

propagent, s'inspirant de Gandhi, une résistance non violente à l'argent et à la marchandise, en privilégiant le « vivre ensemble », l'usage maîtrisé des savoirs techniques, l'humanité et la frugalité.

Ou bien encore...

Épilogue

Tout au long de la rédaction de ce livre me revenait en tête l'exhortation que Nietzsche a mise dans la bouche de Zarathoustra : « Il est temps que l'homme se fixe un but. Il est temps que l'homme plante le germe de son espérance suprême. » Et je me disais que par notre égoïsme, notre irresponsabilité, notre acratie, nous œuvrons à la réalisation de sa terrible prédiction : « Hélas ! Le temps approche où l'Homme ne lancera plus par delà l'humanité la flèche de son désir, où la corde de son arc aura désappris de se tendre. [...] Hélas ! Ce qui vient, c'est l'époque de l'homme méprisable entre tous, qui ne saura même plus se mépriser lui-même[1]. » De cette phrase, je pensais faire la chute de mon texte. Presque tous mes lecteurs eurent sur ce point une réaction négative. Et j'ai fini par leur donner raison.

Près de la fenêtre de la pièce où j'achève mon ultime relecture, s'épanouit l'exubérance d'un chèvrefeuille en fleur : volettent trois papillons aux multiples couleurs, quelques gros bourdons noirs, quelques abeilles. Chaleur du soleil et fraîcheurs de l'aube s'enlacent en d'éphémères caresses. Comme un sourire du monde.

Je me rappelle le temps suspendu parmi les énigmes et les ruines de Delphes, il y a maintenant près de quarante ans ; un improbable instant de plénitude et de paix sur l'esplanade aux deux mosquées, à Jérusalem ; des havres de douceur et d'humanité, dans les espaces infinis du nord du

1. NIETZSCHE 1883, *in* 1991, p. 15.

Québec et du sud du Maroc ; et la simple tranquillité d'un sentier de prière au Japon. Sourires du monde.

Fragilité des sourires humains. Demeurent ceux transmis à travers les siècles par la pierre, le bois, la peinture, le dessin. Sourires — de plaisir, de tendresse ou de sérénité — souvent énigmatiques, impénétrables, qui nous touchent après des centaines ou des milliers d'années : sourires d'un sphinx de l'Acropole d'Athènes, d'un Hermès étrusque de la villa Giulia de Rome, d'une déesse du Turkestan chinois ; sourire imperceptible de la Dame d'Elche ; sourires des statues de Bouddha et de divinités indiennes ; innombrables sourires des vierges et des nativités ; sourires uniques de l'Ange de Reims, du Printemps vu par Botticelli, de la Joconde et de Sainte Anne. « Sourire furtif ! Millénaires d'inhumain derrière le sourire grec, solitaire sourire du bouddhisme, et ce court sourire gothique, et la tendresse de l'Italie[2]… »

Sourires du monde, sourires des hommes, signes éphémères de l'humanité des humains : comme eux essentielle, comme eux vulnérable et comme eux menacée par les dérèglements, les engrenages de notre temps.

Le lecteur l'a compris : ce livre est nourri d'inquiétudes et d'optimisme.

De plus en plus nombreux sont ceux qui disent : « Nous allons dans le mur ; nous y allons de plus en plus vite. » L'irrémédiable est aujourd'hui possible — sous des formes déjà annoncées ou d'autres encore inconcevables —, même s'il peut encore être conjuré.

Objecter que tout s'arrangera de soi-même n'est pas de l'optimisme, mais de l'inconscience.

Parler des problèmes et des risques n'est pas signe de pessimisme, mais d'esprit de responsabilité.

Évaluer les périls et leurs sources et redonner prééminence aux valeurs, pour dessiner des stratégies et travailler à les mettre en œuvre : là réside l'optimisme…

La tâche, certes, dépasse chacun. Mais elle peut être menée à bien dès lors que nous refusons l'actuelle démis-

2. Malraux 1951, 1956, p. 251.

sion collective, assumons les responsabilités dont nous charge la puissance immense dont nous disposons et choisissons des objectifs et des priorités qui redonnent sens à notre devenir.

Vézelay et Paris, été 1996-printemps 1997.

Postface à l'édition de 2000

Sur la nécessité d'une « stratégie pour un monde humain »[1]

J'ai écrit *Le Basculement du monde* en 1996-1997.

L'ensemble des réalités dont je m'inquiète dans ce livre continue de peser sur le monde.

Certaines — l'aggravation des inégalités, l'importance ue l'Asie, le poids des très grandes entreprises, le rôle croissant de la techno-science dans la dynamique économique — trouvent une place plus large dans les médias ; mais elles ne sont pas suffisamment intégrées dans les analyses de l'économie mondiale... On parle moins des risques environnementaux globaux et peu de progrès ont été réalisés pour leur maîtrise. Si la croissance démographique demeure un thème récurrent, l'incessante création de besoins nouveaux dans les pays riches continue à être occultée. Et aucune avancée significative n'a été accomplie sur l'essentiel : la nécessité, pour l'humanité de maîtriser l'ensemble des grands déséquilibres actuels, de conjurer les menaces qui s'accumulent et de prendre en charge son devenir.

Le titre vise à alerter : nous ne sommes pas dans une période comme les autres ; nous sommes dans une période de changements rapides, profonds, puissants. Beaucoup, jeunes ou adultes, le sentent ou le savent. Beaucoup sont engagés dans des actions, des combats, pour faire face dans un domaine ou un autre. Mais il se trouve toujours quelque « Bof » pour dire : « Bof, n'exagérons pas ; chaque génération a l'impression de vivre une période exceptionnelle ; c'est toujours comme ça. »

Cette réponse est fausse : jamais, jusqu'ici, le nombre des

1. Je remercie Calliope Beaud, Christophe Defeuilley, François Gèze, Sarah Guillet, Delphine Tordjman qui ont lu une première version de cette postface et m'ont fait part de leurs remarques et suggestions.

hommes n'avait triplé au cours d'une vie humaine[2] ; jamais les besoins n'ont été autant et aussi vite surmultipliés ; jamais les inégalités ne s'étaient autant creusées que dans le dernier siècle et les dernières décennies ; jamais les changements techniques n'ont été aussi rapides et radicaux ; jamais les équilibres de la Terre n'avaient été atteints par les activités humaines ; jamais les groupes industriels et financiers n'ont constitué de pareilles puissances ; jamais le nombre des démunis souffrant de pauvreté, de manques et d'impuissance n'a été si élevé ; et jamais tant de marchandises et d'opportunités n'ont été offertes à un nombre aussi élevé de détenteurs de « pouvoir d'achat ».

J'exagérerais ? Mais, dans la réalité, tout est plus brutal, rapide, violent, dangereux que je ne l'ai dit. Et les changements vont probablement encore s'accentuer dans les prochaines décennies. Tous ceux qui nous décrivent 2100 se moquent de nous ou nous abusent : la seule chose certaine est que le monde de 2100 ressemblera encore bien moins au monde d'aujourd'hui que celui-ci ne ressemble au monde de 1900. Pour le reste, il y a trop d'inconnues : l'humanité saura-t-elle surmonter ses difficultés actuelles ? Réussira-t-elle à se fédérer ou se déchirera-t-elle ? Comment évolueront l'Asie, le monde musulman, l'« Europe sans rivage », l'Afrique ? Sauront-ils coexister ou s'affronteront-ils ? Y aura-t-il un ou des conflits nucléaires ? Les risques de catastrophes écologiques pourront-ils être écartés ?

Pourtant, des Bof's persistent : « Bof, ça a toujours été comme ça. » Cela ressemble au : « Circulez, y a rien à voir » d'un gardien de l'ordre près de qui gisent quelques cadavres ; ou au : « Mais non, tout va bien » d'un adulte qui ne sait plus où il en est, ni que faire. C'est tellement faux, tellement sot, qu'il faut bien essayer de comprendre pourquoi des gens sensés et informés en viennent à tenir ce propos.

On peut imaginer que certains ont le souci de rassurer ou de se rassurer : mais quand on roule vite sur une route verglacée, l'urgence n'est ni de rassurer les passagers ni de se rassurer ; elle est de prendre conscience du danger et de ralentir. Pour d'autres, ce peut être une pesante lassitude après trop de difficultés ou de déceptions ou, tout simplement, le réflexe de rejeter des problèmes qui nous dépassent : « C'est trop gros, trop lourd pour moi. » Mais il y a aussi la crainte d'être mis en cause, l'irrespon-

2. Deux milliards d'humains en 1927, six milliards en 1999 (voir *supra*, schéma 3.1, p. 62).

sabilité, la lâcheté : « Je ne veux pas voir, je ne veux pas entendre, je ne veux pas en parler ; après moi, je m'en fous... »

De ces innombrables renoncements individuels est née une dangereuse démission collective. Et, pour une large part, les problèmes, auxquels nous sommes confrontés et que devront affronter les nouvelles générations du début du troisième millénaire, résultent de cette Grande Démission de la fin du XXe siècle.

On peut admettre que de simples citoyens se soient sentis dépassés, écrasés par l'ampleur des enjeux. Mais ne méritent cette indulgence ni les dirigeants des grands pays démocratiques plus soucieux de leurs cotes de popularité et de leurs réélections que de l'avenir des sociétés et du monde ; ni les autocrates et les oligarchies des pays plus ou moins pauvres trop souvent guidés par le seul souci de garder le pouvoir et de s'enrichir ; ni les oligarques et bureaucrates des organisations internationales attachés à plaire aux puissants pour conserver postes et prébendes ; ni les intellectuels habiles à changer, au gré des modes, de thèmes et de thèses ; ni les médias, focalisés sur l'événement qui permet d'ignorer la complexité d'un monde en devenir et sacrifiant volontiers à la « Journée de la misère du monde » pour n'avoir plus à en parler pendant trois cent soixante-quatre jours.

Les « Bof's » ont tant de manières de fuir.

Certains nient les problèmes. D'autres croient ou espèrent que Dieu, le progrès ou l'Histoire y pourvoiront. D'autres font confiance à la science, au marché, à un pouvoir mondial ou à d'autres panacées. D'autres encore mettent en avant l'urgence pour s'en tenir à l'action à court terme ; mais plus on néglige les menaces qui s'accumulent, plus vont devenir violentes les rafales des urgences. En outre, une claire vision des tendances lourdes, des opportunités et des périls est indispensable à la gestion du court terme. D'autres rejettent l'idée même de dresser un tableau d'ensemble ; alors que notre monde a besoin d'un bilan général de santé qui permette de dégager des priorités, d'écarter les remèdes indésirables et de mettre en œuvre un traitement d'ensemble.

Des intellectuels se laissent éblouir par l'insondable virtuel, se jouent de la pensée, se payent de mots ; en témoigne la mode du « postisme » — ou du « post-x » : on pouvait concevoir et discuter le postindustriel, le postfordisme ou le postcommunisme. Personne ne s'accordant sur ce qu'a été la modernité, le thème de la postmodernité permet toutes les variations. Mais, désormais, c'est la surenchère : postdémocratie, postsocial, posthumanisme, posthumanité, fin de l'histoire et fin de l'homme... Ainsi prospère, sur fond de vrais problèmes, une intelligentsia médiatique pour qui il est trivial ou archaïque de se soucier de centaines de millions de contemporains sans eau potable ou de s'inquiéter de la dynamique d'une machinerie économique et sociale qui produit massivement richesse et pauvreté.

D'autres préfèrent la régression dans le passé : non pas la réflexion sur l'histoire et les multiples trajectoires qui tissent la trame complexe de notre devenir ; mais des coups de projecteur ponctuels sur des événements passés plus ou moins arbitrairement choisis au gré des siècles, des demi-siècles ou des décennies : cinquantenaire de la révolution chinoise, trentenaire du mouvement de Mai ; bicentenaire et cinquantenaire des déclarations des droits de l'homme. Révolutions, victoires, indépendances, naissances et morts de célébrités historiques ou éphémères : innombrables commémorations qui trop souvent détournent des problèmes du présent et de la prise en charge de notre devenir.

Commémorations donc, mais aussi repentances. La période de la Grande Démission aura aussi été un chemin de croix bigarré : repentances pour les destructions des populations indiennes d'Amérique ; la déportation et l'exploitation comme esclaves de populations d'Afrique ; la déportation dans des camps et l'élimination planifiée de populations juives d'Europe. Repentances essentielles, mais dérisoires à l'aune des crimes commis ; repentances sélectives, qui omettent tant de crimes de masse de notre histoire ; repentances qui, par une curieuse aberration, s'accompagnent d'un affaissement de notre capacité d'indignation face aux maux de notre temps : famines, massacres, écrasement et dislocation de peuples opprimés, marginalisation de masse d'une fraction de l'humanité...

J'aurais aimé être démenti. Que soit montré le caractère erroné ou excessif de certaines analyses ou affirmations. Or le seul mot venu de ceux que ce livre dérange est : « pessimisme ».

Pessimisme ? Bien sûr, je souligne ce qui ne va pas ; et j'insiste. Mais quand on va chez le médecin, commence-t-on par évoquer tout ce qui va bien, pour aborder *in fine* ce qui ne va pas et en décrire les symptômes ? Ce livre essaie de présenter les symptômes de ce qui ne va pas dans le monde et de formuler des éléments de diagnostic.

Derrière ce procès en pessimisme, il y a cet *a priori* : que l'optimisme, tout optimisme, est une attitude positive. Certes, bien dosé et lucide, l'optimisme peut aider en des situations difficiles, inciter à aller de l'avant et à être créatif. Mais, systématique et obtus, l'optimisme peut être dangereux, meurtrier, voire criminel. Ainsi l'« optimisme » qui incitait en 1913 des politiques et des plumitifs à annoncer une guerre fraîche et joyeuse, alors que la Première Guerre mondiale fut un horrible massacre, avec huit millions de morts — principalement des jeunes hommes — en Europe. Et l'optimisme face aux crises au nom duquel financiers, économistes et politiciens annoncent la reprise prochaine, la « sortie du tunnel », sans en dire ni la date, ni le coût. Et l'optimisme de ceux qui prêchent une économie « humaine », ou « éthique », ou « solidaire », sans souligner les aspects inhumains, amoraux, iniques de l'actuelle économie, et sans dire comment la première pourra gagner sur la seconde. Et l'optimisme ordinaire, trivial des « Bof's » : « Bof, ça finira bien par s'arranger. »

L'optimisme peut être un masque : le masque d'intérêts, acquis ou conquérants ; le masque de l'impuissance, de l'incapacité ou du renoncement ; le masque du refus d'agir de ceux dont c'est la charge : le masque de l'acratie.

Mais si des flammes s'échappent de la façade d'une maison et qu'un passant ou un voisin crie : « Au feu ! », qui pourrait le qualifier de pessimiste ? De même, si une route étant coupée, vous tentiez d'alerter les automobilistes qui roulent vers le danger...

Ainsi de ce livre : il vise à alerter.

Nos sociétés, l'humanité sont confrontées à des problèmes sans précédent. Tout va très vite, rien ne se stabilise et il faut agir dans le mouvement même des transformations. Le problème qui enveloppe tous les autres, le métaproblème, est que les multiples maux, menaces et périls auxquels nous sommes confrontés sont liés, interdépendants. Face à cette complexité, s'en remettre à une panacée — marché ou pouvoir mondial — ne peut qu'être dangereux : il faudra mettre en œuvre toute la gamme des moyens disponibles. En outre, les réponses propres à chaque problème risquent d'être insuffisantes ou d'aggraver la situation dans d'autres domaines. C'est une « stratégie pour un monde humain » qu'il va falloir concevoir et mettre en œuvre : ce qui implique à la fois une prise de conscience, une nouvelle réflexion sur l'homme, l'histoire, nos responsabilités et l'élaboration d'un métaprojet porté par une volonté d'action humaine.

Reprenons ces points.

1) Nos sociétés, l'humanité sont confrontées à des problèmes sans précédent, dont ce livre dresse un tableau : misère, violence, inégalités, double croissance de la population et des besoins qui rend indispensable une croissance des productions, laquelle s'accompagne à tous les niveaux d'atteintes à l'environnement.

Dans les dernières années, la misère, la pauvreté se sont aggravées dans des pays d'Afrique et d'Amérique latine, mais aussi en Russie et en Asie à l'occasion des crises récentes et sous l'effet de politiques d'inspiration libérale menées sans discernement. Selon le *Rapport mondial sur le développement humain 1999* du PNUD (Programme des Nations Unies pour le développement), « soixante pays ne cessent de s'appauvrir » depuis 1980, la population y progressant plus que la production[3] ; à l'échelle mondiale, près de 1,3 milliard de personnes vivent avec moins de 1 dollar par jour et près de 1 milliard ne peuvent satisfaire leurs « besoins de consommation élémentaires ». Les inégalités se creusent en Chine, dans l'ancienne URSS, en Europe de l'Est, mais aussi aux États-Unis, en Grande-Bretagne et en Suède[4]. Les « trois plus grosses fortunes du monde » sont supérieures au « PNB total du groupe des pays les moins avancés, soit 600 millions d'habitants[5] ». En 1997, le cinquième le plus riche des humains disposait de 86 % du produit mondial et constituait 93,3 % des utilisateurs d'Internet ; le cinquième le plus pauvre, moins de 1 % du produit et 0,2 % des utilisateurs d'Internet[6].

De graves dégradations environnementales accompagnent les croissances d'Asie. Rien de décisif n'est engagé pour maîtriser l'effet de serre et avec les biotechnologies, de nouveaux risques surgissent : en témoigne « Terminator[7] », une semence génétiquement manipulée de manière à assurer des récoltes non seulement plus abondantes, mais aussi sciemment rendues inaptes à servir de semences — cette « vertu » stérilisatrice risquant, selon ceux qui la dénoncent, de se transmettre à d'autres espèces.

Tout va très vite : la poussée démographique fait que les moins de quinze ans représentent 45 % de la population des pays les « moins avancés[8] ». Certains de ces jeunes ont grandi dans des pays ravagés par les affrontements et la guerre ; la plupart appartiennent à des populations qui vivent avec moins d'un dollar par

3. PNUD, *Rapport mondial sur le développement humain 1999*, préface, p. vi.

4. *Ibid.*, p. 3.

5. *Ibid.*

6. *Ibid.*, p. 2. Selon la Banque mondiale (*World Development Indicators 1999*, p. 310 *sq.*), dans l'ensemble des pays pauvres, un habitant seulement sur cent mille a accès à Internet.

7. Ainsi la nomment, non la firme Monsanto qui la produit, mais ceux qui la redoutent. À la fin de 1999, Monsanto a annoncé qu'elle renonçait à la produire ; mais pour combien de temps ? Cet engagement vaut-il pour ses filiales et tous ses partenaires dans le monde ? Et qui peut nous assurer que cette technologie ne va pas resurgir d'une manière ou d'une autre ?

8. NATIONS UNIES, *World Population Prospects* (cité par *Le Monde*, 3 septembre 1998, p. 2).

personne et par jour ; presque tous ont, d'une manière ou d'une autre, connaissance d'un Eldorado où l'on vit bien et ne voient aucune perspective de moins mal vivre chez eux. Beaucoup ne voient d'issue que dans le départ : vers la ville, vers un pays voisin, vers un pays du monde riche, au risque de mourir en mer ou dans la soute du train d'atterrissage d'un avion.

Dans le monde riche, tout va plus vite encore. Sur la base des nouvelles technologies de l'information, de la matière et du vivant, les populations détentrices de pouvoir d'achat bénéficient d'un nouveau foisonnement de marchandises : avec le renouvellement rapide de l'ensemble des marchandises de la première modernité occidentale (automobile, téléphone, audiovisuel, médicaments, etc.) ; avec aussi le recours à la technoscience pour la production de ce qui avait longtemps été principalement reçu de la nature (l'eau, les végétaux, les animaux, l'équilibre écologique) ; et avec l'apparition d'une myriade de nouveaux produits (d'information et communication notamment) tant pour des besoins récents que pour des besoins encore informulés et que les firmes ont à « révéler » aux consommateurs potentiels.

Ainsi, après être passé d'un régime relativement stable de besoins se renouvelant presque à l'identique de génération en génération, à un régime de besoins en expansion constante, notre monde est-il en train de passer à un régime de renouvellement et d'élargissement permanent des besoins. Base idéale pour un capitalisme en quête incessante de nouveaux marchés ; mais source d'un permanent renouvellement des insatisfactions et des pauvretés.

Dans ce cadre, sur le terreau d'innombrables échecs dont on ne parle pas et de médiocres réalisations, de spectaculaires succès techno-industriels et financiers suscitent de vifs engouements pour des entreprises de haute technologie et une spéculation boursière effrénée. De colossales fortunes se créent en dix ou quinze ans, cependant que dans les pays riches eux-mêmes la pauvreté s'aggrave : celle des chômeurs et des exclus, mais aussi celle de travailleurs qui reçoivent des salaires trop faibles — les « *working poors* » des États-Unis et du Royaume-Uni —, couches et groupes rejetés dans des marges sans espoir.

Ce mouvement touche le monde entier. Les deux cents principales fortunes mondiales ont plus que doublé entre 1994 et 1998, passant de 440 à 1 042 milliards de dollars [9]. Les élites et les

9. Pour mémoire, 1 000 milliards de dollars, c'est une fois et demi le produit annuel de l'ensemble des pays à faibles revenus, dans lesquels vivent plus de deux milliards d'humains. Sur ces 200 fortunes, 133 se trouvent dans les pays

couches aisées de toutes les parties du monde sont engagées dans une irrésistible dynamique d'enrichissement et d'accession aux modes de consommation et de vie de la nouvelle modernité — du téléphone portable pour les uns au jet privé pour les autres.

Le processus touche l'ensemble des sociétés. Des ruraux jeunes ou entreprenants partent en ville pour y tenter leur chance ; là, ils acceptent des travaux durs et mal payés, en partie pour améliorer leurs propres conditions de vie, mais surtout pour donner de meilleures chances à leurs enfants. En Chine, dont le produit brut a, de 1981 à 1998, crû en moyenne de 9 % par an, un sondage Gallup a été fait en 1999 sur les intentions d'achat des ménages dans les deux prochaines années : 30 % ont l'intention d'acheter un poste de télévision couleur ; environ 20 % une assurance vie, une machine à laver, un réfrigérateur ou un magnétoscope ; 10 % un ordinateur, un téléphone portable ou une maison [10].

Rien ne se stabilise. À travers découvertes scientifiques, innovations techniques, transformations sociales, croissances et crises, tout va très vite. Nul ne sait où l'on va : si l'on veut limiter les dégâts et retrouver du sens, c'est dans le mouvement même des transformations qu'il faut agir.

2) En avril 1999, à Littleton, États-Unis, deux lycéens ont attaqué leur collège et tué treize de leurs camarades et un professeur, avant de se donner la mort. Avec d'autres membres du groupe auquel ils appartenaient, ils visitaient sur Internet les sites des « Goths ». Sur un de ces sites, on pouvait lire : « Nés dans la douleur, nous tentons d'étouffer ce dont nous avons besoin, cet appétit vorace qui nous ronge, mais la pression s'accumule et bientôt explosera, avec toute la force de notre fureur. Nous rentrons dans l'immortalité et dans l'obscurité, nous souffrons dans le pèlerinage de la vie, nous devons faire face à trop de chemins. C'est trop dur, trop dur… Notre douleur est insoutenable. Nous savons une seule chose, il faut mettre fin à cette misère [11]… »

Misère, chemins, je ne sais si les mêmes mots ont les mêmes sens. Face à la misère de notre monde, face à un monde hyperpuissant qui laisse monter la marée des maux et des périls, ce livre essaie de dégager des chemins, avec l'espoir que les jeunes géné-

---

industrialisés (dont 65 en Amérique du Nord et 55 en Europe), 30 dans la région Asie-Pacifique, 17 en Amérique latine et Caraïbes, 16 dans les pays arabes, 3 dans l'ancien ensemble soviétique et 1 en Afrique sub-saharienne (PNUD, *Rapport mondial sur le développement humain 1999*, *op. cit.*, p. 38).

10. *Fortune*, 11 octobre 1999.

11. *Le Monde*, 25-26 avril 1999.

rations du début du troisième millénaire sauront mieux réussir que les précédentes.

Il n'y a, dans ce livre, aucun scoop : chacune des réalités dont il traite a déjà été étudiée, décrite, analysée. Le mouvement social et associatif, les grandes organisations nationales ou internationales spécialisées, le travail et les publications des scientifiques, les grandes journées nationales ou mondiales d'information et d'alerte, les dossiers publiés par les médias à l'occasion de ces journées ou d'événements significatifs offrent d'innombrables occasions de prise de conscience et d'abondantes sources de connaissance. Il y a bien sûr des divergences dans les évaluations et les diagnostics ; mais cela même fait partie de la connaissance.

Ce livre, lui, esquisse un tableau d'ensemble des situations et évolutions inquiétantes ou inacceptables et de leurs interactions. Non pas par pessimisme ou sadomasochisme. Mais parce que ces situations et évolutions sont imbriquées, indissociables, et les traiter en prenant chacune isolément ne peut suffire. Il faut les prendre dans leur interrelation organique, car, de plus en plus, elles « font système ». Le « métaproblème » auquel nous sommes confrontés réside dans l'interdépendance des problèmes, maux, menaces et périls : celle-ci implique un diagnostic d'ensemble, indispensable à l'élaboration d'une stratégie cohérente.

Ainsi la question de l'effet de serre ne peut être réduite à une pure question environnementale : elle a d'emblée une dimension historique (les formes et les modalités du développement économique et social des deux derniers siècles). Elle implique de prendre en compte les évolutions démographiques et les disparités actuelles des niveaux et des dynamiques de développement, donc toute la diversité des inégalités mondiales actuelles. Et si une partie de la solution réside dans le recours aux sciences et aux techniques, il convient de se demander comment mettre en œuvre dans des régions pauvres des techniques coûteuses ; et comment mobiliser des recherches scientifiques et techniques pour des objectifs d'intérêt général mondial n'ouvrant pas de perspectives de rentabilité marchande. En outre, dès lors que l'essentiel des recherches scientifiques et techniques se fait dans l'orbite des grandes firmes, qui va pouvoir évaluer dans quelle mesure la mise en œuvre des techniques proposées respecte le principe de précaution ? Au-delà, se trouvent nécessairement posés les problèmes des modes de production actuels, du mode de vie, de l'élargissement des besoins et des consommations, et de leur diffusion chez trois, cinq, sept milliards de Terriens.

On le voit, une question débouche sur plusieurs autres.

Il y a un autre aspect, qu'on peut formuler en négatif ou en positif. En négatif : du fait des imbrications, les mesures prises ou les politiques menées pour traiter une question peuvent avoir des effets destructeurs ou déstabilisants non souhaités dans d'autres domaines. En positif : compte tenu de la pluralité des problèmes, mieux vaut d'emblée concevoir des actions qui aient des effets conjugués positifs dans différents domaines ; par exemple à la fois en matière de niveau de vie, de qualité d'alimentation, d'environnement, de cohésion sociale, d'emploi et de perspectives d'avenir pour les jeunes. Ainsi, la prise en compte de la pluralité des problèmes permet d'élaborer des stratégies pluridimensionnelles plus cohérentes, plus consistantes, mieux adaptées à la complexité des situations — et cela à tous les niveaux, du local au mondial.

3) Il n'y a pas de remède miracle ; certains veulent croire, ou laissent croire, qu'il existe des solutions univoques : le marché, l'État ou un pouvoir mondial ; la science ou un retour aux sociétés d'antan. Mais, dans un monde aussi complexe et disparate que le nôtre, espérer trouver dans cette liste « la » panacée ne peut que nourrir de dangereuses illusions.

On l'a dit et répété : le marché est un irremplaçable instrument d'ajustement et d'équilibrage d'offres et de demandes entre multiples producteurs et innombrables détenteurs de pouvoir d'achat. Mais, dans un monde où une très forte minorité des humains est précisément dépourvue de pouvoir d'achat, le « tout-marché » — économie de marché généralisée ou société de marché — implique l'exclusion d'une part de l'humanité. Pour qui est attaché à un monde humain, le marché ne pourrait être le principe central d'organisation de l'économie que : 1) si les inégalités étaient drastiquement réduites et d'une manière telle que dans chaque région ou pays les populations pauvres auraient suffisamment pour couvrir décemment leurs besoins essentiels (besoins qui s'élargissent avec l'évolution des sociétés) ; 2) si partout, des pouvoirs démocratiques et responsables étaient clairement en charge de déterminer des objectifs d'intérêt général à moyen terme et les moyens de les atteindre.

Quant à la science, il y a un contraste saisissant entre ses potentialités qui paraissent devenir illimitées et son insuffisante mobilisation pour la maîtrise des principaux maux et périls de notre temps. Quelques intellectuels ont commencé à évoquer la possibilité de concevoir et fabriquer un « surhomme » et d'entrer ainsi dans l'ère de la posthumanité : ces perspectives permettent peut-être à certains de rêver de nouveaux mondes meilleurs, elles nous font redouter de nouvelles descentes dans les engrenages du pire. Pour le temps présent, la science demeure liée au pouvoir d'État, notamment pour l'élaboration des armements et autres moyens de puissance ; elle est de plus en plus mobilisée par les firmes et mise au service de leurs stratégies marchandes. L'urgence est de faire en sorte — à travers l'action des États et des organismes internationaux, du mouvement social, associatif et humanitaire et des choix de chaque société — que la science soit plus largement mise à contribution pour aider à surmonter les difficultés auxquelles nous sommes confrontés.

Notons à ce point combien, dans un monde profondément inégal, le libre jeu du couple science-marché peut être dévastateur. Deux préceptes apparemment anodins tendent aujourd'hui à s'imposer : 1) « Tout ce qui fait l'objet d'une demande sur le marché, il est légitime de le produire et de le vendre » ; 2) « Tout ce qui est scientifiquement et techniquement possible, il est légitime de le réaliser. » Apparemment, rien de bien méchant. Mais, comme on l'a dit, avec le niveau élevé d'inégalité qui est le nôtre, le tout-marché entraîne l'exclusion des « sans le sou ». Les firmes, intéressées par les seuls débouchés solvables, n'ont aucune raison de susciter des recherches ou de développer des inventions répondant aux besoins des populations pauvres.

Dès lors, la simple application de ces deux innocents préceptes, loin de ramener vers plus d'équité comme l'affirment les idéologues d'une postmodernité libérale et scientiste, nous entraîne dans l'engrenage de l'apartheid par l'argent. Avec concrètement, pour des populations démunies, des besoins vitaux non satisfaits, et pour les riches qui en ont le désir, l'accès à bien des fantasmes de la science-fiction : clonage en vue d'une réserve personnelle de tissus ou d'organes, fabrication de « servants » ou « gardiens » programmés génétiquement, voyages dans l'espace ou sur des planètes, construction de biosphères de survie, contrôle et manipulation de l'information, acquisition de moyens de pression et de chantage planétaire…

Pour autant, le retour aux sociétés d'antan dont rêvent ou que prônent encore quelques-uns est une voie impossible : ce qui était vivable avec moins d'un milliard d'habitants, ne l'est plus à six, sept ou neuf milliards ; ce qui était possible dans des sociétés principalement rurales ne l'est plus dans des sociétés majoritairement urbaines. De plus, le changement de mode de vie et la transformation des besoins sont largement irréversibles. En cas de crise globale, ce serait probablement à un durcissement de l'apartheid que l'on assisterait, avec des masses pauvres parquées et des minorités riches mobilisant pour se protéger tous les moyens de protection et de répression.

Ce qui demeure possible dans la perspective d'un monde humain, c'est d'éviter de gaspiller ou de détruire absurdement ce qui reste de ressources, renouvelables ou non. C'est, pour les pays riches et pour ceux qui suivent leur modèle, de réaffecter à la consommation une place de servante et non de maîtresse de la société. Et c'est, pour tous, d'inventer une manière de « frugalité moderne » permettant de retrouver le temps de vivre et d'user au mieux de la large gamme des aménités dont nous disposons aujourd'hui.

Quant aux pouvoirs institutionnels, eux non plus ne peuvent constituer « la » solution. L'histoire récente a montré les limites et les périls de l'étatisme généralisé. L'État national n'a plus la place éminente et l'autorité souveraine qu'il a eues dans les siècles passés et beaucoup des problèmes auxquels nous sommes confrontés ne peuvent s'enfermer dans les frontières d'un pays. Les États-Unis, puissance aujourd'hui prédominante, continuent à privilégier leurs propres intérêts par rapport à la maîtrise des problèmes mondiaux. Les deux États-continents historiques — Chine et Inde —, avec leurs forces et leurs faiblesses, ont chacun l'écrasante responsabilité d'un cinquième de l'humanité. Le principal État plurinational en construction — Europe — est loin d'avoir trouvé son assise et construit la plénitude de son pouvoir. Quant à un véritable pouvoir mondial, il est encore dans les limbes : il ne pourra se faire sans l'affirmation d'une conscience humaine planétaire, ni sans une refondation sur une base pluricontinentale. Et serait-il réalisé, il ne pourrait prendre en charge « que » la dimension mondiale : il ne pourra donc jamais être qu'un élément d'un dispositif qui devra être à plusieurs niveaux.

Ainsi, il n'y a pas de panacée : c'est toute la gamme des moyens disponibles — ceux que nous venons d'évoquer et d'autres — qui devra être mise en œuvre pour résoudre les problèmes d'aujourd'hui et des temps qui viennent. Encore faudra-t-il avoir affirmé les valeurs qui nous guident, nos objectifs et nos priorités.

4) Face aux maux et périls de nos sociétés et de notre monde, beaucoup est fait : des actions sur le terrain aux programmes des grandes organisations internationales, des interventions du mouvement associatif et humanitaire aux actions menées par les États, de la solidarité spontanée des populations aux journées mondiales, années et décennies consacrées à de grandes causes, la multitude

et la diversité des engagements et des réalisations interdisent d'en dresser un tableau ou un bilan exhaustifs.

Par leur pluralité et la diversité des champs qu'ils couvrent, les projets, efforts et démarches en cours constituent des avancées essentielles face à la complexité du monde. Cependant, cette complexité même fait qu'un foisonnement de réponses particulières ou sectorielles ne peut suffire. En effet, chaque problème particulier ou sectoriel s'inscrit dans un ensemble indissociable de totalités (sociale et civilisationnelle, locale, régionale, nationale, mondiale) ; et une réponse particulière peut aggraver ou susciter d'autres difficultés. En outre, c'est à chaque totalité de définir ses priorités et ses urgences ; et il n'est pas sûr que des actions suscitées ou impulsées de l'extérieur soient toujours pertinentes au regard de ces critères.

Enfin et surtout, tout conduit à ce diagnostic : que l'immensité des inégalités et des disparités constitue *le* déséquilibre majeur de notre temps. De ce fait, l'essentiel des moyens financiers, économiques, scientifiques et techniques est consacré à satisfaire des besoins sans cesse croissants des États, des populations et classes riches, tandis qu'une large part des besoins essentiels des populations pauvres n'est pas du tout, ou pas correctement, satisfait.

Ce déséquilibre surdétermine l'ensemble des problèmes de notre monde. Il favorise ce que Gunnar Myrdal appelait les « effets d'entraînement » dans les aires de richesse et les « effets de remous » dans les aires de pauvreté. On pourra donc multiplier les journées, les collectes, les actions ponctuelles sur des problèmes essentiels (faim, eau, analphabétisme, santé, etc.), rien de durable ne sera assuré tant qu'on n'aura pas réduit et maîtrisé les inégalités.

La réduction des inégalités doit donc constituer le cœur de la « stratégie pour un monde humain » dont a besoin notre monde. Une stratégie qui doit être conçue comme la « métaréponse » au « métaproblème » auquel nous sommes confrontés. Une stratégie qu'il convient de concevoir et de mettre en œuvre avec la pluralité des acteurs engagés. Une stratégie dégageant clairement un nombre limité d'objectifs et de priorités. Une stratégie faite de et englobant une multitude d'actions — menées sur les différents terrains et à tous les niveaux, du local au mondial — et favorisant les synergies entre elles.

Que l'impatience des jeunes générations sache se réfréner et se nourrir de ténacité : c'est un projet pour des décennies qu'il convient de construire. Va d'abord être nécessaire une large prise de conscience (à laquelle je tente, parmi beaucoup d'autres, d'apporter ma contribution). Va également être nécessaire ce que j'ai appelé une « nouvelle période axiale » : une reprise au fond de la réflexion humaine sur l'homme, l'histoire humaine, le devenir d'une humanité dont le nombre et la puissance (industrielle, scientifique, technique) ont atteint en quelques décennies des niveaux inconcevables il y a seulement un siècle. Et devra aussi se dégager une volonté d'action humaine, dont j'espère qu'elle se situera dans le prolongement des humanismes passés.

Dans ce contexte, les réponses aux difficultés et inquiétudes actuelles pourront être l'occasion de nouvelles avancées, avec l'engagement et la mise en œuvre systématique de programmes et actions d'urgence, la définition et le lancement de la « stratégie pour un monde humain » et l'affirmation d'un nouvel humanisme pour le troisième millénaire.

Pour tous, démocrates, humanistes, progressistes ou, comme on disait au XVIIIe siècle « amis de l'homme », il s'agit d'un enjeu majeur.

Pour ceux qui appartiennent aux nouvelles générations du début du troisième millénaire, pour ceux dont la vie s'engage sous des cieux obscurcis par de sombres nuages (le sida pour l'amour, la précarité pour le premier travail, les dégradations de l'environnement pour la vie quotidienne), les problèmes actuels doivent constituer une nouvelle frontière. Une refondation, une nouvelle impulsion, de nouvelles énergies sont nécessaires.

Dans un tel mouvement, tout deviendra plus facile : choix, efforts, sacrifices, actions. Et la vie, tout simplement.

Michel BEAUD
Beauval, 31 octobre 1999

Bibliographie

ADRET, *Travailler deux heures par jour*, Paris, Seuil, 1977.

AMIN Samir, *Classe et nation dans l'histoire et la crise contemporaine*, Paris, Éditions de Minuit, 1979.

ANATRELLA Tony, *Non à la société dépressive*, Paris, Flammarion, 1993.

ARENDT Hannah, *The Origins of Totalitarianism*, 1951, 2e éd. 1958 ; trad. fr. de la 3e partie, *Le Système totalitaire*, Paris, Seuil, 1972.

ARENDT Hannah, *The Human Condition*, 1958 ; trad. fr. *La Condition de l'homme moderne*, Paris, Calmann-Lévy, 1961 ; éd. 1993.

ARENDT Hannah, « Thinking and Moral Considerations : A Lecture », *Social Research*, vol. 38, n° 3, automne 1971 ; trad. fr. *Considérations morales* [Éd. Tierce, 1993], Paris, Payot & Rivages, 1996.

AXELOS Kostas, *Métamorphoses*, Paris, Éditions de Minuit, 1991.

BAIROCH Paul, *Mythes et paradoxes de l'histoire économique*, Paris, La Découverte, 1994.

BANQUE MONDIALE, *Rapport sur le développement dans le monde, 1992 — Le développement et l'environnement*, Washington, 1992.

BANQUE MONDIALE, *Rapport sur le développement dans le monde, 1995 — Le monde du travail dans une économie sans frontières*, Washington, 1995.

BANQUE MONDIALE, *Rapport sur le développement dans le monde, 1996 — De l'économie planifiée à l'économie de marché*, Washington, 1996.

BAREL Yves, *La Reproduction sociale (Systèmes vivants, invariance et changement)*, Paris, Anthropos, 1973.

BAREL Yves, *Le Paradoxe et le Système (Essai sur le fantastique social)*, Grenoble, PUG, 1979.

BARRE Raymond, *Économie politique*, 2 vol., Paris, PUF, 1957.

BEAUD Calliope, *Combat pour Vézelay. Pechiney Pollutions*, Paris, Éd. Entente, 1976.

BEAUD Michel, avec DANJOU P. et DAVID J., *Une Multinationale française : Pechiney Ugine Kuhlmann*, Paris, Seuil, 1975.

BEAUD Michel, *Histoire du capitalisme (de 1500 à nos jours)*, Paris, Seuil, 1981, nouv. éd. 1987 et 1990 [(e éd. revue et augmentée, 2000].

BEAUD Michel, *Le Socialisme à l'épreuve de l'histoire*, Paris, Seuil, 1982, nouv. éd. 1985.
BEAUD Michel, *La Politique économique de la gauche*, Paris, Syros, vol. 1, *Le Mirage de la croissance*, 1983 ; vol. 2, *Le Grand Écart*, 1985.
BEAUD Michel, *Le Système national/mondial hiérarchisé (une nouvelle lecture du capitalisme mondial)*, Paris, La Découverte, 1987.
BEAUD Michel, *L'économie mondiale dans les années 1980*, Paris, La Découverte, 1989.
BEAUD Michel et DOSTALER Gilles, *La Pensée économique depuis Keynes. Historique et dictionnaire des principaux auteurs*, Paris, Seuil, 1993 ; éd. abr., Points-Seuil, 1996.
BEAUD Michel (dir. avec BEAUD Calliope et BOUGUERRA M. Larbi), *L'État de l'environnement dans le monde*, Paris, La Découverte, 1993.
BEAUD Michel, « Entretien » avec Michel Boyer : « Remettons l'économie à sa place de servante des sociétés », *Le Monde*, 6 septembre 1994, p. 2.
BEAUD Michel, « Le basculement du monde », *Le Monde diplomatique*, octobre 1994, p. 16-17.
BERGSON Henri, *Les Deux Sources de la morale et de la religion*, 1932 ; 120e édition, Paris, PUF, 1962.
BONIFACE Pascal, *La Volonté d'impuissance*, Paris, Seuil, 1996.
BONNAUD Robert, *Les Alternances du progrès. Une histoire sans préférences*, Paris, Kimé, 1992.
BONNAUD Robert, *Les Tournants du XXe siècle. Progrès et régressions*, Paris, L'Harmattan, 1992.
BONNAUD Robert, *Y a-t-il des tournants historiques mondiaux ?*, Paris, Kimé, 1992.
BONNAUD Robert, *La Morale et la Raison. Une histoire universelle*, Paris, Kimé, 1994.
BONNAUD Robert, *Et pourtant elle tourne ! L'histoire et ses revirements*, Paris, Kimé, 1995.
BOURGUIGNON André, *Histoire naturelle de l'homme*, Paris, PUF, t. 1, *L'Homme imprévu*, 1989 ; t. 2, *L'Homme fou*, 1994.
BRAUDEL Fernand, *Civilisation matérielle, économie et capitalisme. XVe-XVIIIe siècle*, 3 vol. : vol. 1, *Les Structures du quotidien* ; vol. 2, *Les Jeux de l'échange* ; vol. 3, *Le Temps du monde*, Paris, A. Colin, 1979 ; Le livre de poche, 1993.
BRAUDEL Fernand, *La Dynamique du capitalisme*, Paris, Flammarion, 1985.
BRAUDEL Fernand, *Grammaire des civilisations*, Paris, Arthaud, 1987 ; Flammarion, 1993.
BROWN Lester R. et *al.*, *State of the World*, rapport du Worldwatch Institute, annuel depuis 1984, New York et Londres, W. W. Norton.
BROWN Lester R., FLAVIN Christopher et POSTEL Sandra, *Saving the Planet*, 1991, New York et Londres, W. W. Norton ; trad. fr. *Le Défi planétaire*, Paris, Sang de la terre, 1992.
BRZEZINSKI Z., *La Révolution technétronique*, Paris, Calmann-Lévy, 1971.

CAMUS Albert, *Le Mythe de Sisyphe*, Paris, Gallimard, 1942 ; *in* 1965, p. 99-211.
CAMUS Albert, *Essais*, Paris, Gallimard, La Pléiade, 1965.
CARMOY Hervé de, *La Banque du XXIe siècle*, Paris, Odile Jacob, 1995.
CASTORIADIS Cornélius, *Les Carrefours du labyrinthe*, Paris, Seuil, 4 vol. : *Les Carrefours du labyrinthe*, 1978 ; *Domaines de l'Homme*, 1986 ; *Le Monde morcelé*, 1990 ; *La Montée de l'insignifiance*, 1996.
CENTER FOR SCIENCE AND ENVIRONMENT, *The CSE Statement on Global Environmental Democracy*, New Delhi, 1992.
CERC (Centre d'étude des revenus et des coûts), *Précarité et risque d'exclusion en France*, document n° 109, 3e trimestre 1993.
CHAUNU Pierre, *L'Expansion européenne du XIIe au XVIe siècle*, Paris, PUF, 1969.
CHAUVIN Rémy, *Les Sociétés animales*, Paris, PUF, 1982.
CHAUVIN Rémy, *Sociétés animales et sociétés humaines*, Paris, PUF, 1984.
CHESNAIS François, *La Mondialisation du capital*, Paris, Syros, 1994.
CHESNAIS François (dir.), *La Mondialisation financière. Genèse, coûts et enjeux*, Paris, Syros, 1996.
Choc des civilisations (Le), Commentaire, n° 66, Paris, Plon, été 1994.
CHOMSKY Noam, *Language and Mind*, New York, Harcourt, Brace & World, 1968 ; trad. fr. *Le Langage et la Pensée*, Paris, Payot, 1970.
CLARK Colin, *The Conditions of Economic Progress*, Londres, Macmillan, 1940 ; 3e éd. 1957 ; trad. fr., *Les Conditions du progrès économique*, Paris, PUF, 1960.
CONDORCET, *Esquisse d'un tableau historique des progrès de l'esprit humain*, rédigé en 1793, suivi de *Fragments sur l'Atlantide*, Paris, Flammarion, 1988.
COUTEAU Paul, *Le Grand Escalier. Des quarks aux galaxies*, Paris, Flammarion, 1993, 1995.
DEBEIR Jean-Claude, DELÉAGE Jean-Paul et HÉMERY Daniel, *Les Servitudes de la puissance. Une histoire de l'énergie*, Paris, Flammarion, 1986.
DESCARTES René, *Discours de la méthode*, 1637, *in Œuvres et lettres*, Paris, Gallimard, La Pléiade, 1952.
DOLLÉANS Édouard, *Histoire du mouvement ouvrier*, Paris, Armand Colin, 3 vol., 1936-1956.
DOLLFUS Olivier, « Le système-monde », *in* Roger BRUNET et Olivier DOLLFUS, *Mondes nouveaux*, Paris, Hachette/Reclus, 1990.
DOLLFUS Olivier, *La Nouvelle Carte du monde*, Paris, PUF, 1995.
DUMONT Louis, *Homo hierarchicus. Le système des castes et ses implications*, Paris, Gallimard, 1966 ; nouv. éd. 1979.
DUMONT René, *Un monde intolérable. Le libéralisme en question*, Paris, Seuil, 1988.
DUMOUCHEL Paul (dir.), *Violence et Vérité : Autour de René Girard* (colloque de Cerisy), Paris, Grasset, 1985.
DUPLESSY Jean-Claude et MOREL Pierre, *Gros temps sur la planète*, Paris, Odile Jacob, 1990.

DURKHEIM Émile, *De la division du travail social*, 1893 ; Paris, PUF, 1930 ; PUF/Quadrige, 1994.
ELIAS Norbert, *Über den Prozess der Zivilisation*, 1939, 2e éd. 1969 ; trad. fr., vol. 2, *La Dynamique de l'Occident*, Paris, Calmann-Lévy, 1975 ; Pocket, 1996.
ELLUL Jacques, *Le Système technicien*, Paris, Calmann-Lévy, 1977.
ENRIQUEZ Eugène, *De la Horde à l'état. Essai de psychanalyse du lien social*, Paris, Gallimard, 1983.
EPICTÈTE, *Ce qui dépend de nous* [extraits], Paris, Arléa, 1995.
L'État du monde, Paris, La Découverte, annuel.
FINKIELKRAUT Alain, *La Défaite de la pensée*, Paris, Gallimard, 1987 ; Folio, 1989, éd. 1993.
FORRESTER Viviane, *L'Horreur économique*, Paris, Fayard, 1996.
« Fortune Global 500 (The) : The World's Largest Industrial and Service Corporations », *Fortune*, 5 août 1996, 71-5 et F1-F42.
FOURQUET François, *Richesse et puissance. Une généalogie de la valeur*, Paris, La Découverte, 1989.
FRANSMAN Martin, JUNNE Gert, ROOBEEK Annemieke (dir.), *The Biotechnology Revolution*, Oxford, Blackwell, 1995.
FREUD Sigmund, 1930 ; trad. fr., *Malaise dans la civilisation*, Paris, Denoël, 1934.
FUKUYAMA Francis, *The End of History and the Last Man*, New York, Free Press, 1992 ; trad. fr., *La Fin de l'histoire et le dernier homme*, Paris, Flammarion, 1992.
GIDE Charles, *Principes d'économie politique*, Paris, Librairie de la société du recueil général des lois et arrêts, 6e éd., 1898.
GIRAUD Pierre-Noël, *L'Inégalité du monde. Économie du monde contemporain*, Paris, Gallimard « Folio », 1996.
GODARD Olivier (dir.), *Le Principe de précaution dans la conduite des affaires humaines*, Paris, Maison des sciences de l'homme/INRA, 1997.
GORE Al, *Earth in the Balance. Forging a New Common Purpose*, Boston, Houghton Mifflin ; Londres, Earthscan, 1992.
GORZ André (dir.), *Critique de la division du travail*, Paris, Seuil, 1973.
GRAS Alain, *Grandeur et dépendance. Sociologie des macro-systèmes techniques*, Paris, PUF, 1993.
GRATALOUP Christian, *Lieux d'histoire. Essai de géohistoire systématique*, Montpellier, Reclus, 1996.
GROUP OF LISBON, *Limits to Competition* (ronéo), Fondation Gulbenkian, Lisbonne, 1993 ; éd. fr., *Limites à la compétitivité. Pour un nouveau contrat mondial*, Paris, La Découverte, 1995.
GUILLEBAUD Jean-Claude, *La Trahison des Lumières. Enquête sur le désarroi contemporain*, Paris, Seuil, 1995.
HACKER Friedrich, *Agression. Die Brutalisierung der modernen Welt*, Vienne, Fritz Molden, 1971 ; trad. fr. *Agression/Violence dans le monde moderne*, Paris, Calmann-Lévy 1972.
HAYEK Friedrich, *Law, Legislation and Liberty*, University of Chicago

Press, 3 vol., 1973, 1976 et 1979 ; trad. fr., *Droit, législation et liberté*, 3 vol., Paris, PUF, 1980, 1981 et 1983 ; « Quadrige » 1995.
Histoire des civilisations, Paris, PUF, 7 vol., 1953-1957.
Histoire du développement culturel et scientifique de l'humanité (Histoire de l'humanité), publié sous les auspices de l'UNESCO, Paris, Robert Laffont, 10 vol. et un index, 1963-1969.
Histoire universelle, Paris, Gallimard, « Encyclopédies de la Pléiade », 3 vol., 1956-1958.
HOBSBAWM Eric J., *Age of Extremes. The Short Twentieth Century 1914-1991*, Londres, Michael Joseph, 1994.
HORKHEIMER Max et ADORNO Theodor W., *Dialektik der Aufklärung*, New York, Social Studies Association, 1944 ; nouv. éd. Francfort, Fisher, 1969 ; trad. fr., *La Dialectique de la raison*, Paris, Gallimard, 1974 ; « Tel », 1996.
HUNTINGTON Samuel P., « Le choc des civilisations ? », *in Choc...*, 1994, p. 238-252.
HUNTINGTON Samuel P., *Clash of Civilizations and the Remaking of World Order*, New York, Simon & Schuster, 1996.
JACOB François, *La Logique du vivant. Une histoire de l'hérédité*, Paris, Gallimard, 1970.
JASPERS Karl, *Von Ursprung und Ziel der Geschichte*, 1949 ; trad. fr. *Origine et sens de l'histoire*, Paris, Plon, 1954.
JASPERS Karl, *Die Atombombe und die Zukunft des Menschen*, Munich, R. Piper & Co, 1958 ; trad. fr., *La Bombe atomique et l'avenir de l'homme*, Paris, Buchet-Chastel, 1963.
JEAN François et RUFIN Jean-Christophe (dir.), *Économie des guerres civiles*, Paris, Hachette, 1996.
JONAS Hans, *Das Prinzip Verantvortung*, Francfort/Main, Insel Verlag, 1979 ; trad. fr., *Le Principe responsabilité. Une éthique pour la civilisation technologique*, Paris, Éd. du Cerf, 1990.
JULLIEN François, *La Propension des choses. Pour une histoire de l'efficacité en Chine*, Paris, Seuil, 1992.
KANT Immanuel, *Kritik der praktischen Vernunft*, 1788 ; trad. fr., *Critique de la raison pratique*, Paris, PUF, 1949 [avec une introduction de Ferdinand Alquié, i-xxxii].
KARPIK Lucien, « Le capitalisme technologique », *Sociologie du travail*, janvier-mars 1972, 2-34.
KAUTILYA, *L'Arthasastra* [IVe siècle av. J.-C.] ; trad. fr. Paris, Marcel Rivière, Paris, 1971.
KENNEDY Paul, *The Rise and Fall of the Great Powers*, Londres, Unwin Hyman, 1988 ; trad. fr., *Naissance et déclin des grandes puissances*, Paris, Payot, 1989 ; Petite bibliothèque Payot, 1991.
KENNEDY Paul, *Preparing the XXIst Century*, Harper-Collins, 1993 ; trad. fr., *Préparer le XXIe siècle*, Paris, Odile Jacob, 1994.
KEYNES John Maynard, *Essays in Persuasion*, Londres, Rupert Hart-Davis, 1931 ; trad. fr., *Essais de persuasion*, Paris, Gallimard, 1933 ; trad. partielle, *Essais sur la monnaie et l'économie. Les cris de Cassandre*, Paris, Payot, 1972, éd. 1978.

KIDRON Michael et SEGAL Ronald, *The State of the World Atlas*, Penguin, 1996 ; trad. fr., *Atlas des désordres du monde*, Paris, Autrement, 1996.
KRELLE Wilhelm (dir.), *The Future of the World Economy*, Berlin, Springer Verlag, 1989.
LAFARGUE Paul, *Le Droit à la paresse*, 1880 ; Paris, Maspero, 1969.
LAÏDI Zaki, *Un Monde privé de sens*, Paris, Fayard, 1994.
LAO-TSEU, *Tao tô king* [VIe siècle av. J.-C.] ; trad. fr. Paris, Gallimard, 1969 ; 1995.
LATOUCHE Serge, *L'Occidentalisation du monde*, Paris, La Découverte, 1989.
LATOUCHE Serge, *La Mégamachine. Raison technoscientifique, raison économique et mythe du progrès*, Paris, La Découverte, 1995.
LECOURT Dominique, *Contre la peur*, Paris, Hachette, 1990.
LWOFF André, *L'Ordre biologique*, MIT Press, 1962 ; Paris, Laffont 1969.
MADDISON Angus, *Dynamic Forces in Capitalist Development. A Long-Run Comparative View*, Oxford University Press, 1991.
MADDISON Angus, *L'économie mondiale 1820-1992*, Paris, Centre de développement de l'OCDE, 1995.
MALINOWSKI Bronislaw, *A Scientific Theory of Culture and Other Essays*, University of North Carolina Press, 1944 ; trad. fr., *Une théorie scientifique de la culture*, Paris, Maspero, 1968 ; Points-Seuil, 1970.
MALRAUX André, *Les Voix du silence*, Paris, Gallimard, 1951 ; réimp. 1956.
MALTHUS Thomas Robert, *An Essay on the Principle of Population as it Affects the Future Improvement of Society*, Londres, 1798, 2e éd. 1803 ; trad. fr., *Essai sur le principe de population*, Paris, Guillaumin, 1845.
MARCHAND Olivier et THÉLOT Claude, *Deux siècles de travail en France*, Paris, INSEE, 1991.
MARCUSE Herbert, *One-Dimensional Man. Studies in the Ideology of Advanced Industrial Society*, Boston, Beacon Press, 1964 ; trad. fr. *L'Homme unidimensionnel*, Paris, Éditions de Minuit, 1968.
MARCUSE Herbert, *Das Ende der Utopie*, Berlin, Peter von Maikowski, 1967 ; trad. fr., *La Fin de l'utopie*, Paris, Seuil, 1968.
MARX Karl, chapitre intilulé « Der Produktionsprozess des Kapitals. Sechtes Kapitel », rédigé entre 1863 et 1866 et publié à Moscou en 1933 ; trad. fr., *Un chapitre inédit du Capital*, Paris, Union générale d'éditions, 10/18, 1971.
MARX Karl, *Le Capital*, livre I (1867) et matériaux pour les livres II et III (1869-1879) ; trad. fr. *in* Marx 1963 et 1968, vol. 1, 537-1240 et vol. 2, 501-1488.
MARX Karl, *Œuvres — Économie*, Paris, Gallimard, La Pléiade, 2 vol., 1963 et 1968.
MÉGIE Gérard, *Stratosphère et couche d'ozone*, Paris, Masson, 1992.

MENGER Carl, *Grundsätze der Volkswirtschaftslehre*, Vienne, 1871 ; 2e éd. 1923.
MEYER Jean, *La Surchauffe de la croissance. Essai sur la dynamique de l'évolution*, Paris, Fayard, 1974.
MICHALET Charles-Albert, *Le Capitalisme mondial*, Paris, PUF, 1976 ; nouv. éd. 1985.
MICHALET Charles-Albert, « Globalisation et governance [*sic*] : Les rapports des États-nations et des transnationales », *Mondes en développement*, vol. 22, 1994, p. 25-33.
MILL John Stuart, *Principles of Political Economy, With some of their Applications to Social Philosophy*, Londres, 1848 ; trad. fr. de la 7e éd., *Principes d'économie politique, Avec quelques-unes de leurs applications à l'économie sociale*, Paris, Guillaumin, 2 vol. 1873.
MONOD Jacques, *Le Hasard et la Nécessité. Essai sur la philosophie naturelle de la biologie moderne*, Paris, Seuil, 1970.
MORAZÉ Charles et WOLFF Phillipe, *L'Époque contemporaine. 1852-1946*, Paris, A. Colin, 1952.
MORIN Edgar, *La Méthode*, Paris, Seuil : t. I, *La Nature de la nature*, 1977 ; t. II, *La Vie de la vie*, 1980 ; t. III, *La Connaissance de la connaissance*, livre 1, *Anthropologie de la connaissance*, 1986 ; t. IV, *Les Idées. Leur habitat, leur vie, leurs mœurs, leur organisation*, 1991.
MORIN Edgar, *Pour sortir du XXe siècle*, Paris, Points-Seuil, 1981.
MORIN Edgar, *Science avec conscience*, Paris, Fayard, 1982.
MORIN Edgar, *Thèses pour la pensée complexe*, texte dactylographié, Paris, s.d., 9 p. [repris *in* MORIN 1990].
MORIN Edgar, *Introduction à la pensée complexe*, Paris, ESF, 1990.
NIETZSCHE Frédéric, *Vie et Vérité (textes choisis)*, Paris, PUF, 1971 ; 5e éd. 1991.
NIETZSCHE Frédéric, *Also sprach Zarathustra*, 1883 ; trad. fr., *Ainsi parlait Zarathoustra*, Paris, Aubier, 1962.
NOUSS Alexis, *La Modernité*, Paris, PUF, « Que sais-je ? », 1995.
OHMAE Kenichi, *Triad Power. The Coming Shape of Global Competition*, The Free Press, 1985 ; trad. fr., *La Triade, Émergence d'une stratégie mondiale de l'entreprise*, Paris, Flammarion, 1985.
PARTANT François, *La Ligne d'horizon. Essai sur l'après-développement*, Paris, La Découverte, 1988.
PASCAL Blaise, *Pensées* [éd. posthume 1670] ; Paris, Hachette, 1950.
PÉGUY Charles, *L'Argent* [1913], Paris, Gallimard, 1932 ; réimp. 1948.
PERKINS Edwin J., *The World Economy in the Twentieth Century*, Cambridge (Mass.), Schenkman, 1983.
PERRIN Jacques, *Comment naissent les techniques. La production sociale des techniques*, Paris, Publisud, 1988.
PERROUX François, *L'Europe sans rivages*, Paris, PUF, 1954.
PERROUX François, *La Coexistence pacifique*, Paris, PUF, 1958.
PLATON, *La République* [entre 384 et 377 av. J.-C.] ; trad. fr. Paris, Garnier, 1966 ; Flammarion, 1988.
PNUD (Programme des Nations unies sur le développement), *Rapport mondial sur le développement humain 1992*, Paris, Économica, 1992.

PNUD (Programme des Nations unies sur le développement), *Rapport mondial sur le développement humain 1996*, Paris, Économica, 1996.
POINCARÉ Henri, *La Valeur de la science*, Paris, Flammarion, 1905 ; 1970.
POLANYI Karl, *The Great Transformation*, 1944 ; trad. fr., *La Grande Transformation*, Paris, Gallimard, 1983.
PRIGOGINE Ilya et STENGERS Isabelle, *La Nouvelle Alliance. Métamorphose de la science*, Paris, Gallimard, 1979 ; 2e éd. 1986, Gallimard-Folio, 1990.
RACHLINE François, *Que l'argent soit. Capitalisme et alchimie de l'avenir*, Paris, Calmann-Lévy, 1993.
REICH Robert, *The Work of Nations*, New York, A. Knopf, 1991 ; trad. fr., *L'Économie mondialisée*, Paris, Dunod, 1993.
RICARDO David, *On the Principles of Political Economy and Taxation*, 1817, nouv. éd. augm.1821 ; trad. fr., *Des principes de l'économie politique et de l'impôt*, Paris, Flammarion, 1992.
RICHTA Radovan [Prague, 1968] ; trad. fr., *La Civilisation au carrefour*, Paris, Anthropos, 1972 ; Seuil, 1974.
RIFKIN Jeremy, *The End of Work*, New York, Putnam, 1995 ; trad. fr., *La Fin du travail*, Paris, La Découverte, 1996.
ROQUEPLO Philippe, *Climats sous surveillance. Limites et conditions de l'expertise scientifique*, Paris, Économica, 1993.
ROSNAY Joël de, *L'Homme symbiotique. Regards sur le troisième millénaire*, Paris, Seuil, 1995.
RUSSELL Bertrand, *Has Man a Future ?*, Londres, Allen & Unwin, 1961 ; trad. fr., *L'Homme survivra-t-il ?*, Paris, John Didier, 1963.
SAHLINS Marshall, *Stone Age Economics*, Chicago, 1972 ; trad. fr., *Age de pierre, âge d'abondance. L'économie des sociétés primitives*, Paris, Gallimard, 1976.
SAHLINS Marshall, *Culture and Practical Reason*, 1976 ; trad. fr., *Au cœur des sociétés. Raison utilitaire et raison culturelle*, Paris, Gallimard, 1980.
La Sainte Bible, trad. fr., École biblique de Jérusalem, Paris, Éd. du Cerf, 1956.
SALAMÉ Ghassan, *Appels d'empire, ingérences et résistances à l'âge de la mondialisation*, Paris, Fayard, 1996.
SARTRE Jean-Paul, *L'existentialisme est un humanisme*, Paris, Nagel, 1946.
SCHUMPETER Joseph, *Theorie der Wirtschaftlichen Entwicklung*, Leipzig, Dunker et Humblot, 1912 ; nouv. éd. révisée, 1926, 3e éd. inchangée 1930 ; trad. fr., *Théorie de l'évolution économique*, Paris, Dalloz, 1935, avec une introduction de F. Perroux.
SCHUMPETER Joseph, *Capitalism, Socialism and Democracy*, Londres, Allen & Unwin, 1942 ; trad. fr., *Capitalisme, socialisme et démocratie*, Paris, Payot, 1951 [éd. 1984].
SCHNEIDER Bertrand, *Le Scandale et la Honte*, Monaco, Club de Rome/Éd. du Rocher, 1996.

SÉNÈQUE, *De la tranquillité de l'âme* [entre 49 et 61), *in Stoïciens (Les)*, 1962, p. 659-691.
SMITH Adam, *An Inquiry into the Nature and Causes of the Wealth of Nations*, 1776 ; trad. fr., *Recherches sur la nature et les causes de la richesse des nations*, 2 vol. Paris, Guillaumin, 1880 ; Flammarion, 1991.
SOROS George, *Soros on Soros*, New York, Wiley, 1995 ; version française : *Le Défi de l'argent*, Paris, Plon, 1996.
STOFFAËS Christian, *Fins de mondes. Déclin et renouveau de l'économie*, Paris, Odile Jacob, 1987.
Stoïciens (Les), Paris, Gallimard, La Pléiade, 1962.
TERNON Yves, *L'État criminel. Les génocides au XXe siècle*, Paris, Seuil, 1995.
THUROW Lester, « The Crusade That's Killing Prosperity », *The American Prospect*, mars-avril 1996.
TOCQUEVILLE Alexis de, *De la démocratie en Amérique*, vol. 1, 1835 ; Paris, Garnier-Flammarion, 1981.
TOURAINE Marisol, *Le Bouleversement du monde. Géopolitique du XXIe siècle*, Paris, Seuil, 1995.
TURGOT, *Réflexions sur la formation et la distribution des richesses*, novembre 1766, *in Ecrits économiques*, Paris, Calmann-Lévy, 1970, p. 121-188.
« UNABOMBER », *Manifeste : L'avenir de la société industrielle*, trad. fr., par J.-M. Apostolidès, Paris, Éd. du Rocher, 1996.
UNCTAD (United Nations Conference on Trade and Development), *International Monetary and Financial Issues for the 1990's*, vol. III, New York, 1993.
UNITED NATIONS, *Agenda 21. Rio Declaration. Forest Principles*, New York, 1992.
US DEPARTMENT OF COMMERCE, *Building the American Dream for the 21st Century, The 1995 Competitiveness Report*, Washington, US Government Printing Office, septembre 1995.
VASSILIKOS Vassilis, *K.*, trad. fr., Paris, Seuil, 1994.
VEBLEN Thorstein, *The Theory of the Leisure Class*, Londres, Macmillan, 1899, 1912 ; trad. fr., *Théorie de la classe de loisir*, Paris, Gallimard, 1970.
VIDERMAN Serge, *De l'argent, en psychanalyse et au-delà*, Paris, PUF, 1992.
WALLERSTEIN Immanuel, « Les États dans le vortex institutionnel de l'économie-monde capitaliste », *Revue internationale de sciences sociales*, vol. XXXII, 1980, n° 4, p. 797-805.
WALLERSTEIN Immanuel, *The Modern World System*, New York, Academic Press, vol. 1, 1978 et 2, 1980 ; trad. fr., *Le Système du monde du XVe siècle à nos jours*, Paris, Flammarion, vol. 1, *Capitalisme et économie-monde. 1450-1640*, 1980 ; vol. 2, *Le Mercantilisme et la consolidation de l'économie-monde européenne. 1600-1750*, 1984.
WEBER Max, *Die protestantische Ethik und der « Geist » des Kapitalismus*, 1905 [*in Gesammelte Aufsätze zur Religionssoziologie*, Tübin-

gen, Mohr, 1920] ; trad. fr., *L'Éthique protestante et l'esprit du capitalisme*, Paris, Plon, 1964 ; coll. « Agora », 1990.

WEBER Max, *Wirtschaft und Gesellschaft*, [1911-1913] ; éd. posthume Tübingen, Mohr, 1921 ; nouv. éd. 1925, 1947, 1956 ; trad. fr. de la 4e éd., *Économie et société*, Paris, Plon, 1971, 2 vol. ; réédition du premier de ces deux vol., sous le titre *Économie et société* : t. 1, *Les Catégories de la sociologie* ; t. 2, *L'Organisation et les puissances de la société dans leur rapport avec l'économie*, Paris, Pocket, 1995.

WEBER Max, *Wirtschaftsgeschichte. Abriss der Universalen Sozial- und Wirtschaftsgeschichte*, 1923 [Berlin, Duncker & Humblot, 1981] ; trad. fr., *Histoire économique. Esquisse d'une histoire universelle de l'économie et de la société*, Paris, Gallimard, 1991.

WOLFF Jacques, *Les Pensées économiques*, t. 1, *Des origines à Ricardo*, Paris, Monchrestien, 1988.

WORLD COMMISSION ON ENVIRONMENT AND DEVELOPMENT, *Our common Future*, Oxford University Press, 1987 ; trad. fr., *Notre avenir à tous*, Montréal, Éditions du Fleuve, 1988.

Table des cartes, schémas et tableaux

Table

BUSSIÈRE CAMEDAN IMPRIMERIES

GROUPE CPI

Composition Facompo, Lisieux
Impression réalisée sur Cameron
à Saint-Amand-Montrond (Cher)
en juin 2001 (2e tirage).
Dépôt légal du 1er tirage : 1er trimestre 2000.
N° d'impression : 012852/1
Imprimé en France